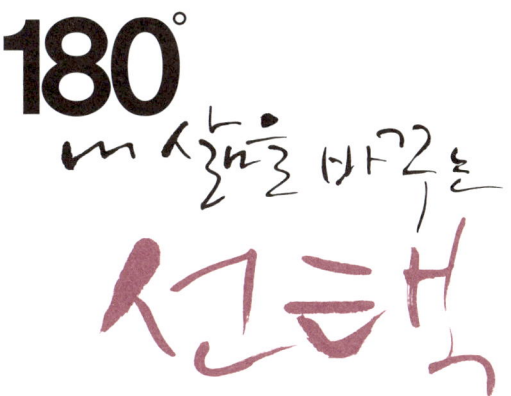

스티븐 아터번 지음

생명의말씀사

HEALING IS A CHOICE
by Stephen Arterburn

Copyright ⓒ 2005 by Stephen Arterburn
Published by Thomas Nelson, Inc.
501 Nelson Place, P.O. Box 440479, Nashville, TN 37214-1000, U.S.A.
All rights reserved.

Korean Edition published by Word of Life Press, Seoul 2006
Translated and published by permission.
Printed in Korea.

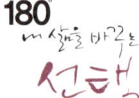

ⓒ 생명의말씀사

2006년 11월 3일 1판 1쇄 발행
2006년 11월 6일   2쇄 발행

펴 낸 이 | 김창영
펴 낸 곳 | 생명의말씀사
등   록 | 1962. 1. 10. No.300-1962-1
주   소 | 110-101 서울 종로구 송월동 32-43
전   화 | (02)738-6555(본사), (02)3159-7979(영업부)
팩   스 | (02)739-3824(본사), 080-022-8585(영업부)

기 획 편 집 | 박미현, 윤나영
편집디자인 | 임수경
표지디자인 | 장우성
캘리그라프 | 강병인
인   쇄 | 영진문원
제   본 | 정문바인텍

ISBN 89-04-15662-9

저작권자의 허락없이 이 책의 일부 또는 전체를
무단 복제, 전재, 발췌하면 저작권법에 의해 처벌을 받습니다.

180° 내 삶을 바꾸는 선택

목차 |Contents|

| 들어가는 말_삶을 치유하기 위한 선택 · 6

Chapter 1 | **선택 1_관계를 맺으라** · 29
vs 거짓말1_치유와 회복에 필요한 것은 하나님과 나뿐이야

Chapter 2 | **선택 2_감정을 피하지 말라** · 59
vs 거짓말2_진정한 그리스도인은 어떤 상황에서도 평안해야 해

Chapter 3 | **선택 3_자신의 진실을 찾아라** · 83
vs 거짓말3_뒤를 돌아보고 내면을 들여다봐도 다 소용없는 짓이야

Chapter 4 | **선택 4_미래를 치유하라** · 107
vs 거짓말4_시간이 흐르면, 상처도 아물 거야

Chapter 5 | **선택 5_삶에 필요한 도움을 구하라** · 123
vs 거짓말5_나 혼자서 해결할 수 있어

6 Chapter | **선택 6_삶 전체를 포용하라 · 141**
vs 거짓말6_아무 문제도 없는 듯 행동하면, 결국에는 해결되겠지

7 Chapter | **선택 7_용서하라 · 159**
vs 거짓말7_용서받을 자격이 있는 사람은 따로 있어

8 Chapter | **선택 8_위험을 감수하라 · 189**
vs 거짓말8_더는 고통 받지 않겠어, 내가 나를 지킬 거야

9 Chapter | **선택 9_섬기라 · 211**
vs 거짓말9_내가 완전히 치유받고 강해져야 하나님을 섬길 여유가 생길 거야

10 Chapter | **선택 10_끝까지 인내하라 · 241**
vs 거짓말10_내게 희망이라곤 없어

11 Chapter | **마지막 도전_회복을 위한 선택 선언문 · 275**

| 들어가는 말 |

삶을 치유하기 위한 선택

살다 보면 한번쯤은 치유가 필요한 때가 있다. 어떻게 치유할 것인가는 타고난 기질 혹은 각자가 처한 환경에 따라 달라질 수 있다. 모든 경우에 치유는 선택이며, 이 선택에는 하나님과 사람이 함께 관여하게 된다. 그렇다. 치유는 선택이다. 더 구체적으로 말하면, 하나님이 선택하시는 것이다. 그런데 사람이 해야 하는 역할도 있다. 우리가 선택해야 하는 부분이 있는 것이다. 하나님의 영원한 목적 안에서 우리를 치유하실 때마다, 하나님을 확실히 경험하기 위해 우리가 할 수 있는 선택이 분명히 있다. 그러나 우리는 언제 어떻게 누구를 통해 치유를 받게 되는지에 대한 최종 결정은 하나님이 하신다는 것을 잊지 말아야 한다.

하나님은 우리를 만드시면서 우리 안에 스스로 치유할 수 있는 능력을 심어 주셨다. 손가락을 베면 대개는 저절로 낫는다. 상처가 저절로 아물지 않는 사람은 뭔가 심각한 문제가 있는 것이다. 팔다리가 부러져도 다시 붙고, 우리 몸 자체 내의 치유 능력으로 감기 바이러스를 공격하고 죽일 수도 있다. 이렇듯 우리 몸 안팎에서 끊임없이 치유가 일어나고 있다. 정도의 차이는 있지만 우리 모두가 그렇게 스스로 치유할 수 있는 능력을 가지고 있다는 사실이 얼마나 놀라운 일인가.

그러나 하나님이 우리에게 스스로 치유할 수 있는 능력을 주셨음에도 불구하고 우리는 그 능력을 충분히 활용하지 못한다. 감정적으로, 영적으로, 혹은 육체적으로 스스로 치유할 수 있는 능력이 상당 부분 약화되거나 사라지는 것을 보면 참으로 안타깝다. 몸의 상처는 방치하지 말고 소독한 후 약을 발라 주어야 한다. 감정적이고 영적인 상처에도 세심한 주의가 필요하다. 그런 상처들은 가만 둔다고 저절로 아무는 것이 아니기 때문이다.

치유력이 상실되다

나는 동생 제리가 에이즈에 감염되었을 때 몸의 치유 능력이 약화되면 어떤 일이 일어나는지 똑똑히 목격했다. 에이즈로 인해 제리의 몸이 날로 쇠약해지면서, 몸의 면역체계는 수많은 바이러스와 세균의 공격을 피할 수 없었다. 식도 내막 전체가 감염되었고, 입과 목에는 균이 득실거렸다. 정상적인 사람이라면 대부분 퇴치할 수 있는 균들이었다. 또한 그의 피부는 하루가 멀다 하고 새롭게 감염되어 생기는 발진과 상처 투성이였다.

매일매일 전에는 들어본 적도 없는 이상한 병들이 생겨났다. 우리 가족은 병균들의 공격에 망가지는 동생의 몸을 보면서, 우리 몸이 우리를 보호하기 위해 얼마나 힘겹게 싸워야 하고, 우리 몸을 파괴할 수도 있는 수많은 질병을 물리치는 우리 몸이 얼마나 강한지 놀랄 따름이었다. 결국 잘생기고 재주 많던 동생은 서른셋의 나이에 생을 마감하고 말았다.

하나님이 동생의 육신을 고쳐주시진 않았지만, 동생의 마지막 날들은 정서적으로나 영적으로 그 어느 때보다도 건강했던 시간이었다.

제리가 에이즈를 치유하겠다는 결정을 내릴 수는 없었다. 그는 당시에 알려진 가장 효과적인 약물 치료를 받기로 했지만, 그것도 완전하지는 못했다. 그 약물 치료를 받았던 사람들은 대부분 그리 오래 살지 못했다. 제리는 몸을 치료하는 데 가능한 한 최고의 상태를 유지하기 위해 식습관도 바꾸고 치유 예배에도 참석했다. 그러나 그 어떤 방법도 동생의 육체를 파괴하고 있는 질병을 멈추지는 못했다. 그러나 그의 영혼은 치유되고 있었다. 성질 급하고 반항적이던 동생은 하나님과의 관계 속에서 진정한 안식을 누리며 이 세상과도 화해를 했다.

기적과도 같은 변화였다. 내 동생은 치유를 선택했다. 몸이 아플수록 더욱 영적으로 치유되어야겠다고 결심했다. 아무도 찾아오는 이 없이 홀로 병마와 싸우고 있는 다른 환자들에게 다가갔고, 자신의 고통을 참으면서 다른 사람들을 도왔다. 그리고 그가 뜻한 바를 모두 이루고 세상을 떠났다. 그는 『어머니에게 어떻게 말할까?』라는 책과 텔레비전 출연을 통해 더 많은 사람들에게 다가가 감동을 주고, 변화를 이루어 낼 수 있었고 이는 정상적인 삶이었다면 결코 이루지 못했을 것이라고 전했다. 그는 고통이 선물이라는 것을 알게 되었고, 영혼이 치유되는 경험을 할 수 있었다.

육신의 치유를 넘어서

치유의 힘은 우리 몸 안에만 있는 것이 아니다. 우리의 마음과 영혼 속에도 스스로를 치유할 수 있는 능력이 있다. 하나님은 우리에게 정신적인 외상과 충격을 치유할 수 있는 능력을 주셨다.

사랑하는 누군가를 잃었을 때의 충격은 말할 수 없이 크다. 슬퍼하고 비통해 하는 것은 물론이고, 우리의 삶이 예전처럼 밝아질 수 있을지도 의문이다. 사랑하는 사람을 잃은 상실감에, 때로는 감당하기에는 너무도 벅찬 고통에 우리 영혼은 아파한다.

슬픔이 어느 정도 사라지면 아무렇지도 않게 보낼 수 있는 날들이 하루씩 생기기 시작하다가 어떤 때는 하루 이틀 내내 괜찮은 날들이 한꺼번에 찾아오기도 한다. 영원히 지속될 것 같던 고통에 변화를 느끼기 시작하면서 어느 단계에 이르면 치유가 일어나고 있다는 것을 깨닫게 된다. 모든 것이 순조롭게 진행되는 경우, 1-2년이 지나면 상처에서 얼마나 멀어졌고 어느 정도 치유가 되었는지 살펴볼 여유도 생긴다.

하나님은 그런 감정적이고 영적인 치유 능력을 우리 모두의 내면에 심어 주셨다. 그런 치유 능력이 없다면 거듭되는 상실감과 계속되는 고통에 짓눌린 나머지 우리는 삶을 지속할 수 없을지도 모른다. 또한 제정신을 차리지 못하고 한발자국도 앞으로 나아갈 수 없을 것이다. 그러나 다행스럽게도 대부분의 사람은 상처 때문에 무너지기보다는 그로부터 치유되는 내적 능력을 지니고 있다. 몇 년 전, 내 안에도 상처를 치유하는 능력이 있다는 것을 알고 나는 새삼스레 행복한 사람인 것을 깨달았다.

끝은 곧 새로운 시작

훌륭한 사역자 부부인 존과 리사를 만나 저녁식사를 하기 위해 비행기를 기다리는 동안 내 삶이 완전히 변했다. 리사는 진솔한 태도와 지혜로 소녀들부터 중년 여성들까지 모든 연령대의 여성들을 돕는 일을 하고 있었다. 존이 쓴 책에서도 깊은 감명을 받은 나는 생면부지인 두 사람과 저녁 약속까지 하게 되었다.

나는 거의 마지막으로 비행기에 탑승했다. 비행기에 막 들어가려는 순간 갑자기 휴대폰이 울렸다. 그 순간부터 내 삶은 일순간에 완전히 바뀌고 말았다. 모든 것이 달라졌다. 무슨 전화였을까? 나는 아내 샌디와 통화를 했다. 그리고 내가 곧 이혼하게 될 처지라는 것을 알게 되었다.

이 책이 내 이혼과 그 이후의 회복을 다룬 것은 아니지만, 고통과 치유에 관한 글을 쓰면서 이혼이란 절망의 나락에서 헤쳐나온 과정을 언급하지 않을 수는 없었다.

우리는 흔히 살면서 어려운 일을 당하면 아무 감각도 없어진다고 말한다. 그런데 내 경우는 달랐다. 갑자기 복통이 시작되었다. 얼굴이 확 붉어지면서 마치 두껍고 시커먼 커튼이 내 속을 콱 막는 듯한 느낌이 들었다. 너무 어지럽고 메스꺼워서 나는 자리에 쓰러지듯 주저앉았다. 이전에 한 번 공황 발작panic attack을 겪은 적이 있기 때문에 나는 그런 일이 또 생기게 될까 두려웠다. 나는 정신을 추스르려고 안간힘을 썼다. 나는 같은 말을 반복하기 시작했다.

"곧 괜찮아질 거야. 곧 괜찮아질 거야. 곧 괜찮아질 거야."

결코 그렇게 되리라 믿지는 않았지만.

누가 나를 볼세라 창문 쪽으로 몸을 돌리는데, 눈물이 떨어졌다. 그야말로 엉망진창이었다. 나는 덫에 걸린 기분이었고, 미친듯이 뛰고 싶었다. 하지만 이미 너무 늦었다. 비행기는 이미 활주로에 접어들고 있었다. 누군가와의 상담이 절실한 상황이었지만, 내 마음의 문은 꽁꽁 닫혀버렸다. 그 전까지 한번도 느껴본 적이 없던 분노와 공포, 두려움과 혐오감이 나를 휩쓸고 지나갔다.

이혼의 결과로 나타날 비극을 상상해 보니, 이혼이라는 참담한 현실이 마음속을 억누르기 시작했다. 이제는 글을 쓰는 것도 불가능하고, 내가 사랑하던 일들도 모두 끝장이라는 생각이 들었다. 무엇보다도 아무것도 모르고 있을 딸 매들린이 받아야 하는 고통을 생각하자 가슴이 미어졌다. 내 생애에서 가장 고통스러운 비행기 여행이었다. 주변에 그렇게 많은 사람들이 앉아 있는데도 혼자 고립된 듯한 느낌은 그때가 처음이었다. 홀로 두려움에 떨며 그 자리에 앉아 있는 동안, 나는 결국 이렇게 끔찍하게 끝나버린 지난 20년간의 결혼생활을 돌아보기 시작했다.

고통의 발자취

우리의 결혼생활이 항상 불행했던 것은 아니었다. 돌아보면 너무나 좋았던 시절도 있었고, 함께 힘겨운 일을 헤쳐 나가기도 했다. 매들린을 입양할 때처럼 달콤한 순간도 있었다. 그러나 아무리 좋은 날들이 많았더라도, 우리 사이에 점점 깊어가는 골을 막을 수는 없었다. 우리 두 사람 모두에게 문제가 있었다. 둘 사이의 갈등을 해결하려 하거나 상대방의 실수를 용납해 본 적이 없었고, 상처는 날이 갈수록 깊어만 갔다. 우리 관계에 생긴 생채기들은 다른 사람들과의 관계에서처럼 그리 쉽게 치유될 기미가 보이지 않았고, 오히려 더욱 곪아 우리의 삶을 파괴해 가고 있었다. 우리는 애써 갈등을 회피하며 불안하게 하루하루를 넘겼다.

결혼상담가들도 숱하게 찾아가 봤지만 아무 소용이 없었다. 새로운 상담가를 찾아갈 때마다 더 큰 좌절감을 맛볼 뿐이었다. 그러나 결혼생활을 유지하기 위해 내가 할 수 있는 일은 다 했다. 나는 실수투성이인 사람이지만, 행복한 결혼생활을 유지하고 우리 딸이 당연히 누려야 할 행복한 가정을 이루기 위해 내가 할 수 있는 일이라면 무엇이든지 할 작정이었다. 마지막으로 찾아간 상담가는 희망의 불씨를 지펴 주었다. 불과 며칠 전까지만 해도 그녀는 드디어 샌디가 우리 결혼생활에서 안정을 되찾은 것 같다고 말해 주었다. 그녀는 우리가 완벽한 결혼생활을 하기는 다소 어렵더라도 어느 정도 행복한 결혼생활을 지속할 수는 있으리라 생각했다. 그러나 유감스럽게도 그녀의 판단은 완전히 빗나가고 말았다.

인간관계를 주제로 글을 쓰던 내가 졸지에 이혼한 작가가 될 판국이었다. 결혼과 인간관계 그리고 남의 일로만 여길 수 없는 온갖 문제들을 상담해 주는 라디오 상담코너 진행자가 이혼이란 파국을 맞이할 처지였다. 그들의 문제가 곧 내 문제가 된 셈이었다. 또 사람들에게 희망을 주고 힘을 실어주던 내가 이혼한 강사요, 설교자가 되어야 했다. 비행기를 타고 가는 동안 나는 희망을 되찾을 수 있을지 의심스럽기만 했다. 이제 내가 이혼했다는 사실이 만천하에 공개될 것이고, 그 수치감과 당혹감은 감당하기 힘겨울 것이라는 것을 나는 누구보다 잘 알고 있었다.

이 모든 암울한 생각들이 눈앞에서 아른거렸다. 눈으로 뒤덮인 산봉우리들을 내려다보면서 나는 잠시 후 낯선 사람들과 함께 해야 할 저녁 약속을 떠올렸다. 아내에게 무정하고 가슴 아픈 선언을 들은 지 2시간 남짓한 후였다. 그러나 그날 버비어 부부와 함께 한 시간은 치유를 향한 여정에서 내가 처음으로 경험한 작은 기적이었다.

하나님이 계획해 놓으신 저녁

드디어 비행기가 착륙했다. 나는 저녁 약속을 취소하고 싶은 마음을 꾹꾹 눌러 참았다. 이 약속을 잡는 데만도 몇 달이 걸리지 않았던가. 나는 약속 장소로 발걸음을 옮겼다.

버비어 부부는 보자마자 왠지 모를 편안함이 느껴졌다. 저녁식사를 하면서 우리는 그들의 책에 관해 이야기를 나누었고, 가정에서 성령의 은사가 일어나도록 청소년들을 양육하는 운동을 어떻게 시작해야 할지에 대해서도 이야기했다. 나는 그들의 이야기에 집중하려고 안간힘을 썼지만, 그들의 눈에도 내 마음이 눌려 있는 것이 보였던 모양이다. 거실에 코끼리가 앉아 있다면 누가 그 코끼리에 대해 말하지 않겠는가! 그런데 코끼리가 바로 우리 식탁 위에 버티고 앉아 있었던 것이다. 나는 내 고민거리를 어떻게 꺼내야 할지 막막할 따름이었다.

그 다음에 일어난 일을 얘기하면 많은 사람들이 우연의 일치에 불과한 것이었다고 말할 것이다. 하지만 나는 그렇게 생각지 않는다. 만약 그날 저녁 나를 도와줄 사람을 그 식당에 초청할 수 있었다면 나는 최우선 순위로 빅터 올리버를 꼽았을 것이다. 빅터는 하나님과 풍성한 교제를 누리는 사람이었다. 그는 누구도 흉내낼 수 없는 온화한 성품과 감성은 물론, 내적 강인함을 지닌 사람이었다. 1984년 빅터는 내 첫 책을 출간해 주었다. 우리 부부를 매들린의 친부모에게 소개시켜 주고, 입양 절차가 원만히 진행되도록 도와주었던 사람도 바로 그였다. 그 빅터가 무슨 이유인지는 몰라도 그날 자신의 집이 있는 조지아가 아닌 콜로라도 스프링스에 와 있었던 것이다. 그것도 바로 내가 있던 식당에 말이다.

빅터를 본 나는 버비어 부부에게 양해를 구하고 자리를 떠나 그에게 지난 몇 주 동안 있었던 사건들과 문제의 전화에 대해 털어놓았다. 그는 나를 위로했고, 하나님께서 함께하실 거라 안심시켜 주었다. 그리고 내가 이 시련을 헤쳐 나가도록 도와주겠다고 했다. 그는 나를 안아준 후, 버비어 부부에게 돌아가 내 인생에 지금 일어나고 있는 일을 함께 나누라며 용기를 북돋아 주었다. 언제나 기도생활을 열심히 하는 빅터는, 무엇보다 우선적으로 나를 위한 기도를 하겠다고도 말했다. 그는 나를 창피스럽게 여긴다거나 거부감을 느끼는 기색이 조금도 없었고, 언제나 그렇듯이 이번에도 내 삶에서 강력한 치유의 원동력이 되어 주었다.

빅터가 떠나자 나는 자리로 돌아가 내 속에 있는 깊은 이야기를 나누었다. 버비어 부부는 몹시 놀란 듯했지만, 마치 그날 저녁 있을 일에 대해 미리 준비하고 온 사람들 같았다. 리사는 우리의 저녁식사에 대한 꿈을 꾸었고, 뭔가 좋지 않은 일이 일어날지도 모른다고 예상하고 있었다. 얼마간 함께 대화를 나눈 뒤 그들은 나를 호텔로 데려다 주었고, 거의 1시간 동안 나와 함께, 나를 위해 기도해 주었다.

그들은 내가 힘들어하지 않게 해달라고 특별히 기도했다. 우리 부부가 화해를 하든 않든 간에 상대를 용서할 수 있게 해달라고도 기도했다. 또한 내가 이혼과 관련된 모든 사람들을 용서함으로써 일평생 이 끔찍한 순간에 얽매이지 않기를 기도해 주었다. 초자연적인 힘이 개입되었는지, 신기하게도 그 시간 이후로 나는 이유를 설명할 수는 없지만 용서하는 마음을 갖게 되었다. 물론 분노를 드러내고 절망의 밑바닥을 체험하기도 했지만, 용서하는 마음은 언제나 바탕에 깔고 있었다. 버비어 부부의 도움으로 나는 치유를 위한 첫 번째 선택을 했다. 용서하겠다고 선택한 것이다.

치유의 여정

용서를 선택한 것은 내가 이혼의 상처에서 치유되기 위해 반드시 해야 할 수많은 선택의 시작이었다. 나는 이 책에서 내가 그동안 내린 선택들을 여러분과 함께 나눌 것이다. 내가 항상 최선의 선택을 한 것은 아니다. 늘 실수투성이인 삶을 살아왔던 것처럼 선택의 과정들도 위태로웠지만, 하나님이 줄곧 함께하시면서 나를 지켜보시고 모든 것이 불가능한 곳에 희망과 치유를 가져다 주셨다.

이 책은 단순히 내 이혼 이야기를 다룬 책이 아니다. 모든 사람들이 겪는 이혼, 상실, 학대 혹은 방치, 그 이상의 것들을 다룬 책이다. 당신에게 가해진 혐오스럽기 그지없는 잔혹한 행위들과, 밖에서는 그렇게 다정스럽다가도 집에만 들어오면 괴물로 변하는 사람들에게 버림 받아 느끼는 단절감에 관한 책이다. 그런가 하면 당신이 누군가에게 가한 학대와 방치에 관한 내용이기도 하다. 지금 이 순간에도 당신이 안고 살아가는 깨어진 꿈과 잃어버린 희망에 관한 책이며, 하나님이 당신을 치유하시는 것을 경험하기 위해 당신이 반드시 해야 할 선택에 관한 책이다.

당신은 치유를 향해 나아가는 과정 초반에 이 책을 만났을 수도 있다. 만약 그렇다면 당신은 다른 사람들보다 한 발 앞서 치유의 길에 들어선 것이다. 이 얼마나 흥분되는 일인가. 나는 이 책이 치유 과정 내내 예전에는 경험하지 못했던 지혜로 당신을 이끌어 주기를 바란다. 비록 내가 온전한 삶을 살지는 못했지만, 내 삶을 나누면서 당신에게 어떤 분명한 지침을 주고 도움이 될 만한 방향 제시라도 할 수 있기를 기도드린다. 당신이 중요하게 다뤄야 할 것이 무엇인지 알아내야 하는 일반적인 상담과는 달리, 당신아·치유를 위한 우선 순위를 검토하는 데 도움을 주고 싶다.

당신은 이미 치유의 여정을 시작했을 수도 있다. 그러나 지금은 치유에서 더 멀어져 있을 수도 있다. 만약 그렇다면, 당신이 삶의 방향을 제대로 돌릴 수 있도록 도와주고 싶다. 당신이 고통과 슬픔 속에서 벗어나지 못한 채 스스로에게 변명해대는 거짓말들을 분석해 보고, 하나님이 당신을 부르신 목적대로 살지 않고 그와 너무도 다르게 쳇바퀴 돌듯 살고 있는 삶의 굴레에서 빠져나올 수 있도록 도와줄 수 있는 10가지 선택을 제시하고자 한다. 그 모든 선택이 다 쉬운 것은 아니다. 그러나 그 선택들은 하나님이 당신의 삶을 위해 허락하시는 치유를 경험할 수 있도록 도와줄 것이다.

우리 대부분이 하는 선택

언젠가 한 여성 단체를 대상으로 이런 선택에 관한 강연을 했다. 참석한 여성들은 모두가 힘겨운 투쟁을 하고 있었다. 나는 모든 가능한 선택들을 제시하면서, 참석자들이 그날 자신이 처한 상태에서 단 한걸음이라도 전진하도록 격려해 주고 싶었다. 나는 그들이 하나님께 주실 수 있는 것이면 무엇이든지 다 달라고 매달리길 바랐다.

강의가 끝난 후 한 젊은 여성이 오더니, 자신이 다발성 경화증(뇌신경수초가 파괴되어 시각, 지각, 언어, 운동, 배설 장애가 나타나는 병-역주)을 앓고 있다는 우울한 이야기를 했다. 그녀는 자신이 아무것도 할 수 없다는 사실과, 그 병이 자신과 가족에게 미칠 영향 때문에 슬픔에 쌓여 있었다. 질병으로 절망에 빠졌을 때 대다수의 사람이 보이는 반응과 그녀의 반응은 사뭇 달랐다. 그녀는 하나님께 고쳐 달라고 기도한 적이 없었다고 했다. 지금까지 한번도 하나님

앞에 무릎을 꿇고 자신과 가족을 위해 그 병이 떠나게 해달라고 요청한 적이 없었던 것이다.

　나는 믿을 수가 없었다. 모든 사람들이 그런 상황에 빠지면 하나님께 매달리고 간구하지 않는가? 하지만 그녀는 그렇게 할 수가 없었다. 이유는 간단했다. 그녀는 거절당하는 아픔을 감당할 수 없었던 것이다. 어린 시절 아버지에게 거절당한 경험이 있었기에 하늘 아버지에게도 거절당할지 모른다는 생각에 견딜 수가 없었다.

　나는 그녀에게 다른 사람들처럼 하라고 용기를 북돋워 주었다. 적어도 하나님께 낫게 해달라는 기도를 드리라고 말해 주었다. 그러나 나는 그녀가 기도만으로 끝내지 않기를 바랐다. 그렇게 한다면 그녀가 치유를 결코 경험하지 못할 가능성이 컸다. 다른 사람들도 마찬가지였다.

　나는 성 중독자들과 정욕을 감당하지 못해 힘겨운 싸움을 하고 있는 남성들을 상담하면서, 왜 그들이 반복적으로 어려움에 빠지게 되는지에 대한 말도 안 되는 평계를 듣게 된다. 대개의 경우 이유는 한 가지였다. 그들이 하는 일이라고는 하나님께 문제를 해결해 달라고 기도하는 것뿐이었다. 나는 그들이 매일 똑같은 충동을 어떻게 느끼는지, 하나님께 그것을 고쳐 달라고 간청하며 때로는 자신들의 욕망을 없애고 고통을 가져가 달라고 울부짖으며 매달린다는 이야기를 듣게 된다. 하나님의 간섭이 없어서 오랫동안 치유받아 온 결과마저 물거품이 되지만, 그들은 다른 어떤 노력도 하지 않는다. 요컨대 그들은 하나님께 정욕을 없애 달라고 간구하는 것으로 충분하다고 생각하고, 또 그렇게 간구하기 때문에 다른 노력은 하지 않아도 된다고 생각한다.

　아마 여러분의 경우도 그리 다르지는 않을 것이다. 하나님께 몸무게를 줄여 달라고 엎드리거나, 욕망을 없애 달라고 기도하기도 할 것이다. 남편을 변화시켜 달라거나 아내를 완전히 바꿔놓고 싶다고 매달릴 것이다. 아이들을 제대로 고쳐 주고 아픔을 낫게 해달라고, 삶의 모든 문제 거리를 해결해 달라고 간구할 것이다. 하나님께 기도하는 것이 잘못되었다는 말이 아니다. 하나님은 우리에게 구하지 않았기 때문에 얻지 못했다고 말씀하시곤 하지 않았던가. 그러나 아직도 하나님께 간구만 하면 치유받고 모든 어려움을 극복할 수 있다고 생각한다면, 2천년 전 예수님이 한 남자에게 물어보셨던 질문을 당신에게 던져보고 싶다.

한 남자, 그의 자리, 그리고 선택

나는 신비한 내용이나 숨은 비유가 들어 있는 성경 말씀을 좋아하는데, 특히 요한복음 5장에 나오는 이야기를 좋아한다. 이것은 예수님이 많은 병자들, 곧 눈먼 사람들과 다리를 저는 사람들, 중풍병자들이 모인 곳으로 찾아가셨던 이야기이다. 병자들은 예루살렘 양문 Sheep Gate 근처에 있는 베데스다라는 연못가에 모여서 치유받기를 고대하고 있었다. 물이 움직일 때 처음으로 들어가는 사람은 병이 낫는다고 믿었기 때문이었다.

내가 이 이야기를 특히 좋아하는 이유는, 예수님이 당시 굉장한 인물이었다는 것을 알 수 있기 때문이다. 그는 기적을 행하는 인물로 알려져 있었고, 병 고침과 당시로서는 혁명적인 가르침으로 유명했다. 예수님은 인간의 몸으로 오신 하나님이라는 명성을 등에 업고 이 세상의 누구와도 이야기하며 어디든 다닐 수 있는 분이었다. 최고 권력자들과 만나는 것도 언제나 가능했다. 그러나 예수님은 고위층 사람들을 만나는 대신 별다른 방법 없이 치유가 일어난다는 연못가에 누워 연못이 움직이는 순간만을 기다리며 들락날락하는 사람들 사이에 계셨다.

나는 상처 입어 다 죽어가는 몸을 이끌고 절박하게 나아오는 불쌍한 사람들을 상상밖에 할 수 없다. 고통에 몸부림치는 신음소리와 비명 소리만 듣고도 그 연못가에는 절대로 가고 싶지 않을 것이다. 썩어가는 살 냄새와 전염병을 생각하면 십중팔구는 구역질을 하며 뒷걸음칠 것이다. 그러나 예수님은 거기에 있기로 결심하셨다. 내가 예수님을 사랑할 수밖에 없는 이유이다.

예수님은 그날 그 연못가에서 손을 내밀던 병자들 중 한 남자에게 다가가셨다. 그 사람은 치유의 연못에 대한 소문을 듣고 멀리서 일부러 찾아온 사람이 아니었다. 그는 그 연못가 동네의 거주민으로 그 마을에서 38년이나 살아온 사람이었다. 치유받지 못한 채 연못가에 누워서, 살아 있어도 사는 것이 아닌 절망감이 어떤 것인지 상상이라도 할 수 있겠는가? 그는 거듭해서 똑같은 짓을 했지만 아무런 성과를 거두지 못했다. 그저 치유의 기적을 기다리며 38년이란 시간을 헛되이 보내고 있었다.

그런데 그 운명의 날, 예수님은 그가 앉아 있는 자리로 오셔서 참으로 놀라운 질문을 하셨다. 바로 내가 지금 당신에게 묻고 싶은 질문이다. 예수님은 그를 바로 고쳐 주시지 않았다. 그가 38년 동안이나 고생을 했으니 당연히 치료받기를 원할 것이라 생각하지도 않으셨다. 오히려 예수님은 이렇게 물으셨다.

"네가 낫기를 원하느냐?"

그 남자는 치유를 받을 것인지 말 것인지를 선택할 수 있었다. 그의 의지 속에 '치유를 향한 갈망'이 있어야 했다. 그는 영원히 치유받지 않고 그대로 사는 쪽을 택할 수도 있었다. 물론 나름의 이유가 있을 수 있다. 치유받지 않고 그대로 누워 사는 것을 원할 수도 있고, 빌어먹고 사는 것에 익숙해져서 불편한 몸을 이끌고 구걸하는 것이 더 편하다고 생각했을지도 모른다. 자신의 병을 이용해 외부 세계와 삶이 주는 모든 압박에서 단절되어 살아온 것일 수도 있다. 예수님은 그의 삶에 함부로 끼어들어 그 자리에서 병을 고쳐 주시는 대신, 일부러 그가 정말 낫기를 원하는지 물어보셨다.

38년 동안이나 병을 앓아온 사람에게 정말 낫기를 원하느냐고 물어보는 것은 언뜻 이상하게 들릴지 몰라도 그렇지 않다. 나는 오랫동안 수많은 사람들을 상담해 오면서 분명히 치유될 수 있는 데 이를 거부하는 사람들을 많이 만났다. 아마 예수님이 물으셨더라도 그들은 치유받기 싫다고 대답했을 것이다. 그들 중 어떤 사람들은 결코 포기하고 싶지 않은 몇 가지 이득 때문에 살을 빼지 않고 계속 비만인 채 살아가기를 원했다. 그들은 건강보다는 비만을 택했다. 사람들의 관심을 받지 않는 쪽을 택한 것이다.

뚱뚱한 사람들 중에는 뚱뚱한 몸이 자신을 보호해 준다고 믿는 사람들이 있었다. 어린 시절 학대를 받았던 그들은 뚱뚱해지면서 누군가의 욕구를 해소해 주는 대상이 되는 것을 피할 수 있었다. 그들은 타인에게 경계선을 그을 힘을 가지고 있지 않은 경우, 그들의 몸무게가 편리한 경계선 역할을 해준다고 말했다. 실제로 무거운 체중이 경계선 역할을 한 것은 아니었지만 보호벽이 되어 주었다. 그래서 그들은 계속 뚱뚱하게 살기를 선택했다. 치유의 길로 들어서기에는 뚱뚱한 몸집이 주는 이득이 너무나 많았다.

성 중독자들 역시 치유를 거부하기는 마찬가지이다. 그들은 자신들이 정상이 아니라는 것을 잘 알고 있다. 그들은 지금까지 본인들의 인격이 황폐화되고 관계가 무너졌으며 결혼생활과 직업, 하나님과의 관계, 그리고 건강까지 모든 것이 깨졌다는 것을 알고 있었다. 그 모든 것을 알고 있으면서도 그들은 병든 상태로 남아 있는 길을 선택했다. 그들에게는 중독이 가져다 주는 자극과 단절감이 진정한 친밀감과 사랑의 관계를 바라는 마음보다 훨씬 강력한 유혹이었기 때문이다.

나는 치유되기를 거부하는 알코올 중독자의 병든 아내들도 상담했다. 그 여인들의 삶은 남편의 알코올 중독을 중심으로 돌아가며, 그들의 행동에 따라 휘둘리고 있었다. 이 중독의 희생자들은 전혀 악의는 없지만 중독자들이 계속 술 취한 상태로 있도록 도와주며 본인들의 삶은 방치하고 있다. 본인의 힘으로 절대 통제할 수 없는 것을 통제하려 했기 때문이다. 그들은 자기 자신을 잃어버렸을 뿐 아니라, 하나님이 그들을 위해 계획해 놓으신 삶으로 돌아갈 수 있는 치유의 선택마저 거부했다. 그저 지금까지와 마찬가지로 살기를 원했다. 그들은 상호 의존(한쪽이 노름·술 등에 중독되었을 때 다른 쪽이 맨 먼저 심리적으로 불건전한 종속적 관계가 된다-역주)이라는 자리에 앉아, '자기 연민'이라는 연못에서 몸부림치며 살기를 선택했다. 자리에서 일어나 치유의 길로 걸어가기보다는 수치심을 껴안고 살아가는 쪽을 택했다.

내가 아는 여성들 중에는 어린 시절 혹독한 학대를 경험한 사람들이 있다. 아버지에게 지속적으로 성폭행을 당하고 수년간 입을 다물고 살아야 했던 여성들도 많다. 그런 소름끼치는 학대를 받은 여성들이 분노를 품고 고통스러워하는 것은 충분이 납득이 가는 일이다. 그들은 그 감정들을 떨쳐내려 하지 않았다. 누가 그들을 탓하겠는가. 그러나 그들은 성폭행을 당한 지 몇 년이 지나도록 여전히 헤어 나오지 못하고 있었다.

그들이 치유의 과정을 밟으려 하지 않았기 때문에 성폭행은 그들의 삶을 결정하는 요인까지는 아니어도 그들 삶의 일부가 되었다. 그들은 계속 고통을 당하는 쪽을 선택하여 치유를 거부했고, 그 결과 가해자는 계속 그들에게 영향을 미치며 그들이 어린 시절의 기억에서 헤어 나오지 못하게 만들었다. 치유가 불가능하게 보였을지 몰라도 분명 길은 있었을 텐데.

당신도 치유되기보다는 지금 상태를 고수하기를 선택한 사람일지도 모르겠다. 그러나 실망하지 말라. 당신은 지금 당신을 다른 길로 이끌어 줄 10가지 선택에 관한 책을 읽고 있지 않은가. 당신은 드디어 삶을 바꾸기 위해 위험을 무릅쓰는 일에 관심을 갖게 되었다. 당신은 무슨 일을 해야 하고, 어떻게 해야 하는지 알고 싶을 것이다. 그게 아니라면 적어도 누가 당신에게 어떤 희망을 가져다 줄지 궁금해졌을 것이다.

당신이 지금 그 시점에 도달하여 치유를 향해 한걸음 나아가기 위해 이 책을 선택했다면 나로서는 더없이 기쁜 일이다. 만일 당신이 원하는 것이 바로 치유라면, 이 책에서 알려주는 선택들을 읽으며 어느 정도의 치유를 경험하게 되리라 확신한다. 당신에게 육체적 치유가 필요할 수도 있고, 정신적, 혹은 영적 치유가 일어날 수도 있다. 솔직히 나는 하나님이 당신을 위해 어떤 것을 준비하고 계신지 모른다. 그러나 당신이 이 책에 나오는 치유의 선택들을 받아들이고 당신의 삶에서 멈추어야 할 거짓말들과 맞선다면 분명 새로운 차원의 치유를 경험할 수 있으리라 확신한다.

예수님은 베데스다 연못가의 병자를 만났을 때, 그가 낫기를 원하는지 물어보셨다. 다행히 그 남자는 낫기를 원했고, 예수님이 자리를 들고 일어나 걸어가라고 하셨을 때 그대로 했다. 그 결과 38년만에 그는 병을 치유받았다. 당신의 병은 몇 년이나 되었는가?

나는 당신이 몇 년째 몸부림치고 있는지 알지 못한다. 그러나 한 가지는 알고 있다. 지금이 바로 당신의 자리를 들고 일어나 걸어갈 때라는 것이다. 자리를 들고 일어나 울부짖거나, 자리를 들고 일어나 누군가를 만나러 가거나, 자리를 들고 일어나 약을 먹거나, 자리를 들고 일어나 누군가를 도와주거나, 자리를 들고 일어나 모든 것을 포기하고 치유를 향해 나아갈 수 있게 해달라고 기도를 드릴 수도 있다. 이제 당신의 삶을 되찾아 하나님이 당신을 위해 준비하신 모든 것들을 누릴 때가 왔다. 이를 위해서는 당신이 안락하다고 느끼는 곳에서 나와 당신이 절대로 원치 않는 곳으로 들어가야 할지도 모른다.

낯선 치유의 길

자신의 치유가 신속하고 쉽게 이루어지기를 원하지 않을 사람은 없을 것이다. 누구나 즉효약을 좋아한다. 우리는 하나님이 어서 다 나았다고 선언해 주셔서 원만한 삶을 살게 되기를 바란다. 하나님과 자신에게 이런 말을 하기도 한다. 이 문제 하나만 해결되면 세상을 변화시키고 가족을 변화시킬 수 있을 것 같다고, 적어도 삶에 대한 태도는 바뀔 수 있을 것 같다고 말이다. 당신이 고대하는 결과가 바로 그것이라면, 당신은 시간 낭비만 하고 있을 가능성이 높다. 우리 모두가 원하는 것이 바로 그런 것이지만, 그런 일은 좀처럼 일어나지 않기 때문이다.

하나님의 방법은 우리가 생각하는 것과 다르다. 하나님의 방법은 인간의 이성을 초월한다. 어떤 사건에 대해서, 하나님이 왜 그 일이 그런 식으로 일어나도록 하셨는지는 우리가 천국에 갈 때까지 알 수 없을 것이다.

우리는 하나님도 우리가 즉각 낫기를 원하신다고 믿으면서 가끔 그렇게 되게 해달라고 매달리기도 하지만 그런 일은 흔히 일어나지 않는다. 하나님이 문제를 그 자리에서 고쳐 주시는 경우는 매우 드물다. 그런 방법으로는 우리 마음을 변화시키거나 우리의 인격을 성숙시키기가 어렵기 때문이다. 상황이 이렇다 보니, 우리는 힘겨운 삶에 그대로 안주하기도 하고, 결국에 가서 하나님의 방법대로 해보기로 결심하기도 한다. 결국 우리의 방법은 최선의 것이 아니었다는 것을 믿게 되는 것이다.

38년 된 병자는 기다리는 데만 삶의 대부분을 보냈다. 그러나 기다리는 데 시간을 낭비한 것이 비단 그 남자의 경우만은 아닐 것이다. 당신도 그렇게 삶을 허비했을지 모른다. 아마 당신은 지금이야말로 자리를 들고 걸어가 삶을 다시 시작해야 할 시간이라고 생각하고 있을 것이다.

하나님이 가끔 이해가 안 되는 방법으로 치유를 하신다는 증거가 성경에 나온다. 열왕기하 5장에 소개되는 나아만은 아람 왕의 군대를 승리로 이끌어 최고로 존경받던 장군이었다. 사실 그에게 승리를 가져다 주신 분은 하나님이셨다. 그런데 나아만이 당황스러운 문제에 부딪히고 만다. 문둥병에 걸린 것이다. 누가복음 4:27에서 밝히고 있듯이, 당시에는 문둥병에 걸린 사람은 나을 수가 없었다. 나아만은 자신에게 기적이 일어나길 바랐다.

다행히 나아만의 아내에게는 사마리아의 선지자 엘리사가 병을 고칠 수 있으리라는 것을 알고 있었던 여종이 있었다. 나아만은 왕에게 치료자를 찾아가게 해달라고 간청했다. 왕은 기꺼이 허락해 주면서 이스라엘 왕에게 편지를 써주었다. 나아만은 편지와 금은보화를 챙겨 엘리사를 만나러 떠났다. 그런데 아람 왕의 편지를 읽은 이스라엘 왕은 일종의 시비라고 생각했는지 몹시 노여워했다. 이 모습을 본 나아만은 적지 않게 당황했을 것이다. 나아만과 편지에 대한 이야기를 들은 엘리사는 왕에게 나아만을 자신에게 보내달라고 하였다.

나아만은 위대한 선지자 엘리사와 직접 만나게 되리라 기대하면서 위풍당당하게 나아갔다. 그런데 나아만을 맞아준 것은 엘리사가 아닌 보잘 것없는 하인이었다. 그는 나아만에게 요단강의 진흙탕 물에 가서 몸을 일곱 번 씻으면 깨끗이 나을 것이라 전해 주었다. 나아만은 처방을 받고 좋아하기는커녕 불같이 화를 냈다. 아마 엘리사의 손짓 한번이면 병이 금세 나아 건강해질 것이라 생각했던 모양이다. 그런데 그 더러운 물에서 일곱 번이나 씻어야 하다니. 쉬운 일은 아니었다. 당신이라면 믿을 수 있겠는가? 나아만은 엘리사의 처방에 감사를 표하는 대신 머리 끝까지 화가 나서 발길을 돌려 버렸다. 그의 부하가 한번만 해보라고 그를 설득하기 전까지는 말이다.

혹시 나아만의 모습이 당신의 모습 같지 않은가? 당신은 하나님이 당신을 위해 마련해 두신 치유의 여정을 마지못해 따라가는 것은 아닌가? 당신은 좀더 괜찮은 방법으로 치유받아야 한다고 생각하고 있지는 않는가? 당신의 방법에 하나님을 끼워 맞추고 싶지는 않은가? 나아만이 끝까지 고집을 부리고 하나님의 방법을 무시했다면, 그는 하나님이 그를 위해 준비하신 치유의 기회를 놓치고 말았을 것이다. 선택을 하느냐 거부를 하느냐는 그에게 달려 있었다.

지금 당신은 바로 나아만과 똑같은 상황에 서 있다. 하나님의 계획을 따르기로 선택할 수도 있고, 그것을 거부하고 당신 나름의 방법을 고수할 수도 있다. 모든 것은 당신 손에 달려 있다.

나아만은 자신의 욕구를 접고 하나님의 방법에 기대를 걸어보기로 했다. 진흙탕 물에 들어갔다 나왔다 하는 것이 분명 그리 즐거운 일은 아니었을 것이다. 상식적으로 이해가 안 되는 일이었을 수도 있다. 그러나 그는 해냈고, 그의 피부는 마치 아기 피부처럼 깨끗해졌다. 하나님이 원하셨던 방법을 따랐던 까닭에 나아만은 당대 그 지역에서 유일하게 문둥병에서 치유받은 인물이 되었다.

나아만의 예에서 볼 수 있듯, 하나님은 당신을 즉시 치유해 주실 수 있는 분이다. 그러나 그런 방법은 잘 쓰시지 않는 것 같다. 만약 그랬다면 당신이 지금 이 책을 읽고 있을 필요도 없지 않겠는가. 낙심하지 말고 희망을 잃지 말라. 하나님은 결코 당신을 포기하신 적이 없다. 하나님과 그분의 계획을 포기하지 말라. 나아만 장군에게 승리를 안겨주신 분은 하나님이시라는 사실을 기억하라. 하나님은 나아만에게 은혜를 베풀어주셨고, 치유해 주셨다. 나아만이 꿈에도 상상하지 못했던 방법으로 말이다.

나는 당신이 누구인지 모른다. 그러나 하나님이 당신에게 은혜를 베풀어주시는 것은 알고 있다. 하나님은 당신을 너무도 사랑하시며, 당신을 위해 최선의 것을 주시길 원하신다. 또한 당신에게 가장 좋은 것을 당신이 원하고 있는지를 알고 싶어하신다. 안락하지만 하나님이 준비하신 가장 좋은 것에 비해서는 아무것도 아닌 것들을 기꺼이 포기할 만큼 최선의 것을 원하는가? 어쩌면 하나님은 이해가 되지 않는 방법으로 당신 앞에 나타나셔서 낫기를 원하는지 물어보실지도 모른다. 하나님은 그분의 방법을 위해 당신의 오래된 습관들을 포기할 수 있는지 물어보실 것이다. 나는 당신이 "예"라고 대답하기를 바란다. 그렇게 대답한다면, 치유받아 삶을 바꾸기를 원하는 모든 사람이 선택해야 할 10가지가 있다.

10가지 선택 중에서 쉬운 것은 하나도 없다. 그러나 모든 선택은 삶을 바꿀 수 있다. 나는 지난 20년간 주변에서 어려움으로 몸부림치는 사람들이 이 선택을 할 수 있도록 돕고 있다. 나는 당신도 올바른 선택을 하기를 바란다. 당신이 이 선택들을 받아들인다면, 하나님이 당신을 위해 준비하신 치유의 길로 들어설 수 있을 것이다. 당신이 현재 육체적 질병으로 고생하고 있다면, 이 선택들이 당신의 병을 고쳐 주기를 바란다. 그러나 하나님이 육체적인 치유를 허락하지 않으시더라도, 분명 당신을 위해 감정적 치유, 영적 치유 같은 새로운 차원의 치유가 있을 것이다. 하나님이 당신을 위해 준비하신 치유가 어떤 것이든 간에, 하나님이 예비하신 모든 것들을 경험하는 데 필요한 용기 있는 결단을 당신이 내릴 수 있게 되기를 기도한다.

　치유는 선택이다. 그것은 하나님이 하시는 선택이지만, 하나님이 우리를 위해 준비하신 모든 것을 누리기 위해 우리가 내려야 할 선택들이 분명히 있다. 이 책이 당신의 삶을 변화시켜 줄 선택들을 마련해 줄 수 있기를 기도한다. 또한 이 책이 당신의 삶을 치유하고 변화시켜 새로운 삶으로 나아가는 출발점이 되기를 바란다. 나는 당신에게 나와 함께 영원한 여행을 함께 하자고 독려하며, 당신 옆에서 지원을 아끼지 않고 당신을 위해 기도할 것이다. 먼 훗날, 당신이 삶을 뒤돌아보며 바로 이 책에서 당신이 치유 받기 위해 필요한 선택들을 하기로 마음먹으면서 모든 것이 시작되었다고 말하게 되기를 바란다.

　치유 받기를 원하는가?

　그럼 "예!"라고 대답하고 계속 읽어 나가라!

HEALING IS A CHOICE

내 삶의 목적을 회복하라,
평화는 선택으로 찾아오다.
선택 1 관계를 맺기로 선택하라
vs 거짓말 회복되려면
하나님과 나의 관계만 좋으면 돼!
선택 2 가짜 평화 잡지 않고 느끼기로 선택하라
vs 거짓말 진짜 그리스도인이라면
모든 상황에서 평안을 누릴 수 있어야 해
선택 3 당신의 삶을 진리 가운데
비추어 보겠다고 선택하라
vs 거짓말 뒤돌아보거나 안으로
파고들어봤자 좋을 거 하나 없어
선택 4 당신의 미래를 치유하기로 선택하라
vs 거짓말 시간이 지나면 상처는
다 치유될 거야
선택 5 당신의 삶에 필요한 도움을 받기로 선택하라
vs 거짓말 이건 나 혼자서도 해결할 수 있어
선택 6 당신의 삶 전체를 포용하겠다고 선택하라
vs 거짓말 아무 문제없는 듯 행동하면 괜찮아질거야
선택 7 용서하기로 선택하라
vs 거짓말 용서를 받을 자격이 있는
사람은 따로 있어
선택 8 위험을 감수하겠다고 선택하라
vs 거짓말 더는 고통받지 않겠어.
내가 나를 지킬 거야 선택 9 섬기기로 선택하라
vs 거짓말 섬기려면 내가 먼저
치유받고 완전해져야 해
선택 10 끝까지 인내하겠다고 선택하라
vs 거짓말 내게 희망이라곤 없어

Chapter 1

|선택 1| 관계를 맺으라

VS

|거짓말 1| 치유와 회복에 필요한 것은 하나님과 나뿐이야

| 선택 1 |
관계를 맺으라

우리는 관계에서 안도감을 느낀다.
관계는 빈 곳을 매워주고, 잃어버린 조각을 찾아준다.
우리는 애초부터 관계를 맺으며 살아가도록 창조된 존재이기 때문이다.

다음 글은 처음부터 끝까지 실화를 바탕으로 한 이야기이다. 주인공 여성은 관련된 사람들이 그녀의 이야기인 줄 모르도록 실명만 거론하지 않기를 바랐다. 그녀는 고통에서 회복되기 위해 사람들과 관계 맺기를 선택한 여성이었다.

7살 무렵, 레이첼은 인척이었던 사춘기 소년에게 성폭행을 당했고, 그 해에 몇 차례나 더 치욕스러운 경험을 해야 했다. 성폭행이 잠잠해진 후에도, 그에 대한 기억과 죄책감은 쉽게 지워지지 않았다. 그녀는 자책감에 사로잡혀 그 두려움을 누구에게도 털어놓지 못한 채 죄책감과 수치심을 홀로 짊어지고 살았다.

결코 잊을 수 없는 일이었다. 하지만 레이첼은 그처럼 해소해 버리지 못한 쓰라린 감정과 억지로 담을 쌓고 지낼 수 있었다. 그녀를 성폭행한 친척이 가족 모임에 나타나면, 그녀는 자기에게 "이미 끝난 일이야. 더 이상 생각할 필요가 없어."라고 되뇌이며 위기를 넘겼다.

시간이 지나면서, 레이첼은 이미 오래 전에 일어난 일을 새삼스레 들출 필요가 없다고 애써 위안을 찾으려 애썼다. 그러나 그때의 기억과 생각은 그녀의 뇌리에서 사라지지 않았다. 그때마다 그녀는 그런 생각을 밀어내고 다른 생각에 집중하려 애썼다. 또한 그 '비밀'이 드러나지 않고, 기억하기 싫은 그 일이 반복되지 않도록 조심하고 또 조심하려고 마음속에서 끊임없이 '채찍질'을 가했다. 최선을 다한다면 그보다 더한 고통을 피할 수 있다고 생각했다. 레이첼은 기억과 생각과 감정을 가슴속 깊이 꾹꾹 눌러 담았다. 하지만 그녀의 몸은 비밀의 무게를 견디지 못했다. 그 때문인지 어렸을 때부터 그녀는 극심한 위통을 벗삼아 지내야 했다.

관계를 맺기로 하다

침묵과 비밀의 6년이 흐른 후, 레이첼은 처음으로 가까운 또래 친구에게 입을 열었다. 그녀는 몇 번이고 비밀을 지켜 달라고 부탁했고, 친구는 약속을 지켰다. 과거에 일어난 일을 누군가에게 털어놓은 것만으로도 레이첼은 부담을 상당히 털어낼 수 있었다. 당시에도 그녀만의 책임이 아니라는 것을 알았지만, 그녀는 치유를 향해 나아갈 수 없었다. 단절의 시간이 오래 지나고 나서야 비로소 레이첼은 치유받기를 선택했다. 다른 사람들과 관계를 맺고 비밀을 공유하기로 결심한 것이다. 그것이 시작이었다.

16살이 되었을 때, 레이첼은 용기를 내어 또 하나의 대담한 결단을 내렸다. 결코 하지 않겠다고 맹세한 일, 즉 그녀에게 일어난 일을 어머니에게 고백했던 것이다. 하지만 좀더 자세히 이야기해 보라는 추궁이 이어지자,

그녀는 얼버무리고 말았다. 친척 아이가 자신에게 무슨 짓을 했는지 차마 말할 수가 없었다. 레이첼의 어머니는 당혹스러웠고 화가 치밀었지만, 문제의 현실을 외면하고 오래 전에 일어난 일이라며 기억에서 지워내고 말았다. 나중에야, 레이첼은 자신이 상상력이 풍부한 아이였기 때문에 그 모든 이야기를 지어낸 것으로 어머니가 오해한 것을 알았다.

레이첼 어머니의 실수는 여기에서 끝나지 않았다. 레이첼의 이야기를 거짓말이라 생각했을 뿐 아니라, 설령 사실이라 해도 큰 문제는 아니라고 여긴 것이다. 레이첼이 적어도 겉으로는 그늘진 곳 없이 건강하고 행복해 보였기 때문이다. 이런 식의 축소는 레이첼의 치유에 도움이 되지 않았다. 하지만 레이첼은 관계를 통해 회복해 보겠다는 희망을 놓지 않았다.

전문가에게 도움의 손길을 내밀다

그로부터 2년 후, 레이첼은 지방에 있는 한 신학 대학에 입학했다. 첫해 여름, 아르바이트를 하다가 알게 된 친구에게 과거의 일을 터놓기 시작했다. 친구는 레이첼처럼 학대받은 사람들을 알고 있다면서, 그들에게 상담이 얼마나 유익했는지를 이야기해 주었다. 레이첼은 상담가에게 도움을 요청하면 어떨지 어머니와 상의했다.

그녀의 어머니는 상담을 달갑게 생각지 않았다. 상담이 유익한 것인지, 심지어 필요한 것인지도 의심했다. 또 상담자가 레이첼에게 어떤 조언을 줄지 전혀 모른다는 것도 마음에 걸렸다. 레이첼의 어머니는 괜히 긁어 부스럼 낼 필요가 있느냐며 딸을 단념시키려 했다. 이처럼 어머니는 치유의 길목에 들어서려는 딸의 시도를 거듭 막는 듯했지만, 관계를 맺으며 회복해 보겠다는 레이첼의 의지를 꺾지는 못했다.

　1학년이 끝나갈 무렵, 레이첼은 좋은 친구로 지내던 남학생과 사귀기 시작했다. 2학년 가을이 무르익어갈 무렵, 메일 교환도 늘어갔다. 학교에서 매일 만났지만 그들은 메일을 주고받으며 서로를 깊이 알아갔다. 어느 날 레이첼은 붕괴 직전에 있는 자신의 쇠약한 마음을 메일로 전했고, 자기 스스로도 진심으로 사랑할 수 없는 여자라는 고백도 했다. 메일을 보내고 교정을 거닐며, 그녀는 자신의 심경을 그에게 숨김없이 전했다고 생각했다. 그런데 지난 날의 고통스런 기억이 다시 떠올랐다. 예전에도 그랬듯이 "오래 전 일인데, 여태껏 생각하다니……" 하며 마음을 추스렀다. 하지만 이번에는 쉽게 마음이 가라앉지 않았다.

　레이첼은 그 기억을 밀어내려고 애썼다. 그러나 소용없었다. 잊으려 애쓸수록 그 기억은 더욱 뚜렷해졌고 감정까지 격해졌다. 리포트를 마무리 짓고 시험 준비도 해야 했지만, 그녀의 머릿속은 온통 성폭력을 당했다는 생각뿐이었다. 화면이 멈춰버린 모니터처럼 생각이 멈춰버린 듯했고, 그 생각에서 벗어날 수가 없었다. 그렇게 정신적으로 시달리며 하루를 보냈지만, 그 시간은 하나님이 그녀의 회복을 위해 사용하신 시간이었다.

　그날 저녁, 고통과 혼란에 빠진 레이첼은 뭐라도 하지 않고는 견딜 수 없었다. 기숙사 친구와 수다나 떨어볼까 하고 찾아갔지만 방은 텅 비어 있었다. 몇 분 정도 기다리다가 나가려던 참에, 친구가 아르바이트를 마치고 돌아왔다. 레이첼은 악몽 같던 하루를 이야기하며, 고통으로 얼룩진 과거를 털어놓았다. 친구는 레이첼의 말에 귀를 기울였고, 지혜로운 충고를 몇 마디 건넸다. 그녀는 학교를 정기적으로 방문하여 상담 사역을 하는 그리스도인이 있다고 말해 주었다. 학생의 사정에 따라 상담료가 달랐고, 학교가 상담료의 일부를 지원해 주기도 했다.

레이첼은 그의 이름과 전화번호를 건네받았고, 음성사서함에 메시지를 남겼다. 첫 상담을 앞두고 레이첼은 매우 초조했다. 하지만 하나님의 선한 도우심과 격려로 레이첼은 태어나서 처음으로 전문 상담가를 만나는 모험을 해보기로 결정했다. 그 선택은 옳았다.

감정의 둑이 무너지다

놀랍게도 말이 술술 나왔다. 한순간 그녀는 몸에서 분리된 느낌이었다. 관찰자가 되어 자신에게서 분출되는 감정을 어리둥절하게 지켜보는 기분이었다. 이런 자기발견의 시간이 있은 후, 레이첼은 상담가에게 자신이 상담을 받아야겠느냐고 물었다. 그러자 상담가는 되물었다.

"당신은 어떻게 생각하나요?"

레이첼은 잠시 생각하다가 고개를 끄덕이며 "그래야 할 것 같다."고 답했다. 그리고 첫 상담이 시작되었다. 훗날 그녀는 이 치유 과정을 '최고의 선택'이라 칭했다.

그 후 2년간 레이첼은 상담가와 함께 그녀의 삶을 회복해 나갔다. 묵혀둔 감정을 들춰내는 것은 큰 모험이었지만, 애초에 세상과 단절된 것 같던 삶의 부분에서 진전을 이루면서 한층 밝은 삶을 살 수 있었다. 상담과 회복 과정은 레이첼의 이성 교제에서 시금석이 되기도 했다. 레이첼은 자신의 과거를 남자친구에게 고백했다. 남자에게 성폭행 얘기를 꺼낸 것은 그때가 처음이었다. 남자친구 역시 이런 대화를 경험한 적이 없었다. 시간이 지나면서 레이첼은 남자친구의 진면목을 알게 되었다. 그는 정말로 충실한 친구였다. 그는 언제나 적절한 말로 레이첼을 위로해 주지는 못했지만, 그녀의 말을 열심히 들어주며 그녀를 회복시키기 위해 애썼다. 그들은 이런 과정을 통해 많은 것을 배웠다.

주변 사람에게 과거를 털어놓다

이제 레이첼은 자신에게 마음을 쏟아주었던 사람들과 하나님께 깊이 감사한다. 편안하고 만족스런 삶을 살면서 용기도 커져갔다. 3학년 2학기가 되었을 때는 자신을 성폭행한 친척을 만날 수 있을 만큼 회복되었다. 물론 혼자 그를 만난 것은 아니었다. 상담가와 남자친구, 그리고 그녀의 과거를 처음으로 고백했던 친구가 함께해 주었다. 이 만남으로 그녀는 치유 과정을 한 단계 끌어올릴 수 있었다.

레이첼은 하나님이 아직도 많은 부분에서 그녀가 성장하기를 원하신다는 것을 알고 있다. 이제 그녀의 어머니도 딸의 선택을 지지하며, 건강한 선택을 한 딸의 용기에 박수를 보낸다. 남자친구는 상담 자리에 여러 차례 동석해 주었고, 결혼 예비 상담까지 함께 받았다. 그리고 그들은 5년 전에 결혼해 행복한 삶을 꾸려가고 있다.

하나님은 레이첼에게 도움을 청하고 회복의 길에 들어서라고 재촉하셨다. 그때 하나님께는 분명한 목적이 있었다. 만약 자신이 남편에게 성폭행에 대해 털어놓지 않았더라면, 가슴을 열고 상담받고 치유 과정에 들어가지 않았더라면, 남편과의 관계가 지금은 어땠을지 상상조차 할 수 없다고 레이첼은 말한다. 만약 그랬다면……나는 그 결과가 어땠을지 충분히 짐작할 수 있을 것 같다. 어쨌든 레이첼이 주변 사람에게 속내를 털어놓고 회복의 길을 걷게 된 것은 매우 다행스러운 일이다.

거짓말과 직면하다

　치유는 선택이다. 물론 여기서 선택은 레이첼을 위한 하나님의 선택을 의미한다. 하지만 회복이 온전히 이루어지려면 과거의 기억에서 비롯된 관계의 단절과 회피에서 벗어나, 오히려 그것을 매개로 관계를 새롭게 만들려는 의지가 있어야 한다.

　회복을 가로막는 거짓말, 예컨대 "그건 이미 오래 전 일이야", "괜찮아질 거야, 왜 남들에게 도움을 받아야 하지?" 등과 같은 속삭임에 귀를 기울인 경우를 잠시 생각해 보자. 그밖에도 많은 거짓말이 있지만, 다른 사람과의 관계를 방해하며 우리를 단절된 공간에 갇히게 하는 거짓말들의 공통분모는 "우리에게 필요한 것은 오직 하나님이며, 그 외의 것은 소용없다."는 말이다. 레이첼이 이런 거짓말을 굳게 믿으며 살아갔다면 지금과 완전히 다른 결과를 맞았을 것이다. 내가 어떻게 아느냐고? 나는 거의 매일 이런 거짓에 속고 사는 사람들과 이야기하기 때문이다.

　"오직 하나님"이라는 거짓은 부정의 한 형태이다. 당신은 오랫동안 아무런 문제도 없는 것처럼 당신 자신과 다른 사람들에게 보일 수 있다. 이런 상태에서 현실이 슬며시 끼어들고, 사람들은 당신 상황을 아무런 문제가 없는 것처럼 생각한다. 노골적인 부정은 누가 보아도 어리석게 보일 것이므로, 당신은 한 발짝 뒤로 물러나야 한다. 따라서 당신은 그럴싸한 이유를 대면서 삶이 완벽하지는 못했고, 그런 삶이 어른이 되어서도 나타났다고 인정한다.

당신은 문제가 있다고 기꺼이 인정한다. 그러나 사소한 문제일 뿐 큰 문제는 아니라고 둘러댄다. 문제가 있다고는 인정하지만, 다른 사람의 관심을 필요로 하는 정도는 아니라고 부정한다. 동굴 안에 외롭게 갇혀 있지 않고, 하나님이 그 동굴에서 당신과 함께하면서 모든 필요를 채워 주시고 고통을 잠재워 주시리라 기대한다. 그러나 욕구는 채워지지 않고 고통도 사라지지 않는다. 하나님의 계획이 아니기 때문이다. 하나님은 우리가 다른 사람들과 관계를 맺어가며 회복의 길을 걷기를 원하신다.

당신은 이런 말을 믿고 싶지는 않을 것이다. 나도 어떻게든 혼자 힘으로 이겨내려 했다. 마음의 문을 열지도 못했고, 솔직해질 수도 없었다. 내가 누군가에게 거절당했다고 말하면 더 심한 거절을 당하지 않을까 두려웠다. 나는 혼자서 슬픔을 삭이며 흐느끼고 싶었다. 그 암울한 현실이 닥쳤을 때 나는 혼자서 이겨내고 싶었을 뿐이었다. 그러나 친구들은 진심 어린 마음으로 나를 찾아와 그 어둠에서 끌어내 주었다.

다른 사람들과 불편하게만 느꼈던 '관계'가 나에게 회복을 위한 통로가 되었다. 당신도 마찬가지일 것이다. 당신 역시 다른 사람과의 교제를 멀리하는 이유를 그럴 듯하게 늘어 놓을 수 있다. 하지만 하나님은 우리가 관계 속에 있어야 할 이유를 훨씬 더 설득력 있게 말씀하신다.

관계에 관한 하나님의 말씀

우리가 회복을 소망할 때, 하나님은 우리가 어떻게 해야 한다고 말씀하시는지 성경에서 찾아보자.

- 우리는 그리스도 안에서 한 몸인 것처럼 서로 의지해야 한다 롬 12:5.
- 혼자 울고 싶어도, 다른 사람들과 함께 울어야 한다 롬 12:15.
- 오직 하나님을 바라며 하나님의 음성을 듣고 싶을 때, 서로 가르치며 권고해야 한다 롬 15:14.
- 서로를 돌보아야 한다 고전 12:25.
- 서로 격려하면서 함께 덕을 세워야 한다 살전 5:11.
- 하나님께 순종하는 것처럼 서로를 섬겨야 한다 엡 5:21.
- 아무도 필요하지 않은 것처럼 행동하지 말고, 서로 격려하며 버팀목이 되어야 한다 엡 4:2.
- 서로 사랑하고 격려해야 한다 히 10:24.
- 서로를 섬겨야 한다. 하나님의 풍성함을 나눠야 한다 벧전 4:10.
- 서로에게 잘못을 고백해야 한다. 그래야 회복될 수 있다 약 5:16.
- 하나님의 법을 성취하고자 한다면 서로의 짐을 나눠 져야 한다 갈 6:2.

성경은 거듭 우리에게 관계 안으로 들어가라고 촉구한다. 우리가 숨고 싶어할 때 하나님은 어떻게 되돌려 놓으시는가? 사랑과 헌신, 고백과 존중, 격려와 기도, 환대와 순종, 친절과 용서, 섬김과 충고, 수용과 교제를 통해 다른 사람과 관계를 깊게 맺어가라고 권하신다. 우리는 관계를 맺기 위해 태어났다. 관계는 우리를 지탱해 주고, 치료해 준다. 단절은 바보 같은 짓이다. 하나님은 우리가 다른 사람과 관계를 맺고 살아가기를 바라신다.

관계 맺기

당신은 회복을 위해 관계 맺기를 선택해 본 적 있는가? 관계를 멀리하고 피상적 관계에만 머물러 있어 당신을 위한 하나님의 치유 계획이 방해받고 있지는 않는가? 그러나 아직 희망이 있다. 나는 절망에 빠져 홀로 지내는 사람, 관계 맺는 법을 배우려고 노력조차 하지 않아서 혼자인 사람, 또 관계 맺는 법을 배웠지만 오직 성적 접촉만을 바라는 사람을 무수히 만났다. 또한 비교적 안정적이고 만족스런 결혼생활을 누리고 있다지만 무엇을 놓치고 있는지 모르는 부부도 만나보았다. 그들은 안정되고 평온한 결혼생활을 누렸지만, 둘의 관계가 깊지 않아 넉넉한 친밀감이 없었다. 이런 점에서, 관계 맺기는 회복을 향한 치유 과정에서 우리가 선택해야 할 첫 과제이다.

나는 겉으로 보기에는 사교적이고 건강하지만, 실제로는 외로움과 소외감에 맞서 힘겹게 싸우는 사람들을 많이 만났다. 해밀턴도 겉보기와 달리 주변 사람들과 단절된 삶을 살던 사람 중 하나였다. 대학생이 되어서야 그는 그때까지의 삶을 대부분 소외로 고통 받으며 지냈다는 사실을 깨달았다. 해밀턴은 고등학교 시절 다양한 서클에서 활동했다고 했다. 그는 축구, 밴드, 웅변, 연극, 학생회, 봉사활동 등 우리가 떠올릴 수 있는 거의 모든 활동에 참여했다. 사람들은 그의 왕성한 활동과 리더십을 칭찬했고, 그는 학생회장, 밴드부장, 연극반 반장, 학급 의장으로 선출되기도 했다. 또한 그는 흠잡을 데 없이 독실한 그리스도인이란 칭찬도 받았다. 사람들은 그가 모든 것을 갖췄다고 생각했지만 사실은 모든 것이 연극이었다.

해밀턴은 11살 때부터 줄곧 포르노에 빠져 있었다. 그러나 남들에게는 착하고 믿음 좋은 사람으로 비춰진다는 죄책감에 공상과 욕정의 세계에 더 깊이 빠져들었다. 그는 "겉으로 드러난 성적 덕분에 나는 언제나 착실한 학생이었습니다."라고 했다. 그는 여자친구와도 육체 관계를 맺지 않았다. 그는 철저히 혼자라고 느꼈다. 친구들, 아니 그의 표현에 따르면 '아는 사람'이 주변에 많았지만, 그가 지닌 문제를 깨닫는 데 도움을 주는 진정한 친구는 한 명도 없었다.

해밀턴은 포르노와 자위행위에 점점 더 깊이 빠져들었다. 그에게 은밀한 감정을 느끼게 해주었기 때문에 '가장 가까운 친구'로도 여겨졌다. 고등학교를 졸업하고 근처 대학에 진학했지만, 머릿속에서는 철저히 혼자였다. 수십 명의 동창생들을 매일 캠퍼스에서 만났지만 그는 여전히 외로웠다. 마음의 문을 열었다면 그가 회복의 길로 들어서는 데 도움을 주었을 친구들에게 그는 수치심과 습관 그리고 어둔 자의식으로 담을 쌓았다.

해밀턴은 『모든 남자의 참을 수 없는 유혹』Every Man's Battle 을 읽고서 몇 주 후 나에게 편지를 썼다. 포르노와 자위행위를 도저히 끊을 수 없다는 내용이었다. 하지만 그는 그 둘을 끊었고, 수치심을 떨쳐내면서 다른 사람에게 마음의 문을 열었다. 그리고 전과 달리 사람들과 관계를 맺기 시작했다. 과거에는 오로지 하나님께 매달리며 치유해 달라고 간구했지만, 치유는 단절의 원인을 끊고 다른 사람들과 관계를 맺기 시작하면서 시작되었다. 그가 '관계 맺음', 즉 치유의 첫 단계를 선택하지 않았다면 어떤 회복도 이뤄내지 못했을 것이다. 적어도 내 생각에는 그렇다.

내가 관계 맺음을 치유의 첫 단계라 생각하는 이유는 무엇일까? 하나님은 주변 사람들을 통해 다른 선택들까지 가능하게 하기를 원하시기 때문이다. 혼자인 사람에게 다른 선택은 있을 수 없다. 우리에게는 다른 사람이 필요하다. 고통과 함께 오는 소외감에 우리는 주변 사람들과 담을 쌓는다. 이제부터라도 당신만의 공간에서 나와, 다른 사람이 당신을 돕고 돌보도록 허락하라. 물론 쉬운 일은 아니지만 말이다.

관계 맺기의 어려움

관계 맺기는 내게 언제나 힘겨운 과제였다. 이유는 간단히 말해 '경험 부족'이었다. 나는 건강한 관계 속에서 자라지 못했다. 언젠가 어머니와 이야기를 나눴는데, 아버지는 언제나 아들 셋과 소통하는 것을 어려워하셨다. 친할아버지도 타인과의 관계를 최대한 억제하며 사신 분이었다. 따라서 아버지는 할아버지와 충분한 관계를 맺지 못한 채 자랐고, 나도 마찬가지였다. 나는 나와 관련된 사람 누구에게도 마음을 주지 않았다. 아무도 필요 없다는 듯이 보이고 그렇게 처신하는 사람, 즉 억세고 거친 사람을 흠모했다. 관계 지향적인 사람들과 어울려 지내본 경험이 없었던 탓에 나는 이런 사람에게 끌렸다.

이혼의 아픔에서 회복된 후 나는 완전히 바뀌었다. 재혼한 아내 미스티는 내가 지금껏 만난 사람 중 가장 관계지향적인 사람이다. 미스티는 가족들과 깊은 관계를 나누고, 친구들을 매우 사랑한다. 가족과 친구들은 그녀가 그들에게 무척 헌신적이라고 말하며, 그녀도 힘든 시기를 맞을 때마다 그들이 함께해 주었다고 말한다. 그녀가 친구들과 가족, 교회 사람들과 진심 어린 우정으로 엮여 있는 것을 볼 때마다 나는 흐뭇하고 가슴이 설렌다. 교회는 많은 사람과 관계를 맺을 수 있는 공간이어서 그녀의 삶에서 무척 중요한 위치를 차지한다.

신혼여행에서 우리는 비료 더미가 놓인 공간 바로 옆방에 묵게 되었다. 퇴비 냄새가 역했지만, 미스티는 방을 옮기려 하지 않았다. 우리 방을 청소해 주던 타루라는 여자와 친해졌기 때문이었다. 이렇게 누군가와 금세 친해지는 것은 내게 익숙하지 않은 일이었다. 하지만 사람들과 허물없이 가깝게 지낼 필요가 있다고 깨닫게 된 이후, 나 역시 관계를 맺는 데 좀더 적극적이 될 수 있었다.

나와 같은 사람의 문제는 관계를 맺지 않으려는 데 있지만, 거꾸로 관계를 맺어 본 경험이 문제가 되는 경우도 있다. 예컨대 가장 가까운 사람에게 배신을 당하거나 실망했을 수 있다. 사랑하던 사람이 돌연 적개심을 보이면, 당신을 먼저 지켜야 하겠다는 생각이 들기 마련이다. 당신을 피난처나 위안거리로만 삼는 사람과 관계를 맺는다면, 그 경험은 악몽과도 같은 것일 수 있다.

건강하지 못한 관계는 의존이나 집착, 통제 등과 같이 다양한 형태로 나타난다. 이처럼 건강하지 못한 관계에서 아픔을 겪은 사람은 관계가 깊어지는 것을 두려워하며, 그런 관계에서 하루라도 빨리 벗어나려 한다. 낯선 것을 두려워하며, 다시 통제당해서 자아를 상실할까 두려워하기도 한다. 두려움은 서로 관계를 좁히는 데 가장 큰 방해물이다. 다른 사람과 관계 맺기가 두렵다는 이유로 외톨이로 지내는 사람이 적지 않다.

두터운 자기 방어의 벽

약간 살집이 있거나 비정상적으로 뚱뚱한 내담자들을 만나면서, 나는 관계의 두려움이 어떻게 사람의 마음을 황폐하게 하는지 보았다. 그런 사람들은 주로 어린 시절에 상처를 입었지만, 성인이 되어서도 안정되지 못하고 자신을 지키기에 부족하다고 생각하며 자신을 신뢰하지도 못한다. 자신을 성폭행한 한 사람 때문에 모든 사람을 두려워한다. 때문에 그들은 두터운 담을 쌓고, 세상을 향해 높은 방어벽을 세운다.

그들은 뚱뚱해지면 사람들의 시선을 피할 수 있다고 생각한다. 뚱뚱하면 말을 걸거나, 친구 하자고 다가오는 사람이 없을 것이라 생각한다. 외모는 꼴사납게 변하더라도 마음은 편하다고 생각한다. 이런 사람들은 용기를 내어 자기 방어적인 태도를 버리고 다른 사람과 건강한 관계를 맺기 전까지 비정상적으로 뚱뚱한 몸을 버리지 않을 것이다.

수치심도 관계 단절을 꾀하는 한 원인이다. 수치심 안에 갇힌 사람은 노출되는 것을 꺼린다. 용서받지 못하거나 해결되지 않은 과거의 일로 죄책감에 사로잡혀 그들은 몸을 감추려 든다. 그는 과거의 죄가 발각되면 주변 사람들에게 버림받을 것이라 두려워한다. 시간이 흐르면서 과거의 죄와 잘못이 터무니없이 부풀려진다. 그러나 마음의 문을 열 때, 그들이 세상과 담을 쌓았던 그 원인이 사람들과 관계를 맺게 되는 실마리가 된다. 그들이 수치심을 떨쳐버릴 수 있도록 도와주는 사람을 만나 관계를 나눌 때, 그들은 사랑하는 마음으로 다른 사람과 관계를 맺으며 수치심을 떨쳐낸다.

수치심 때문에 외톨이로 살고 있는가? 그렇다면 하나님은 당신이 숨어 있는 곳에서 나와 치유의 공동체와 함께하기를 바라신다는 점을 기억하라. 하나님은 당신의 과거를 용서하실 수 있고, 또 그렇게 하실 것이다. 그리고 당신의 과거가 어떻든 간에 기꺼이 받아 줄 사람들이 있다.

관계 맺기에 필요한 조건들

대다수의 사람이 관계를 맺는 데 필요한 조건들을 어렵다고 생각한다. 그러나 어려울 뿐이지 불가능한 것은 아니다. 꿈을 버리고 현실을 받아들여야 하는 고통과 실망이 따르겠지만, 그래도 우리는 다른 사람을 향해 나아가야 한다. 나는 교도소에 수감된 자녀를 방문하려고 운전대를 잡아야 하는 부모를 생각할 때마다 마음이 아프다. 기대에 못 미친 정도가 아니라 실망만 안겨 준 자식을 면회하려고 먼 길을 운전해 가서 다독거려 주며 관계를 유지하기란 결코 쉬운 일이 아니다. 어쩌면 부모에게 던져진 가장 힘든 숙제일 수도 있다. 그러나 그 자식이 교도소 문을 나설 때 다시 희망을 갖기 위해서라도 관계를 끊어서는 안 된다.

최고의 부모가 되고 흠없이 건강한 가정상을 심어 주려 했지만 결국 그 꿈이 무참하게 깨지고 견딜 수 없는 고통으로 가슴을 치는 부모를 생각할 때 나는 깊은 슬픔을 느낀다. 자녀가 곤란한 상황에 빠질 때 부모는 중대한 선택의 기로에 놓인다. 자책감과 씨름하거나, 아니면 처음으로 진정한 관계를 구축하며 건강한 가족으로 회복시키겠다고 새롭게 다짐하는 것이다. 나는 이런 처지에 놓였던 다나라는 여성을 상담한 적이 있다.

다나에게는 아주 사랑스럽고 특별한 딸이 하나 있었다. 다나 부부는 꽤 부유했기 때문에 딸 아이의 화려한 결혼식을 상상할 때마다, 고급스러운 예복을 차려 입은 사람들과 마지판(땅콩 부스러기에 설탕을 버무려 만든 과자)으로 뒤덮인 웨딩 케이크, 밤새도록 계속되는 춤의 향연을 머릿속에 그렸다. 대학을 졸업한 후 딸의 미래에 대해서도 기대가 매우 높았다.

그런데 고등학교 졸업을 앞두고 딸은 성폭행을 당했다. 그런 상황을 방치하신 하나님이 너무 원망스러웠다. 다나는 매일 하나님을 원망하며 시간을 보냈다. 심지어 하나님께 삿대질까지 하며 온몸을 떨었다. 너무나 화가 나서 다나는 딸의 마음을 달래줄 여유조차 없었다. 게다가 딸까지 완전히 다른 사람처럼 변해 갔다. 점점 거칠고 반항적이며, 가족들과 떨어져 있으려고만 했다. 다나의 아픔은 더해 갔다.

더 이상 나빠질 것도 없을 것 같던 어느 날, 다나는 딸에게 기가 막힌 이야기를 들었다. 새로 사귄 남자친구의 아이를 임신했다는 소식이었다. 그 폭탄선언으로 조금이나마 남아 있던 꿈마저 산산이 부서져 버렸다. 딸은 아기를 낳았고, 아기와 미혼모, 미혼모의 어머니와 아버지가 한 울타리에서 살아야 했다. 다나는 남몰래 울면서 그런 상황을 이겨내려 애썼다.

딸을 임신시킨 남자친구가 찾아오면서 새로운 문제가 생겼다. 그는 어린데다 미숙하고 예의도 없었다. 식사를 끝내고 그릇을 개수대에 갖다 놓는 것이 다나가 그에게 원하는 전부였을 지경이었다. 다나는 꿈을 여지없이 앗아간 그를 미워하고 원망했다. 그가 하는 일이라고는 화장실을 쓰고 물을 내리는 것뿐이었다. 다나는 가족으로 받아들이기에는 한없이 부족한 그를 어떻게 다뤄야 할지 조언을 구했다. 자기의 역할도 제대로 못하는 그를 어떻게든 고쳐보고 싶었다.

나는 다나에게 관계를 맺기에 최적의 기회가 찾아왔다고 일러주었다. 어느 날 밤, 다나의 남편은 저녁식사를 마치고 일어나 딸의 남자친구에게 "어이, 접시 챙겨서 날 따라오게! 여기 숙녀분들을 위해 설거지를 하자고!"라고 했다. 그리고 어떻게 해야 여자들의 잔소리를 모면할 수 있는지 장난스럽게 이야기를 나누었다. 그렇게 관계를 맺기 시작하면서, 그는 아기의 삶에서 일정한 역할을 하고 싶은 자세를 키워 갈 수 있었다.

나는 잘잘못을 따지기보다는 다나에게 관계를 맺으라고 충고했다. 우선 그녀는 결코 이뤄질 수 없는 꿈을 포기해야 했다. 또한 딸이 현실을 받아들이고 그에 따라 새로운 계획을 세울 때 딸의 삶을 한없이 슬퍼할 필요가 있었다. 그렇게 하자 다나는 새 가정을 꾸리고 새 꿈을 키워가며 성취감과 행복을 누릴 수 있었다. 그러나 그 모든 것은 다나가 결코 이뤄질 수 없는 것에 대한 집착을 버렸을 때에야 가능한 일이었다.

이 사례처럼, 관계는 당신을 치유할 뿐 아니라 당신의 가정까지 회복시킨다. 당신의 몫을 지키며 다른 사람을 바꾸려고 하는 대신에, 그와 관계를 맺는 쪽으로 마음을 돌릴 때 치유와 회복은 시작된다.

자식을 위해 당신이 먼저 모범을 보여 줘라. 그럼 아이들이 관계의 바이러스를 다른 사람에게도 전해 줄 테니까. 치유를 위해서는 다른 사람에게서 얻는 자양분이 반드시 필요하다. 당신의 영혼에서 그 자양분을 빼앗아 가는 단절이란 낡은 방식에서 당신을 회복의 길로 들어서게 하는 방법이 바로 관계이다.

치유를 경험하기 위해 다나의 경우 몇 가지 힘겨운 조건을 채워야 했다. 우선 그녀는 가족을 위해 자존심을 버리고 겸손해져야 했다. 다나는 머릿속에 그리던 가족상을 지키겠다고 고집을 부릴 수도 있었지만, 겸손히 자신을 버리고 가족에게 닥친 현실을 받아들였다.

딸의 남자친구를 다른 방식으로 대하기 위해서는 용기가 필요했다. 또한 그녀가 이상적인 가정을 꾸리지 못했다는 이유로 친구들이 손가락질을 하더라도 그들을 만나 가슴을 열고 정직하게 모든 것을 털어놓는 용기도 필요했다.

끝으로, 딸의 남자친구와 관계를 맺으려는 노력이 처음에는 아무런 성과를 거두지 못했을 때도 끈기있게 기다리는 인내가 필요했다.

관계에는 사심을 버린 사랑이 필요하다. 하나님이 고통과 비극을 허락하셨더라도 하나님을 사랑하고, 하나님이 당신을 사랑하시듯 사람들을 사랑하며, 하나님의 가치 있는 창조물인 당신 자신을 사랑해야 한다. 이런 사랑이 있어야 상처받은 가정은 회복될 수 있다. 그런 사랑이 있어야 진정한 관계가 시작되고, 그렇게 시작된 관계가 꾸준히 이어질 수 있다. 이런 사랑이 있어야 우리는 우리 앞에 놓인 현실을 기꺼이 받아들일 수 있다.

하나님께 순종하며, 모든 것을 하나님의 처분에 맡기겠다는 결정은 쉬운 일이 아니다. 그러나 우리 뜻에 따라 통제하고 바꿔 가겠다는 제한되고 부질없는 시도보다 하나님의 무한하신 능력에 기대며 치유하고 회복하겠다는 자세가 필요하다. 치유는 선택이다. 우리 방식을 버리고 하나님의 방식에 순종하기로 결심할 때 치유와 회복은 시작된다. 따라서 치유의 길로 들어서기 전에, 우리는 우리 방식을 포기하고 하나님의 방식을 진정으로 원한다고 자신 있게 말할 수 있어야 한다.

13살짜리 꼬마의 지혜

내 딸 매들린이 라디오 프로그램을 들으면서, 내가 누군가와 통화하는 말을 들으면서, 아버지 역할을 하는 나를 관찰하면서 하나씩 깨달아가는 것에 나는 깜짝 깜짝 놀라곤 한다. 매들린이 13살이 되던 해, 나는 볼링 파티를 열어 주었다. 매들린과 친구들이 순서를 기다리는 동안, 나는 비디오 카메라를 들고 다가가 매들린의 좋은 점을 하나씩 이야기해 달라고 말했다.

친구들의 이야기는 대체로 세 가지로 요약되었다. 첫째, 매들린이 착하다고 했다. 나는 이 말이 무척 마음에 들었다. 또 내가 익히 알고 있듯이, 친구들은 매들린의 유머 감각을 칭찬했다. 그리고 마지막으로 내 기억에 가장 남는 이야기, 즉 매들린이 현명한 충고를 해준다고 말했다. 이 말을 듣고 나는 놀라고 정말 감동받았다.

파티가 끝나고 집으로 돌아오면서 나는 매들린에게 친구들과 나누었던 말을 들려주었다. 그리고 매들린이 훌륭한 충고를 친구들에게 해줘서 기뻤다고 덧붙이면서 한 가지 질문을 던졌다.

"남들과 어울리기 싫어하고 자기 세계에 파묻혀 딸의 관심사에는 조금도 눈길을 주지 않는 엄마와 사는 친구가 있다면 뭐라고 말해 주겠니?"

매들린이 또랑또랑한 목소리로 대답했다.

"용기를 내서 엄마와 어떻게든 관계를 이어갈 방법을 찾아보라고 하겠어요!"

"오, 매들린! 정말 놀라운 말이구나!"

나는 감탄을 감추지 못하고 말을 이었다.

"라디오 상담 프로그램에서나 들을 수 있는 지혜로운 말이구나. 친구들이 너보고 훌륭한 상담자라고 말한 게 당연하네. 아빠와 함께 라디오 프로그램을 진행하면서 친구들에게 도움말을 주는 것은 어떠니?"

매들린은 나를 올려다보면서 입을 오므리면서 길게 대꾸했다.

"아빠~"

"그래, 알았다."

우리의 대화는 여기서 끝났지만, 나는 딸 아이가 삶에서 중요한 진리 중 하나를 올바로 이해하고 있다는 사실에 놀라지 않을 수 없었다.

많은 사람들이 이런 저런 핑계를 대면서 관계 맺기를 주저하지만, 우리는 사람들과 관계 맺기를 위해 힘써야 한다. 그들의 방어벽에서 틈새를 찾아내고, 그 틈새에서 관계를 맺고 싶어하는 그들의 감춰진 욕망을 읽어내야 한다. 내가 좀더 젊었을 때 깨달았으면 좋았을 것이라고 항상 아쉬워하던 교훈이었다. 우리 모두가 배워야 할 교훈이기도 하다. 치유하고 회복된 삶을 살고자 한다면 다른 사람과 관계를 맺어야 한다.

관계의 모범이 되신 예수님

예수님은 관계의 필요성을 보여 주셨다. 예수님은 금식하고 기도하면서 하나님과 관계를 맺는 데 많은 시간을 보내셨다. 물론 주변 사람들에게도 많은 시간을 할애하셨다. 예수님에게는 도와주는 사람들이 있었고, 종종 그들을 불러 도움을 청하셨다. 만약 "하나님 한분만 필요하다."고 말할 수 있는 사람이 있다면 그리스도밖에 없다. 그러나 예수님은 그렇게 말씀하시지 않았고, 그런 식으로 살지도 않았다. 예수님의 죽음은 하나님뿐 아니라 사람들과도 관계를 맺어야 하는 이중의 필요성을 보여 주는 전형적인 예이다. 예수님은 아버지 하나님께 진실로 기도하면서, 제자들에게 그와 함께 지켜보며 기다려 보자고 당부하셨다. 제자들은 그렇게 하기가 불가능하다고 생각했지만…….

예수님은 혼자 다니실 수도 있었지만 끊임없이 관계를 맺으셨다. 예수님은 아이들이 다가오기를 바라셨고, 신분이 비천하고 죄에 빠진 우물가의 여인에게 말을 건네셨다. 또 예수님은 키가 작고 멸시받던 삭개오를 나무에서 불러내려 함께 저녁을 드셨다. 예수님 곁에는 열두 명의 제자들이 따라다녔고, 수많은 사람들이 함께 밥을 먹었다. 예수님은 아픈 사람들에게 다가가 그들과도 교제를 나누셨다. 복음을 전하도록 제자들을 파송할 때도 한 사람씩 따로 보내지 않고 둘씩 짝을 지어 보내셨다. 우리는 이렇게 관계의 필요성을 거듭 보여 주신 예수님의 모범을 마땅히 따라야 한다.

 "치유와 회복에 필요한 것은 하나님과 나뿐이야."

우리는 무엇을 하건 관계 맺기를 빼놓으려는 경향이 있다. 혼자가 되려 하고, 아주 교묘한 방식으로 그렇게 한다. 내 동료이자 절친한 친구들인 헨리 클라우드 박사와 존 타운젠드 박사는 『NO라고 말할 줄 아는 그리스도인』Boundaries, 좋은 씨앗이라는 탁월한 책을 집필했다. 이 책은 100만 부 이상 팔렸으며, 출간되고 몇 년이 지난 지금도 베스트셀러로 꼽히고 있다. 많은 사람들이 이 책을 통해 희망을 얻고 치유를 경험했다.

『NO라고 말할 줄 아는 그리스도인』에서 헨리와 존은 삶을 되찾기 위해 힘든 선택을 해야 할 때가 있다고 하면서, 독자들이 그런 선택을 할 수 있도록 돕고 있다. 그들은 우리가 관계에서 어떤 입장을 취해야 하고, 경계선을 부적절하게 넘는 사람이 있을 때는 어떻게 해야 하는지를 조언해 주었다. 이 책에서 제시된 가르침은 성폭력 피해자나, 자존감이 없어 거절할 줄 모르는 사람들에게 특히 도움이 된다. 『NO라고 말할 줄 아는 그리스도인』의 조언들은 우리가 올바른 삶을 살아가기 위해서 상대의 요구를 언제 수용하고 언제 거절해야 하는지 판단하는 데도 도움을 준다. 그러나 경계의 개념을 건전한 방향에서 적용하지 않으면 오히려 관계의 단절을 정당화하는 데 잘못 사용될 여지가 있다.

소외되고 단절된 사람들이 '경계'라는 이름으로 방어벽을 세우려고 할 때, 경계의 개념이 오용되는 대표적인 예이다. 벽을 세우지만 정체성의 영역을 규정하기 위한 것이 아니다. 그 벽은 매우 견고하고 두터워서 어느 누구도 들어올 수 없다. 그는 자신을 지킨다는 명목으로 누구도 침범할 수 없는 벙커에서 꼼짝하지 않는다. 하기사 그런 벙커에서는 그의 감정이 보호되고 그의 비밀도 안전하게 지켜진다. 그는 한 겹의 벽을 세우는 게 아니다. 빗장으로 단단히 채운 네 개의 단단한 벽을 세우고 그 안에서 살아간다. 비밀을 지킬 수는 있지만, 죽음이나 다름없는 삶이다.

경계를 세운 사람이라면, 그 경계가 적절한 경계인지, 아니면 부적절한 벽인지 자문해 봐야 한다. 그 경계가 더 건강한 관계로 발전하기 위한 방편인지, 아니면 관계 형성을 막기 위한 것인지도 되짚어 봐야 한다. 후자라면 치유를 위해서라도 벽을 걷어내야 한다. 당신과 다른 사람 사이에 놓인 장벽을 걷어내라. 그리고 관계를 맺으려 해보라.

그 과정에서 상처를 입고 무시당할 수 있겠지만 혼수상태에 빠지지는 마라. 분명히 말하지만 병든 관계를 맺으라는 말이 아니다. 그러나 모든 관계에는 위험이 따른다. 따라서 관계를 시도하는 과정에서 상처 입고 무시당할 수 있다. 그러나 다른 사람과 건강한 관계를 맺고, 당신이 삶과 사랑과 관계에 대한 결정을 내릴 때 그가 도움을 준다면 결과가 나쁠 가능성은 크게 줄어든다. 따라서 벽을 걷어내고 관계를 맺어라.

다시는 상처를 받지 않기 위해 어떤 대가를 치르더라도 다른 사람을 멀리해야 한다는 거짓말은 다양한 형태로 나타난다. 하나는 일정한 거리를 두면서 상대를 애타게 만드는 방법이고, 다른 하나는 상대에게 매달리면서 그가 달아나게 만드는 방법이다. 이른바 지배와 의존의 딜레마이다. 또한 지나친 허풍을 늘어 놓아 사람들을 밀어내며 멀어지게 만들기도 한다. 우리에게 진실되고 깊은 관계가 필요할 때, 이 모든 것이 그런 관계를 파괴해 버린다. 우리 이야기를 상대에게 하고, 상대의 경험에 귀를 기울일 때 진정한 관계를 맺어 갈 수 있다.

우리는 상대의 말에 귀를 기울이고, 그 말을 겸허히 받아들이며, 공감할 수 있어야 한다. 그와 동시에 우리 진심을 털어놓으면서 상대의 마음에 다가가야 한다. 이렇게 할 때 우리의 삶은 상상조차 할 수 없었던 방식으로 활짝 열릴 것이다. 독신이라면 성적 접촉 없이도 관계하는 법을 배울 수 있다. 우리가 관계와 사랑을 향한 하나님의 계획에 다가가려 할 때 성관계는 방해물이 될 수 있다. 결혼해서 비교적 안정된 삶을 살지만 관계의 단절이 있다면, 관계 맺기를 통해 배우자와 새로운 친밀감을 만들어갈 수 있다. 당신이 삶의 어느 단계에 있든 다른 사람에게 더 가까이 다가갈 때 하나님에게도 더 가까이 다가가는 것이다.

관계의 보상

소외되고 단절된 공간에서 우리는 자신을 통제할 수 있다는 안도감을 느낀다. 그러나 이는 거짓된 안정감이다. 혼자 살아간다는 것은 결코 안전하지 않다. 오히려 위험하기 짝이 없는 삶의 방식이다. 진정한 삶과 진실한 사람들, 그리고 관계를 키워 가며 얻게 되는 교훈과 보상들을 놓치기 때문이다. 당신은 조심스럽지만 용기를 내어 혼자만의 삶에서 나와야 한다. 그래야 관계를 통해 많은 보상을 누릴 수 있다.

관계 맺기를 선택했다면, 하나님이 의도하신 삶을 살겠다고 결심했다는 뜻이다. 삼위일체는 관계의 표본이라 할 수 있다. 하나님은 관계의 집합체, 즉 가족이라는 공동체를 고안하셨다. 하나님의 교회는 관계 안에서 존재하고, 교회는 관계를 기반으로 하나님 나라를 세웠다. 하나님은 남자와 여자의 궁극적인 관계로 결혼을 명령하셨다. 벽을 허물고 관계에 들어간다면, 하나님이 의도하신 삶을 사는 것이다. 물론 불안하기는 하겠지만 주변 사람과 깊은 관계에 들어가려 할 때 활기찬 삶을 되찾을 수 있다.

당신은 하나님의 사랑도 경험할 수 있다. 하나님은 다른 사람을 통해 사랑을 드러내신다. 사람들은 하나님의 사랑을 나타내는 통로이다. 하나님은 다른 사람들을 이용해 우리를 사람으로 만들어가신다. 하나님은 우리가 다른 사람들과 함께 성장하기를 바라신다. 혼자서는 인격이 성장할 가능성이 거의 없다. 그러나 관계를 통해 우리는 함께하는 동료들을 발견하고, 하나님의 형상에 가까워지도록 성장해 갈 수 있다.

관계는 우리에게 인정받는다는 느낌을 준다. 우리는 거부를 두려워한다. 어쩌면 당신은 이미 그런 경험이 있을지도 모르겠다. 그러나 위험을 감수하고 관계를 맺어간다면, 언젠가는 누군가에게 받아들여지는 느낌을 만끽할 수 있다. 이는 혼자일 때는 결코 기대할 수 없는 기분이며, 그때 우리 영혼은 치유되고 회복된다. 우리는 관계에서 안도감을 느낀다. 관계는 빈 곳을 메워주고, 잃어버린 조각을 찾아준다. 우리는 애초부터 다른 사람과 관계를 맺으며 살아가도록 창조된 존재이기 때문이다. 우리에게는 관계가 필요하다. 관계가 우리를 치유하고 회복시킨다. 관계가 있을 때 우리는 사랑과 희열과 희망이라는 최고의 감정을 맛볼 수 있다.

관계를 맺기 위해서라면 무슨 일이든 하라. 얼굴을 마주하는 직접적인 만남이 가장 바람직한 형태의 관계이다. 그러나 가족들을 제외하고 당신이 가 닿을 수 있는 유일한 통로가 인터넷이라면 안전하게 소통할 수 있는 집단을 찾으라. 당신이 멀리 떨어진 곳에서 사역하는 선교사라면, 그리고 당신이 섬기는 그곳 사람들과 깊은 관계를 맺는 것이 불가능하다면 편지를 주고받음으로써 관계를 이어가라. 마음을 담아 상세하게 편지를 쓰라. 어떤 한계가 있더라도 관계를 맺지 못하는 핑계거리가 될 수는 없다.

공동체와 다양한 수준으로 관계를 맺어라. 한편에는 당신에게 도움이 필요할 때 믿고 의지할 수 있는 단순한 지원 단체가 있을 수 있다. 당신이 곤경에 빠졌을 때 당신에게 용기를 북돋워 주고 위로해 주는 사람들이다. 반대편 끝에는 진정한 친밀감을 나눌 수 있는 사람들이 있을 수 있다. 그들은 당신의 깊은 내면까지 훌훌 털어놓을 수 있는 사람들이다. 이런 친밀감을 나누면, 시간이 지날수록 연대감은 더욱 깊어진다. 유머 감각, 각자의 이야기, 공유한 꿈, 공통된 즐거움을 통해서 다양한 수준의 친밀감을 만들어갈 때 우리는 성장하고, 우리 삶도 더 풍요로워진다.

관계에서 공동체로

관계에는 여러 형태가 있다. 우리는 하나님과의 관계를 당연히 키워가야 하지만, 관계를 몸으로 체험하려면 하나님만으로는 충분하지 않다. 다양한 수준의 관계와 친밀감을 경험하자면 많은 사람을 만나야 한다. 다양한 유형의 사람들과 관계할 때 이른바 '공동체'라고 불리는 집합적 관계를 경험할 수 있다.

공동체 안에 산다는 것은 당신보다 훨씬 큰 존재의 일부가 된다는 뜻이다. 당신은 공동의 관심사와 목표를 가진 공동체에서 없어서는 안 되는 구성원이다. 당신은 공동체에게 이익을 주는 동시에, 공동체에서 이익을 얻기도 한다. 이런 관계를 경험할 수 있는 공동체를 찾아보라. 교회나 일터 혹은 당신이 살고 있는 동네에도 그런 공동체가 있을 수 있다. 진정으로 찾고자 한다면 그런 공동체는 얼마든지 있다.

몇 년 전, 나는 동네 사람들에게 우리 집을 공개했다. 1928년에 지어진

건물이지만, 아름다운 정원이 있고 바다가 한눈에 내려다보이는 집이다. 바다를 완만하게 끼고 있어, 많은 사람들이 집 주위에서 파도를 감상하며 산책하거나 조깅을 했다. 집 주변을 구경한 후, 나는 그들을 작은 음악회에 초대했고, 서로를 알아가는 친교 모임을 가졌다. 대성공이었다. 오랫동안 반목하며 지내던 사람들이 우리 집에서 대화하며 관계를 회복했다.

그들은 몇 달 동안이나 그 모임에 대해 이야기했다. 다음에는 자기 집에서 모이자는 사람도 있었고, 좀더 자주 모이자는 의견도 있었다. 아주 간소한 모임이었지만, 동네 사람들에게 공동체의 일부라는 소속감을 심어 줬다는 점에서 큰 성공이었다. 전에는 기대할 수 없던 관계가 새롭게 형성되었다. 우리는 그 후로도 계속 성공적으로 모임을 이어가고 있다.

당신 주변 사람들도 서로 관계를 맺고, 당신을 좀더 깊이 알고 싶어할 것이다. 노인 보호시설에 살고 있다면 스스로 접촉점이 되어 주변 사람들과 새로운 공동체를 만들어 보라. 요양원에 살고 있다면, 당신이 그곳을 치유의 공동체로 만들어갈 수 있다. 직장인이라면, 1주일에 하루를 택해 점심을 함께하는 모임을 만들 수도 있다. 이런 모임이 당신의 일터를 건강한 관계를 나누는 공동체로 승화시키는 출발점이 될 수 있다. 어디에 있든지 당신은 관계 형성을 위한 촉매제 역할을 할 수 있다. 그렇게 하기로 결심한다면 당신은 새로운 차원의 회복을 경험하고 많은 사람의 치유를 위한 굳건한 토대를 놓은 것이다.

결론

관계를 통해 회복하려는 결심은 하나님과의 관계에서 시작된다. 하나님이 살아 계시며, 우리가 하나님과 새로운 관계를 원한다는 사실을 인정할 때 회복은 시작된다. 우리는 말씀 묵상, 기도를 통해 이러한 관계를 세워간다. 말씀을 공부하면서 우리는 하나님과 관계를 새롭게 하고, 기도를 통해 관계를 지속해 간다. 우리는 하나님에 대해 배우고, 하나님과 함께 시간을 보낼 때 하나님을 기쁘시게 하려고 우리의 행동을 올바른 방향으로 바꿔간다. 잘못을 돌이키고 옳은 길을 선택해 행동에 옮기는 것은 하나님과의 관계를 돈독하게 하는 방법이다.

하나님를 위해 살아갈 때, 하나님을 기쁘시게 하려고 살아갈 때, 우리는 하나님의 존재를 더 깊이 경험할 수 있다. 또한 힘겨운 상황에서는 희망을 주고, 순조로운 상황에서는 거룩한 기쁨을 주는 친밀한 관계를 경험하게 된다. 당신이 치유를 위한 다른 선택을 하기 전에 먼저 하나님과의 관계가 제대로 되었는지 점검해 보라. 그 관계가 올바르다면, 그 밖의 다른 선택은 한결 수월하고 만족스러울 것이다.

삶에 지쳐서 하나님과 다른 사람에게서 도망치려 한다면, 당신이 하나님을 믿으며 하나님과 함께하던 때 하나님이 약속하신 것을 생각해 보라. 예수님은 몇 가지 질문을 던지시고, 우리 삶을 영원히 바꿔 놓을 대답을 주셨다.

"수고하고 무거운 짐 진 사람들아, 다 나에게 오너라. 내가 너희를 쉬게 하겠다. 나는 마음이 온유하고 겸손하다. 내 멍에를 메고 내게 배워라. 그러면 너희 영혼이 쉼을 얻을 것이다. 내 멍에는 메기 쉽고 내 짐은 가볍다" 마 11:28-30, 현대인의성경

하나님과 교제를 지속하는 것은 삶을 살아가는 최고의 방법이다. 위로와 휴식 그리고 자유로운 삶의 길로 우리를 인도하는 삶이기 때문이다.

하나님과의 관계는 우리의 회복을 위해 반드시 필요한 조건이다. 하지만 그것만으로는 충분하지 않다. 우리는 "오직 하나님"이라는 생각에서 뻗어나가 다른 사람에게로 향해야 한다. 회복 과정에는 겸손하게 다른 사람과 새로운 차원의 관계를 맺어야 한다. 개인과도 관계를 맺을 수 있고, 공동체와 관계를 맺을 수도 있다. 건강한 교회나 지지 그룹 그리고 회복 모임과 같은 공동체는 치유의 주춧돌이다. 이런 기반 위에서 다른 모든 선택이 이뤄진다. 잠시 멈춰서서 하나님과 관계를 맺겠다고 결심한 후 시작하라. 그리고 치유를 위해 기꺼이 위험을 감수하고, 당신을 도울 수 있는 사람들과 관계를 맺고 삶을 충만히 경험해 보라.

치유, 곧 회복은 선택이다. 관계를 맺겠다는 결정이다.

HEALING IS A CHOICE

내 삶의 목적을 회복하라.
변화는 선택으로 찾아온다.
선택 1 관계를 맺기로 선택하라
vs 거짓말 회복되려면
하나님과 나의 관계만 좋으면 돼!
선택 2 감정을 피하지 않고 느끼기로 선택하라
vs 거짓말 진짜 그리스도인이라면
모든 상황에서 평안을 누릴 수 있어야 해
선택 3 당신의 삶을 진리 가운데
비추어보겠다고 선택하라
vs 거짓말 뒤돌아보거나 앞으로
파고들어봤자 좋을 거 하나 없어
선택 4 당신의 미래를 치유하기로 선택하라
vs 거짓말 시간이 지나면 상처는
다 치유될 거야
선택 5 당신의 삶에 필요한 도움을 받기로 선택하라
vs 거짓말 이건 나 혼자서도 해결할 수 있어
선택 6 당신의 삶 전체를 포용하겠다고 선택하라
vs 거짓말 아무 문제없는 듯 행동하면 괜찮아질거야
선택 7 용서하기로 선택하라
vs 거짓말 용서를 받을 자격이 있는
사람은 따로 있어
선택 8 위험을 감수하겠다고 선택하라
vs 거짓말 더는 고통받지 않겠어.
내가 나를 지킬 거야 선택 9 섬기기로 선택하라
vs 거짓말 섬기려면 내가 먼저
치유받고 완전해져야 해
선택 10 끝까지 인내하겠다고 선택하라
vs 거짓말 내게 희망이라곤 없어

Chapter 2

|선택 2| 감정을 피하지 말라

VS

|거짓말 2| 진정한 그리스도인은 어떤 상황에도 평안해야 해

| 선택 2 |

감정을 피하지 말라

고난과 아픔 너머에 있을 기쁨을 지금 발견하지 못했다고 해서
그를 비웃지 말아야 한다.

고통을 하나님의 선물이라고 여기는 사람은 그리 많지 않지만, 그것은 사실이다. 그런데 우리는 고통 중에 있을 때 하나님을 의심하곤 한다.

일반적으로 사람들은 하나님이 실제로 존재하시고 우리를 사랑하신다면 고통에서 구해 주실 거라고 믿는다. 우리는 대부분 고통을 싫어하며, 고통을 피하기 위해서라면 무슨 일이든 한다. 정상적인 지각을 갖춘 사람이라면 누구나 고통을 최소화하는 방향으로 최선의 결정을 할 것이다.

그런가 하면 오히려 감정에 큰 상처를 주는 어리석은 일을 서슴지 않는 사람들도 있다. 그들은 자신의 감정을 느끼기보다는 부인한다. 술에 취해 버리거나, 폭식으로 마음을 가라앉히고, 성적 만남을 통해 감정을 털어 버린다. 그들은 고통의 원인을 파악하는 대신 고통을 모른 척하거나 없애 버리려 애쓴다. 그 과정에서, 그들은 고통을 자초하고서도 그 고통 때문에 하나님의 존재와 힘을 의심한다. 이들은 고통을 저주로 받아들인다.

애슐린 블로커의 삶은 고통이 우리를 보호하시기 위해 하나님이 마련하신 특별한 선물이라는 사실을 극적으로 보여 준다. 애슐린은 아픔을 느끼지 못한다. 그녀에게 뭔가 이상이 있다는 것을 부모가 알게 된 것은, 뜨거운 식기세척기 위에 손을 올려놓고도 아무것도 느끼지 못하는 것을 보면서였다. 화상으로 벌게져 수포가 솟은 손을 물끄러미 바라보면서 울지도 않고 서 있는 애슐린을 보며 엄마는 뭔가 문제가 있음을 알아차렸다.

유치가 돋기 시작할 무렵, 애슐린은 잠결에 입술을 깨물어 피가 난 채 일어나곤 했다. 음식을 먹는 동안에는 자신도 모르게 혓바닥을 씹었다. 음식이 뜨거운지 차가운지 분간할 수 없는 애슐린을 위해 엄마는 언제나 음식을 알맞게 식혀 주어야 했다. 입이 데지 않도록 뜨거운 스프에 얼음 조각을 띄우기도 했다.

애슐린의 엄마는 "고통을 느끼지 않아도 되니까 좋겠다는 분도 계실지 모르겠지만, 결코 그렇지 않습니다. 고통이 존재하는 데는 다 이유가 있습니다. 우리는 고통을 통해 몸에 뭔가 이상이 있으며 치료가 필요하다는 것을 알게 됩니다. 애슐린이 통증을 느낄 수만 있다면 무엇이든 해주고 싶습니다."라고 말했다.[1]

우리 몸이 육체적 고통을 느끼는 것처럼, 우리의 영혼도 감정적인 고통을 느낀다. 고통은 우리가 뭔가 잘못되고 있으며, 우리 삶에서 관심을 갖고 치료해야 할 것이 있다는 것을 알려주는 하나님의 선물이다.

우리가 삶을 인식하고, 고통이 고개를 쳐들 때 거기에 관심을 갖는다면, 우리 삶이 그 고통에 얽매이기 전에 문제를 해결할 수 있다. 그러나 아픔을 허락하지 않고 고통을 느끼지 않기로 결단하는 이상, 상처 위에 상처가 더해져 어려움과 갈등이 더해지게 될 것이다. 마치 자신에게 계속 상처를 내는 소녀처럼 말이다. 고통은 선물이다. 애써 찾아나서야 하는 것은 아니지만, 삶에 고통이 찾아온다면 부정하거나 무시하기보다는 적절히 반응하는 법을 배워야 한다.

로리의 아픔

로리는 동부 텍사스 타일러 외곽에 있는 작은 교회에 다니고 있었다. 100년 된 뾰족탑이 서 있는 아담한 교회 건물은 마치 풍경화 속에서 금방 튀어나온 것 같았다. 건물만 보면 그 교회에 다니는 것만으로도 안식을 얻을 수 있을 것같이 보였지만 로리에게는 아무런 평안도 주지 못했다. 로리는 아주 어릴 때부터 교회에 다니면서 교인들을 면면들이 알고 있었다. 그러나 단 한 사람 알 수 없었던 사람이 있었으니, 바로 남편이었다.

로리는 교인들의 사생활을 속속들이 알고 있었지만, 정작 남편의 삶에서 일어나는 은밀한 일들은 전혀 눈치를 채지 못했다. 그녀의 남편은 그 작은 마을, 로리의 면전에서 다른 여자에게 눈길을 주었던 것이다. 그녀가 차 앞좌석에서 모텔의 영수증을 발견하지 않았더라면 이 사실을 감쪽같이 몰랐을 것이다.

그동안 로리는 남편과 많은 난관을 헤쳐 왔다. 남편이 실직했을 때도 로리는 묵묵히 곁을 지켰다. 주택 융자금 만기일도 두 달밖에 남지 않았다. 그런데 이제 와서 남편이 다른 여자와 밀회를 즐기다니. 로리는 그 고통을 견딜 수가 없었다. 너무 수치스러워서 친구에게도 말할 수 없었다. 로리가 모텔 영수증을 들고 어찌된 일이냐고 추궁하자 남편은 흐느끼기 시작했다. 로리는 남편의 가슴팍을 치면서 소리쳤다.

"왜, 왜, 왜?"

로리는 하염없이 눈물을 흘렸다. 고통스럽게 울부짖는 그녀의 모습을 보고, 남편은 죄책감이 더해졌다. 아내의 깨어진 마음을 보면서 그는 마음을 바꾸지 않을 수 없었다.

남편은 여자 직장 동료에게 위태로운 결혼생활에 관한 고민을 듣게 되면서, 어리석게도 그들 부부 문제에 휘말리고 말았다. 그는 그녀가 유일하게 의지하는 상대가 되었고, 부적절한 관계로 이어진 것은 순식간이었다. 그는 처음부터 잘못이라는 걸 알았다. 하지만 그처럼 자극적이고 은밀한 쾌락을 느껴본 적이 없었다. 유혹의 덫에 걸려 몇 달 동안 '진정한 남자'가 된 듯한 기분으로 사는 동안 그는 본래의 모습을 상실하고 말았다.

그는 다시는 다른 여자를 만나지 않겠다고 하면서, 진정으로 뉘우치고 있다는 것을 보여 주기 위해 로리가 원하는 것은 무엇이든 하겠다고 했다. 진심에서 우러나온 말이었다.

그는 변하기 시작했다. 여자들에게 눈길도 주지 않았고, 새롭게 교회에도 나가기 시작했다. 그는 로리가 원하는 일이라면 무엇이든 했고, 그런 행동들은 하나님의 사람이 되기 위해서, 또한 로리의 자랑스러운 남편이 되기를 진정으로 바라는 마음에서 나온 것처럼 보였다.

사람들은 모두 그의 변화에 놀라워했다. 진정한 변화를 보여 주는 모범이라고 입을 모았다. 사람들은 그의 모습을 보고 고무되어 자신의 삶을 돌아보게 되었고, 다른 남자 성도들도 그를 따라가기 원했다. 사람들은 가정으로 돌아와 아내에게만 정성을 다하는 남편을 둔 로리를 부러워했다.

그러나 사랑과 용납으로 보이던 겉모습과 달리, 로리의 내면에서는 무엇인가가 일어나기 시작했다. 그녀는 행복하지 않았다. 분노하고 있었다.

서약을 깨고 자신을 기만한 남편에게, 그리고 바보처럼 남편이 다른 여자와 뭘 했을까 궁금해 하는 자신에게 화가 났다. 남편에 대한 사람들의 긍정적 반응에도 화가 났다. 바람까지 피운 남편을 사람들은 성격 좋고 결단력 있는 남자로 보는 것 같았다. 로리는 남편 곁에 있는 것이 견딜 수 없었지만, 사람들은 과거를 뉘우치는 남편 곁에 로리가 있어 주기를 바랐다. 그녀는 결혼생활이 끔찍했고, 그 끔찍한 느낌이 지독하게도 싫었다.

  가장 큰 문제는, 남편이 마땅히 해야 했던 것으로 사람들의 주목을 받는다는 사실이었다. 남편은 그녀가 과거에 생각했던 모습으로 사람들에게 칭찬을 받았다. 따라서 그들은 로리의 심경에 공감하기보다, 오히려 그런 남편에게 감사하고 살아야 한다고 생각할 가능성이 컸다. 남편의 배신 후에도 남편 곁에서 여전히 헌신적이고 신실한 아내로 자리를 지켜야 한다는 사실을 견딜 수 없었다. 하지만 누구도 그녀의 입장을 이해하려 하지 않고, 그녀가 그렇게 노력하고 있다는 것을 인정하지 않는 듯했다. 로리의 분노는 점점 커졌고, 교회 사람들도 로리의 그런 변화를 눈치채기 시작했다. 이런저런 수군거림이 귀에 들려왔다.

- 남편이 그처럼 변한 걸 다행으로 여겨야지.
- 하나님께 의지할 수밖에. 남편의 문제를 하나님께서 해결해 주시리라 믿어야지.
- 하나님은 모든 것을 통해 선을 이루시잖아.
- 성령의 인도를 받는 사람이라면 이 문제도 편안히 받아들였을 거야.
- 결혼생활에 무언가 문제가 있었으니까 남편이 곁돌았겠지.
- 두 달이 지나지 않아 당신은 분명히 후회할 거야.
- 분노는 죄야. 회개해야 해.

이 말들이 완전히 틀린 것은 아니다. 하지만 이런 말들은 로리에게 더 큰 아픔을 안겨주었을 뿐이었다. 그 때문에 그녀는 진정으로 해야 할 일을 하지 못했다. 로리는 철저하게 슬퍼할 필요가 있었다. 배신당한 아픔과 분노를 느껴야 했다. 교회 사람들의 기대에 부응하기 위해 그런 감정을 무시하고 '일시적인 화해'를 거짓으로 가장하기보다는, 믿을 수 있는 사람들에게 그 감정을 털어놓았어야 했다.

그러나 고통을 나눌 사람이 없어 무작정 억제해야 했기 때문에 로리는 마음의 문을 닫아 버렸다. 남편을 비롯해 사람들과 교제하는 것도 중단하고 말았다. 교회에도 발걸음을 끊었고, 깊은 우울에 빠져들었다. 그럴수록 사람들의 비웃음과 거부감도 심해졌다.

로리는 주변의 눈총 때문에 슬픔을 철저하게 느껴야 할 때 그러지 못했다. 물론 남편을 용서해야 했지만, 일시적으로나 피상적으로 용서할 수 없었다. 감사와 평화는 남편의 불륜을 알고 난 뒤 즉각 올 수 있는 것이 아니었다. 로리는 남편을 사랑해야 했다. 그러나 사랑하는 마음을 보여 주기 전에, 남편을 향한 사랑이 식었다는 감정을 인정하고, 그 감정을 철저히 느껴야 했다. 그래야 남편을 사랑으로 다시 받아들일 수 있었지만, 그녀에게는 그런 감정을 드러낼 기회가 허용되지 않았다.

예수님이라면 어떻게 느끼셨을까

이사야 선지자는 예수님이 슬픔을 경험한 인자였다고 말한다.사 53:3 마태복음 26장에는 예수님이 십자가 고난을 당하시기 전, 겟세마네 동산에서 경험하셨던 일이 기록되어 있다. 예수님은 너무도 괴로운 나머지 제자들에게 자신을 지켜보며 기다려 달라고 당부하셨다. 땀방울이 핏방울로 변했다는 것은 그만큼 고통과 슬픔과 번민이 극에 달했다는 뜻이다. 예수님은 하나님 아버지께 기도할 때조차 엄청난 절망에 휩싸였다. 그분은 인간의 몸으로 오신 하나님이었다. 세상에 머무는 동안 고통을 몸소 겪으셨기에 그분은 우리 인간의 아픔을 깊이 헤아리신다. 고통을 아무것도 아니라는 듯 가볍게 취급하거나 무의미하다고 여기시지 않는다. 예수님은 영혼 깊은 곳까지 고통을 느끼셨다.

겟세마네 동산에서 졸음에 겨워 힘겹게 고개를 쳐들고 있던 제자들이었지만, 다음과 같이 이야기하지는 않았을 것이다.

- 예수님, 그렇게 침울해 하지 마십시오. 좀더 의연해지셔야 합니다.
- 저기……예수님, 모두들 주님이 거뜬히 이겨내실 것이라 생각하고 있습니다. 번민을 그렇게 내색하시면 우리 기독교인들이 어떻게 보이겠습니까?
- 예수님, 이까짓 고통에 굴복하시면 어떻게 합니까? 주님의 고난이 세상을 구원한다는 사실에 감사하십시오.

예수님은 궁극적인 결론을 이미 알고 계셨다. 그분은 자신의 고통이 어떤 기적을 빚어낼지 알고 계셨다. 어느 누구도 그분에게 무수한 영혼을 구원할 것이라고 새삼스레 말할 필요가 없었다. 예수님은 하나님과 함께 완성하셔야 할 일이 있었다. 고통과 번민을 다시는 겪지 않아도 될 각본을 완성하셔야 했다. 의인으로서 우리 모두를 죄에서 치유하시기 위해 주님은 자신의 안락함을 포기하고 완전히 순종하셨다. 예수님은 슬픔을 철저하게 느끼시며, 겟세마네 동산에서 그 슬픔을 생생하게 보여 주셨다.

느껴라 그리고 치유하라

우리는 고난과 아픔 너머에 있는 기쁨을 지금 발견하지 못한다고 해서 그를 비웃지 말아야 한다. 예수님이 그러셨듯이, 그에게도 고통과 번민을 고스란히 느낄 기회를 주어야 한다. 그렇지 않으면 그는 상실의 슬픔이나 고통을 해소하지 못한 채 살아가야 한다. 시간이 지난다고 고통이 사라지지는 않는다. 그 고통은 감춰지지만 여전히 살아서 그의 마음을 좀먹는다. 고통을 억누르기 위해 그는 먹는 데 열중하거나 혹은 쇼핑이나 섹스, 도박에 중독되어 간다. 우리는 먼저 그 고통을 느껴야 치유할 수 있다. 그렇지 않으면 상처가 가슴에 남아 가까운 사람들에게도 상처를 줄 수 있다.

감정을 드러내야 하는 이유

감정은 하나님의 선물이다. 감정은 무엇인가가 잘못되었다는 지표이지, 우리에게 즉시 변해야 한다고 재촉하는 징후가 아니다. 공동체가 감정을 부인하거나 진심을 감추라고 강요한다면, 하나님의 의도대로 감정을 사용하려는 욕구를 허용하지 않는 것이다. 바울의 가르침에 따르면, 나쁜 감정을 경험하는 것도 때로는 좋을 수 있다.

"내가 편지로 여러분을 마음 아프게 했다 하더라도 나는 그것을 후회하지 않습니다. 잠시나마 그 편지가 여러분을 근심하게 한 것을 알고 후회하기도 했으나 지금은 오히려 기뻐합니다. 그것은 여러분이 근심했기 때문이 아니라 그 일로 회개하였기 때문입니다. 여러분이 근심한 것도 하나님의 뜻대로 된 것이므로 우리 때문에 손해 본 것은 없습니다. 하나님의 뜻대로 하는 근심은 죄를 뉘우치고 구원에 이르게 하므로 후회할 필요가 없습니다. 그러나 세상 근심은 죽음을 가져올 뿐입니다. 하나님의 뜻대로 하는 이 근심은 여러분에게 간절함과 자신에 대한 해명과 정의의 분노와 하나님을 두려워함과 그리워함과 열심과 죄 지은 사람을 처벌할 마음을 불러일으켰습니다. 여러분은 그 모든 일에서 자신의 깨끗함을 보여 주었습니다" 고후 7:8-11, 현대인의 성경.

바울의 지적에 따르면, 슬픈 감정이 상황을 올바른 방향으로 끌어갔다. 그런 감정을 위장하거나 억누르며 드러내지 않는 것은 변화의 가능성을 아예 없애는 것이다. 로리는 감정을 해소해야 했다. 감정이 남았다는 것은 무언가 해결되지 않았다는 뜻이었다. 그녀는 남편이 놀랍게 변했다는 것으로 사람들의 칭송을 받는 게 화가 났다. 가슴에 앙금처럼 남아 있는 것도 있었다. 왜 그랬을까?

남편이 로리에게 진정으로 사과하지 않은 것이 문제였다. 물론 남편이 변한 것은 사실이었다. 본연의 역할로 되돌아온 것도 사실이었다. 하지만 그는 아내에게 무엇이 필요한지 몰랐고, 그 욕구를 해소시켜 주는 데 소홀했다. 보상이 필요했다. 그가 로리에게 어떤 식으로 보상하겠다는 분명한 계획을 보여 주었더라면 그녀의 마음도 한결 나아졌을 것이다.

또한 교인들이 로리의 편이 되어 로리의 감정을 이해해 주었더라면, 남편이 어떤 식으로 변했더라도 그들은 로리의 가슴에 맺힌 상처를 찾아내서 그 감정을 해소시키는 데 도움을 줄 수 있었을 것이다. 또 그들이 상황을 좀더 깊이 이해했더라면, 로리의 상황을 정상화시킬 수 있는 방법까지도 찾아낼 수 있었을 것이다.

그렇다면 남편은 로리에게 어떤 식으로 보상해야 했을까? 아내의 원망을 풀어주고 단절된 관계를 회복시키는 데 도움이 되었을 만한 몇 가지 예를 생각해 보자. 이 예들이 모든 상황에 적용되는 건 아니지만, 로리 부부의 관계를 치유하기 위해 선택할 만한 방법들이다.

- 공개적으로 큰 죄를 지었다고 시인하면서, 아내에게 더욱 충실하겠다고 솔직히 고백해야 했다.
- 토요일이면 아이들을 돌보기로 자청해서, 아내가 원하는 일을 하루 쯤은 마음껏 할 수 있도록 해주어야 했다. 친구들과 어울리는 시간을 포기하면서 아내를 위해 희생할 수 있어야 했다.
- 돈을 모아 아내가 친구와 여행을 떠날 수 있게 해주어야 했다. 어쨌든 아내가 치유를 위해 따로 시간을 할애하지 않더라도, 아내의 치유를 위해 그가 기꺼이 할 수 있는 일이 무엇인지 아내에게 말해야 했다.
- 아내를 대신해 집을 청소하겠다고 자청해야 했다. 과거에는 상상할 수도 없던 일로 아내를 도와야 했다. 깊이 뉘우치며 자신을 낮추는 모습은 아내의 상처를 달래는 데 도움이 되었을 것이다.
- 아내 앞에 앉아, 그가 잘못을 보상하기 위해 할 수 있는 일이 무엇인지 허심탄회하게 말해 달라고 해야 했다. 아내에게 충분히 생각할 시간을 주어야 했다.

이 외에도 상황을 개선하기 위한 방법은 얼마든지 있다. 하지만 무엇보다 로리에게는 치유 과정에서 놓치고 있던 것을 함께 찾아 줄 친구가 필요했다. 그런 친구가 있었더라면 남편이 어떤 보상을 하지 않았더라도 절망감을 이겨내는 데 큰 도움을 받았을 것이다.

단호한 결심 vs 우유부단

이 장을 쓸 때, 나는 뉴저지에서 열린 "삶을 위해 그것을 버려라"Lose It for Life Institute 집회에서 돌아오는 길이었다. 집회 참가자들은 대부분이 체중 감량이나 식이요법, 운동에 대해 일반적인 상식만을 가지고 있었다. 그들은 어쩌다가 그런 비만 상태에 이르렀고, 변화를 위해 무엇을 해야 하는지에 대해 실질적인 정보를 얻고 싶어서 그곳에 온 사람들이었다.

그 집회에서 우리가 가장 감동받은 프로그램은 감정을 관찰하고, 느껴 보고, 해소하는 순서였다. 그들은 가슴속에 묻어 버렸다고 생각하는 감정에 여전히 매달리고 있었다. 삶의 어느 시점에서 절망감을 충분히 느껴보지 못한 탓에 생긴 문제였다. 감정을 노출하는 것은 좋지 않다는 이야기를 귀가 따갑도록 들어온 까닭에, 그들은 감정을 묻어 버리려고 애쓰며 살았다. 그들은 감정을 이겨내며 계속 앞으로 나가라고 배웠겠지만, 모든 일이 원한다고 쉽게 되는 것이 아니었다. 해결점에 도달하기 위해서는 감정을 철저하게 느낄 필요가 있었다.

많은 사람이 알고 있듯이, 감정이 해소되지 않은 채 남을 경우, 삶 자체가 그 감정 주변을 맴돌며 아픔과 상처, 불신과 염려, 두려움과 분노가 떠나지 않는다. 이런 감정은 '그리스도인' 답지 않은 감정이라 여겨지기 때문에 그들은 그 감정을 묻어 버린다. 그러나 감정을 죽여서 묻는 것이 아니라, 살아 있는 채로 묻는 것이다. 그 감정은 죽은 것이 아니므로 계속 무엇인가를 공급받아야 하며, 그 감정을 먹여 살리느라 삶의 모든 부분이 지배를 당한다. 그들의 삶은 상처 주변을 맴돌며, 그로 인한 고통에서 벗어나지 못한다.

집회 참가자들은 음식을 그들의 우상이라고 들어왔고, 실제로 많은 사람들이 그렇게 믿고 있었다. 나는 그들에게 이의를 제기했다. 우상이라는 것이 무엇인가? 그 본질적인 의미에 비추어볼 때 과연 그들의 우상이 음식일까? 당신의 삶을 통제하는 모든 것이 우상이 될 수 있다. 무엇인가가 당신의 삶을 지배하고 좌지우지하며, 당신에게 생명의 기운을 빼앗아간다면 그것이 바로 우상이다.

그렇다면 우상 역할을 하는 것은 음식이 아니라 해소되지 않은 감정이다. 사람들은 그들의 해소되지 않은 감정이 자신들의 삶을 지배해 왔으며, 그 해묵은 감정이야말로 진정한 의미에서 우상이었다는 사실을 받아들이게 되었다.

나는 내 사무실 맞은편에 있는 타이 식당 이야기를 해주며, 머릿속으로 상상해 보라고 말했다. 그 식당에 들어서면 편편한 바닥에 놓여 있는 부처상이 보인다. 내가 그곳에 갈 때마다 부처상 앞에는 오렌지 몇 조각과 쌀을 비롯해 그 통통하고 땅딸막한 신에게 바치는 여러 가지 먹거리가 놓여 있었다. 나는 집회 참석자들에게 "바로 당신들이 그렇게 하고 있지는 않습니까?"라며 한번 생각해 보라고 했다. 음식 자체는 우상이 아니다. 우상은 다름 아닌 그들의 감정이다. 음식은 감정을 채워주며, 음식을 먹는 사람에게 평안함을 줄 뿐이다.

내가 그동안 억누르고 무시해 버린 감정들을 그대로 느끼며 표현해야 한다고 하자, 그들은 뭔가 새로운 깨달음을 얻은 사람들처럼 얼굴빛이 달라졌다. 그러나 그런 감정을 철저하게 느끼고 드러낼 때까지 그들은 음식으로 그 감정을 계속 억누를 가능성이 컸다. 그들은 감정이라는 우상에게 무엇을 바쳤던 것일까? 하나님이 그들에게 기대하셨던 삶과 그들의 몸을 감정이란 거짓 신에게 바쳤던 것이다.

그들은 자신의 깊은 고통을 충분히 느끼기를 거부했기 때문에, 엄청난 대가를 지불하면서 자신의 외모와 사람들과의 관계를 희생해 왔다. 5일 동안의 집회를 통해 나는 그들에게 감정을 깊이 느끼고 해결하며, 더 이상 감정이라는 거짓 신을 숭배하지 말라고 용기를 북돋워 주었다.

감정을 느낄 필요가 없다고 말하는 사람들은 "감정은 분명 존재한다. 그러나 감정에 삶을 지배당해서는 안 된다."고 경고한다. 그러나 그들의 경고대로 감정을 무시하고 감정의 골을 부정한 채 무조건 앞으로 나아가면, 문제를 오히려 자초하는 결과가 빚어진다. 따라서 우리는 감정을 조금이라도 감추거나 묻어 버리는 일 없이 고스란히 느끼면서 정직한 삶을 살아야 한다. 그럴 때 감정의 사슬에서 벗어나 감정을 누리며 살 수 있다.

무감각한 상태

대부분의 사람이 상실감과 정신적 충격을 심하게 경험하면, 지독한 고통에 압도당하기보다는 무감각해진다. 충격이나 무감각은 최악의 감정을 이기고 살아남을 수 있도록 하나님이 허락해 주신 독특한 선물이다. 아홉 달을 뱃속에 넣고 다니던 아기가 사산되고 난 후 산모가 어떻게 회복될 수 있겠는가? 음주 운전 차량에 어린 아들이 죽었다는 소식을 접한 아버지가 어떻게 견딜 수 있겠는가? 이런 가혹한 감정들이 생길 때, 사람들은 현실과 단절되고 완전히 신경쇠약에 걸리고 만다.

하나님은 극도로 격렬한 최악의 감정에서 우리가 잠시 무감각해질 수 있도록 본능적인 반응을 주셨다. 그런 다음 서서히 감정이 되돌아오면서,

우리는 조금씩 감정을 경험하고, 나누며 표현하면서 그것을 해소하기 시작한다.

우리가 감정을 느끼지 않으려 한다고 해서 감정이 없어지는 것이 아니다. 감정은 계속 남아 있다. 감정이 우리 안에 있으면, 고통은 사라지지 않는다. 고통이 시작되었을 때 하나님이 우리를 위해 하셨던 일을 이제 우리가 직접 하는 셈이다. 우리는 무감각의 상태로 되돌아간다. 음식, 마약, 알코올, 섹스, 도박, 도벽, 그 밖에 고통을 잊기 위해 사용하는 수많은 것들의 힘을 빌려 우리의 감정을 마비시킨다. 감정을 해결하지 않겠다는 것은 그 감정을 끌어안기로 선택한 것이며, 감정이 수면 위로 떠오를 때마다 우리는 감각을 무디게 하는 장치를 거듭 사용하기로 결정한다.

무감각 상태로 돌아가는 과정이 반복될수록 우리는 점점 그 장치에 중독된다. 이는 또 다른 고통을 만들어내며, 오직 하나의 탈출구밖에 없다는 결론에 이르기까지 우리의 삶은 통제 불능의 상태에서 무기력하게 헛돌게 된다. 우리는 궁극적으로 두려워하던 감정을 느껴야 한다. 아픔 속으로 다시 들어가 그것을 해결해야 한다. 그런 다음 지금의 현실이 아무리 불쾌하다 해도 그것을 느끼며 다른 이들과 소통하며 앞으로 나가야 한다.

자기를 버리다

우리는 자신의 감정을 쓸어버리거나 느낌을 없애 버리려고 하기보다는 자기를 버릴 필요가 있다. 자기를 버린다는 것은 흥미로운 개념이다. 그것은 세상 사람들에게는 어리석고 고통스러우며 말도 안 되는 이야기지만, 우리가 편안해질 수 있는 권리를 기꺼이 포기한다는 것을 의미한다. 이 말은 우리가 타인의 유익과 하나님의 목적을 위해 기꺼이 고통을 감수하겠다는 뜻이기도 하다.

내면 깊이 묻어둔 감정을 느끼지 않으려고 안간힘을 쓴다면, 우리 삶은 결코 치유될 수 없다. 고통스러운 감정을 더 이상 만들지 않기 위해 다른 사람들과 관계 맺기를 피한다면, 우리의 삶은 치유되기는커녕 더욱 타락하고 있는 것이다. 쓸쓸하고 낯선 느낌, 소외감 같은 것으로 삶을 물들이고 있는 것이다. 치유를 위해서 우리는 지금 당장의 욕구를 죽이고 삶을 있는 그대로 느껴야 한다.

치유를 결심하는 것은 분노와 흥분 상태에서 술을 들이키지 않겠다고 선택하는 것이다. 화가 밀려올 때, 무엇인가가 잘못되었으니 주의를 기울일 필요가 있다는 신호로 생각하는 것이다. 나는 분노를 느끼면서 때로는 폭발하기도 한다. 그러면서 그 중심에 무엇이 있는지 찾아보고, 결국 내 삶을 치유하기 위한 분노의 원인을 해결한다.

삶을 치유하겠다고 선택하는 것은 초조함을 느낄 때 아이스크림을 통째로 먹어대기보다는, 폭식하고 싶은 충동을 누르고, 불안을 그대로 느끼며, 그 감정 속에 빠지기도 하면서 그 충동의 근원을 발견하여 궁극적으로 문제를 해결하고 새로운 치유 단계를 경험한다는 것을 의미한다. 나는 느낌을 무조건 뒤로 밀어내거나 묻어 버리거나 혹은 덮어두려는 이기적인 충동을 죽이고 느낌을 그대로 경험해 본다. 그런 다음 내 느낌들을 내 영혼의 가장 어두운 부분에서 감정의 응어리를 깨끗이 치워내야 한다고 말해 주는 신호로 생각한다.

미스티가 작가 역할과 어머니 역할을 동시에 하면서 분주하게 지낼 무렵이었다. 어느 날 아침 나는 그녀의 차를 몰고 교회로 급히 가다가 계기

판에 경고등이 깜빡이는 것을 발견했다. 나는 경고등 표시를 따르는 것이 좋겠다고 했지만, 그녀는 경고등에 문제가 있으니 경고등을 수리해야 한다고 고집했다. 미스티는 경고등을 깜빡이게 하는 엔진에 문제가 있을 수 있다는 가능성을 완전히 무시했다.

며칠 후 무엇인가가 세게 내리치는 소리와 함께 차에서 연기가 모락모락 나더니, 고속도로 한복판에서 차가 멈춰 버렸다. 엔진오일이 바닥나 엔진이 과열되어 파열된 것이었다. 바닥의 파이프 마개가 풀리면서 엔진오일이 빠져나간 탓이었다. 엔진을 교체하는 데 2천 5백 달러가 들었다. 게다가 출퇴근을 위해 차를 빌린 비용이 400달러 추가로 들었다. 소중한 돈과 시간이 그렇게 낭비되었다. 미스티가 경고등을 무시하지 않았더라면 그런 일은 없었을 것이다. 우리 모두가 이러저러한 형태로 이런 잘못을 범한다. 나 역시도 마찬가지이다.

분노와 흥분, 죄책감과 수치심, 두려움과 걱정, 불안과 슬픔 등과 같은 고통스러운 감정들은 우리 내면에서 무엇인가가 잘못되었다고 알려주는 경고등이다. 앞으로 닥칠 더 파괴적인 피해에서 우리를 보호해 주시려고 하나님이 고안하신 경고등이다. 그 감정들에 주의를 기울여라. 그 감정들을 감추려고, 혹은 무감각하게 만들려고 변명하지 마라. 있는 그대로 느껴라. 그 감정들을 삶의 대가로 받아들이고, 삶을 충실하게 살아온 자연스런 결과로 받아들이는 법을 배우라. 그 감정들은 우리 모두가 직면할 수밖에 없는 현실이다. 이런 부정적인 일이 닥칠 때 우리는 감정을 고스란히 받아들이면서 그 감정을 철저하게 느껴야 궁극적으로 그 감정을 떨쳐내고 활기찬 삶을 살 수 있다.

 "진정한 그리스도인은 어떤 상황에서도 평안해야 해."

많은 사람이 진정한 그리스도인이라면 어떤 상황에서도 평안해야 한다는 거짓에 속고 산다. 하지만 이런 거짓말은 하나님의 선물로 누려야 할 고통을 겪는 시간을 뒤로 미룰 뿐이다. 고통의 선물이 우리에게 주어지면 즉시 해결하고 풀어야 할 문젯거리가 있다는 뜻이다. 사랑하던 사람이 죽는다면, 우리에게는 풀어야 할 문제가 닥친 것이다. 우리는 그 사람이 없이 살아갈 방법을 찾아야 한다. 매일 느끼던 체취와 일상의 대화, 격려, 익숙한 보살핌이 없이 살아야 한다는 뜻이다. 그 고통을 부정한다면 우리는 그 문제를 해결할 수 없다.

고통을 거부하고 바로 침묵해 버린다면, 우리는 계속 고통에 시달려야 한다. 고통을 느끼고 표현하며 해결하기까지 그 고통은 사그라들지 않는다. 삶을 살아가며 그 안에서 고통을 느낄 때, 우리는 진정으로 믿을 수 있는 관계를 만들어갈 수 있다.

이혼이 현실로 닥쳤을 때 나는 멀리 도망가고 싶었다. 나는 하와이를 도피처로 선택했다. 당시 내게는 하와이를 내 방식대로 경험하고 싶은 욕구가 있었다. 일탈을 위한 여행이었다. 나는 감정을 훌훌 털어내고 싶었다. 혼자서도 잘 해낼 수 있다는 것을 확인하고 싶었다. 혼자가 되어야 한다면, 하와이에서 지냈던 식으로 내 삶을 살아갈 생각이었다.

나는 내가 원하는 식으로 아침을 먹었다. 사흘동안 3달러도 안 되는 돈으로 세 번의 아침식사를 해결했으며, 그것도 3분 안에 먹어치웠다. 원하는 대로 마음껏 먹을 수 있었고, 내 뜻대로 자유를 만끽했다. 와이키키 해변에서는 파도타기를 즐겼다. 몸이 으스스 떨리긴 했지만 질리도록 파도

타기를 즐겼다. 마음에 내키면 언제라도 파도로 뛰어들었다. 20여 년만에 처음으로 맞이하는, 그토록 원하던 꿈같은 여행이었다.

하지만 그 꿈은 오래 지속되지 않았다. 하와이는 추억으로 가득한 곳이었다. 아내와 여러 번 여행한 곳이었기 때문이다. 하와이 곳곳에 아내의 흔적, 우리의 흔적이 남아 있었다. 발을 디디는 곳마다 아내와 함께 했던 기억, 아내와 입씨름을 벌이고 헤어져 버린 생각을 하지 않을 수 없었다. 하와이에 머무는 시간이 길어질수록 고통은 더해갔다. 그 고통은 하나님의 선물이 아닌 듯했다. 내 가슴을 헤집어 놓는 고통이었다.

순식간에 아침을 해치워 버리는 작은 일탈이나, 오랫동안의 파도타기에도 그 고통은 사라지지 않았다. 나는 어두운 호텔방에서 축 늘어져 있기도 했다. 영혼의 밑바닥에서 가슴을 에는 듯한 아픔이 올라왔다. 그토록 심한 박탈감과 무기력감을 느껴본 적이 없었다. 평화가 없었다. 제멋대로의 시간 속에서도 나는 과거의 기억에 깊이 빠져들었다. 나는 고통을 뼈져리게 느꼈다. 그 고통을 고스란히 받아들였고, 몇몇 친구들과 허심탄회하게 이야기를 나누었다. 하와이를 떠날 즈음, 내 영혼이 한결 가벼워진 것을 느꼈다. 거짓된 평온을 거부했기 때문에 얻은 마음의 자유였다.

당신도 어쩌면 감정에 저항하고 있을지 모르겠다. 세상 사람들에게 "나는 어떤 감정에도 방해받지 않는다."고 의연한 척하면서 말이다. 하나님과 당신 자신 그리고 사람들과 평화롭게 지낸다면서 고통을 교묘히 피하고 있을 수도 있다. 만약 그렇다면, 하나님의 영광을 온전히 경험하기 위해 삶을 느끼고, 그 안에 존재하는 고통의 지독한 측면들을 면면히 경험해 보라고 권하고 싶다. 고통은 공허감을 남기고, 우리는 그 공허감을 하나님으로 채울 수 있다. 공허감을 하나님께 다가가는 계기로 삼지 않는다면,

엉뚱한 길로 빠지기 쉽다. 하나님을 경험하기보다, 병든 사람들과 어울린다. 하나님의 손에 짐을 내려놓기보다, 병약한 사람들에게 짐을 지운다.

우리는 하나님의 능력에 기대 힘을 얻고 우리가 할 수 없는 일을 하나님께 맡기기보다는 혼자 고군분투하며 헤쳐가려고 애쓴다. 하나님과 친밀한 관계를 맺기보다 충동적인 섹스와 어리석고 감상적인 모험을 감행하면서 거짓된 친밀을 구한다. 치유를 위한 신앙 공동체와 관계를 맺기보다는 부도덕한 사람들과 어울린다. 지독한 고통과 혼란스러움을 내면에 감추고 겉으로는 편안하다고 말하기 때문에 이런 잘못을 범하는 것이다.

조용한 곳으로의 초대

바로 오늘! 분주한 일상에서 벗어나 조용한 시간을 가져 보자. 그리고 다음 질문들을 스스로에게 던져 보자.

- 무엇을 두려워하고 있는가?
- 무엇을 놓치고 있는가?
- 공허감에 젖어 있는가?
- 왜 느끼려고 하지 않는가?
- 어떤 감정을 피하려고 하는가?

이 물음들에 답할 때 당신이 고통에서 자신을 지키려는 일정한 패턴이 찾아질 수 있다. 고통을 외면하거나 사람을 멀리하려는 경향, 혹은 필사적으로 자신을 변명하려는 경향을 보일 수도 있다. 또한 홀로 있으려는 경향을 띨 수도 있다. 그렇다면 두려움이 당신의 삶에 어떤 식으로 영향을 미치는지 더 면밀히 살펴보라. 또 당신이 무엇을 두려워하는지 찾아보라.

- 거부당할까 두려운가?
- 내가 부적절한 사람일까 두려운가?
- 누군가가 나를 조종할까 두려운가?
- 실패가 두려워서 어떤 일도 선뜻 하지 못하는가?
- 일생토록 의미 있는 일을 해내지 못할까 두려운가?

두려움과 더불어 분노도 살펴보라.

- 앙심을 품고 있는가?
- 조종당한다고 느끼기 때문에 화가 나 있는가?
- 상처를 준 누군가에게 여전히 화가 나 있기 때문에, 과거가 현재의 삶을 지배하고 있는가?
- 어떤 형태로든 앙갚음할 방법을 찾고 있는가?
- 분노로 인해 누군가를 부정적으로 말하고 있는가?

이번에는 당신이 품고 있는 죄책감과 수치심을 들여다보라.

- 현재의 어떤 습관에 죄책감을 느끼고 있는가?
- 누군가에게 당한 일로 수치심을 느끼는가?
- 죄라는 것을 알면서도 죄를 짓고 있는가?
- 죄책감이 들 때, 음식이나 술로 그 기분을 떨쳐내려 하는가?
- 죄책감을 줄이기 위해 내가 바꿀 수 있는 부분이 있는가?

조용한 곳에서 차분한 마음으로 당신이 피하고 있는지도 몰랐던 의문들에 대한 답을 찾아낼지도 모른다. 민감하지만 어떤 형태로든 해결이 필요한 부분을 찾아낼 수도 있다. 또한 삶을 절실하게 느껴볼 필요가 있다는 사실을 깨달을 수도 있다. 당신의 삶이 힘겨운 시기에도 견딜만 하고, 좋은 시기에는 무척 즐거운 것이란 사실도 깨달을 수 있다.

'부활' 이 감정에 미치는 영향

기독교 신앙은 예수님이 실제로 존재하셨고, 우리에게 삶의 모델을 제시하시기 위해 세상에 머무르셨으며, 우리 죄를 대신해 돌아가셨고, 무덤에 묻힌 후 다시 살아나셨음을 믿는 신앙이다. 이것을 믿고 예수님을 받아들인 사람은, 누구도 혼자서는 하늘나라에 갈 수 없다는 사실을 인정한다. 우리는 거룩한 하나님 곁에 있을 만큼 충분히 선하지 못하다. 예수님은 자신의 생명을 제물로 바치셨고, 그 결과 우리는 영원한 생명을 얻었다. 예수님은 "나는 길이요, 진리요, 생명이다. 나를 거치지 않고서는 아무도 아버지께로 갈 사람이 없다."고 말씀하셨다 요 14:6. 예수님을 구원자로 받아들이면 우리는 영원한 세계에서 완전히 다른 삶을 살게 된다. 그러나 오늘날은 어떻고, 우리가 느끼는 방식은 어떤가?

예수님이 우리를 위해 십자가에서 처형당하시고 무덤에서 다시 살아나셨다는 사실은, 우리가 오늘날 어떻게 살며 어떻게 느끼는지와 밀접하게 연관되어 있다. 이는 우리의 영원한 영혼에 영향을 미치는 것으로 끝나지 않는다. '오늘'과 관련된 모든 것이기도 하다. 오늘날 우리는 과거에서 스멀스멀 기어 올라온 죄책감과 수치심에 갇혀 있을 필요가 없다. 그리스도의 죽음과 부활이 우리 과거의 빚을 모두 청산했기 때문이다.

이제 우리는 누구에게도 화를 낼 필요가 없다. 죽음과 부활을 통해 예수님이 우리에게 주신 '용서'를 베풀면 된다. 그 용서는 완전한 용서이다. 용서할 수 있다면, 우리는 더 이상 분노하고 괴로워하며 살아갈 필요가 없다. 예수님이 우리를 용서하셨기 때문이다. 미래를 더 이상 두려워할 필요도 없다. 우리의 미래는 전부 하나님의 손 안에 있기 때문이다. 영원의 세계는 안전하다. 그러므로 최악의 상황조차 최상의 상황이다. 우리가 죽으면 이곳을 떠나 예수님과 함께하게 된다. 따라서 우리는 현재에 감정적으로 자유로울 수 있고, 평온한 삶에 가해지는 온갖 위협에도 불구하고 편안한 삶을 살 수 있다.

예수님을 굳게 믿을 때 우리 삶은 질서정연해지고, 우리 마음은 지극히 즐거워진다. 모든 것에서 하나님을 믿고 의지할 때 우리는 걱정할 것이 없다마 6:25. 하나님을 믿고 의지할 때 우리는 어떤 일에도 불안해할 필요가 없다빌 4:6. 이렇게 살 때 우리는 자신을 비롯해 세상 사람 모두와 평화롭게 지낼 수 있고, 언제라도 자유롭게 관계를 맺을 수 있다. 공허감과 두려움, 분노마저도 자유롭게 느낄 수 있다. 그런 감정들 모두가 결국에는 하나님의 손 안에서 해결되리라는 것을 알기 때문이다. 따라서 매일, 전날보다 조금씩 더 하나님께 다가가라. 당신의 삶을 느끼고, 당신의 삶을 회복해, 당신의 삶을 온전히 살아보라.

치유, 곧 회복은 선택이다. 당신의 삶을 마음껏 느끼겠다는 선택이다.

---

1) Russ Bynum, "Girl Can't tell her parents Where it hurts," *The orange Country Register*, 2004년 11월 6일, 뉴스 부문 27페이지.

HEALING IS A CHOICE

내 삶의 목적을 회복하라.

변화는 선택으로 찾아온다.

선택 1 관계를 맺기로 선택하라
vs 거짓말 회복되려면
하나님과 나의 관계만 좋으면 돼!

선택 2 갇혀 있지 않고 느끼기로 선택하라
vs 거짓말 **진짜 그리스도인**이라면
모든 상황에서 평안을 누릴 수 있어야 해

선택 3 당신의 삶을 진리 가운데
비추어 보겠다고 선택하라
vs 거짓말 뒤돌아보거나 안으로
파고들어 봤자 좋을 거 하나 없어

선택 4 당신의 미래를 치유하기로 선택하라
vs 거짓말 시간이 지나면 상처는
다 치유될 거야

선택 5 당신의 삶에 필요한 도움을 받기로 선택하라
vs 거짓말 이건 나 **혼자서도 해결할 수 있어**

선택 6 당신의 삶 전체를 포용하겠다고 선택하라
vs 거짓말 아무 문제없는 듯 행동하면 괜찮아질 거야

선택 7 용서하기로 선택하라
vs 거짓말 용서를 받을 자격이 있는
사람은 따로 있어

선택 8 위험을 감수하겠다고 선택하라
vs 거짓말 더는 **고통받지 않겠어.**
내가 나를 지킬 거야 선택 9 섬기기로 선택하라
vs 거짓말 섬기려면 내가 먼저
치유받고 완전해져야 해

선택 10 끝까지 인내하겠다고 선택하라
vs 거짓말 내게 **희망이라곤** 없어

Chapter 3

| 선택 3 | 자신의 진실을 찾아라

vs

| 거짓말 3 | 뒤를 돌아보고 내면을 들여다봐도
다 소용없는 짓이야

| 선택 3 |
자신의 진실을 찾아라

> 다른 사람에게 도움을 요청하기 전에,
> 먼저 당신이 볼 수 있는 것에 눈을 돌려 보라.
> 스스로 메스를 들고 내면을 열어 당신이 볼 수 있는 것을 찾아보라.

    당신의 행동 중에서 사람들에게서 멀어지게 하는 부분이 있는가? 당신의 삶에서 갈등과 투쟁으로 가득하여 도망쳐 버리고 싶은 영역이 있는가? 누군가와 대화를 나누거나 말다툼을 하다가 자신이 왜 이런 행동을 하는지 어리둥절해져서 자리를 피해 본 적이 있는가? 대부분의 사람들이 이런 경험이 있을 것이다. 그러나 문제와 갈등, 그리고 감정적 혼란을 일으키는 원인이 되는 선택을 하는 이유를 힘들고 고통스럽게 파헤치려 하는 사람은 그리 많지 않다. 하지만 우리가 왜 그렇게 행동하고, 왜 그렇게 느끼는지, 그 진실을 알아야만 삶을 치유할 수 있다.

    깊은 상처를 안고 살면서 자신에 대해 제대로 알지 못하는 두 사람이 결혼하는 경우, 그 결과는 종종 엄청난 재앙으로 나타난다. 두 사람 중 누구도 자기 자신과 그들이 빠져 있는 상황에 대한 진실을 알려 하지 않는다면 그 결혼은 성공적일 수 없다.

나는 프레드 스토우커Fred Stoeker와 『모든 남자의 참을 수 없는 유혹』을 공동 집필하면서 결혼 문제로 고심하는 수천 명의 남자들을 만나 보았다. 설마 하는 온갖 당황스러운 난제들이 참으로 많았다. 집에서 여자 옷을 입는 성도착증 목사가 있는가 하면, 인터넷에서 알게 된 트럭 운전수와 눈이 맞아 가족을 버려두고 드라이브만 일삼는 사커 맘(soccer mom:교외에 살며 학령기 아이를 둔 전형적인 백인 어머니-역주)도 있다는 이메일 제보들이 넘쳐났다. 쇄도하는 사연들은 모두 한 편의 영화 같은 내용들이었다. 그 사연들 속에는 몇 가지 공통된 패턴이 나타났다. 가장 일반적인 경우 중 하나는, 과체중의 아내가 성 중독자 남편과 결혼하는 경향이 있다는 것이다.

여자는 과체중에다 통제 불능이다. 화가 날 때마다 머릿속으로 남편을 씹으며 마구 먹어댔고, 두툼한 살집으로 남편을 응징했으며, 알코올 중독자처럼 보드카 다섯 잔을 연거푸 들이키며 남편에 대한 분노를 진정시켰다. 그녀는 초조하고 분하고 절망스러웠다. 꿈꾸던 것이 어느 것 하나 이뤄지지 않았기 때문이다. 마음 둘 곳을 찾지 못한 그녀는 우울한 기분으로 계속 먹어댔다. 남편의 약점을 다른 남자들과 비교했다. 남편은 그녀의 기준에 크게 못 미쳤다. 그녀는 남편이 하는 일은 모두 못마땅했고, 가끔씩 남편에게 그 사실을 알려주기도 했다. 그녀는 남편이 만지는 것도 싫었고, 그의 손길을 피하기 위해 계속 먹을 뿐이었다. 남편이 변하려 하지 않는 한, 그녀는 여자로서 위안을 삼을 수 있는 유일한 대상인 '음식'에서 삶의 즐거움을 찾으려 할 것이다.

남편은 포르노와 욕정에 빠져 있고 아마 성 중독으로까지 발전한 것으로 짐작된다. 그는 아내의 과체중을 적당한 변명거리로 삼으며, 아내가 자신과 다른 사람들에게 어떻게 보일지 전혀 신경도 쓰지 않고 스스로를 방치했다고 생각했다. 또한 자신이 다른 여자를 기웃거리는 것은 당연하며, 오히려 보통 남자라면 그게 자연스러운 것이라 생각했다. 그는 아내에게 영향력을 행사하며 그녀를 통제할 능력도 못됐다. 그는 자신이 도색 잡지나 비디오에 빠져 있는 것에 화가 났고, 모든 것을 아내 탓으로 돌렸다. 아내가 조금이라도 살을 빼려는 노력을 보여 준다면, 아내와 꿈에 그리던 관계를 이룰 수 있을 것이라 생각했다. 그러나 아내가 변하겠다는 의지를 보일 때까지, 그는 앞으로도 진정한 남자가 된 기분을 느끼게 해주는 유일한 대상인 포르노에 빠져 삶의 즐거움을 찾으려 할 것이다.

나는 지금까지 자신들의 모습이 어떠한지, 왜 그처럼 끔찍한 상황에 이르렀는지는 살피지 않고, 상대방에게 책임을 떠넘기기에 급급한 부부를 수없이 보아 왔다. 그들은 노여움과 분노에 가득 차 상황을 더욱 악화시킨다. 그러나 그들에게도 길이 있다. 상대방을 흠집 내는 데만 바쁜 두 사람에게도 탈출구가 있다. 그러나 쉬운 길은 아니다. 현재 일어나고 있는 일의 진실을 찾기 위해서는, 과거를 돌아보고 자신의 내면을 정직하게 짚어 보아야 하기 때문이다.

앞에서 언급한 과체중 여성과 같은 문제는 주로 남자들과 관계를 맺는 데 기초가 되는 아버지와의 관계에서 시작되는 경우가 많다. 아마도 그녀의 아버지는 딸의 필요를 헤아리거나 채워 주지 못했을 가능성이 크다. 아버지에게 받을 것을 제대로 받지 못한 딸은 남편에게 그것을 보상받으려 한다. 그녀는 자신이 그렇다는 것을 의식하지 못할 수 있지만, 이는 사실이다. 그녀는 과거에 아버지 때문에 생긴 공허감을 현재의 남편이 채워 주지 못하자 그에게 분개하게 된다.

한편 이와 정반대의 경우도 있다. 오히려 아버지가 너무 훌륭해서 문제가 되는 것이다. 이상적인 아버지를 둔 딸이라면 그 기준에 맞추어 남자를 찾을 것이다. 하지만 그 기준을 충족시켜 줄 사람은 어디에도 없다.

좋은 아빠였건, 나쁜 아빠였건 여자는 남편에게 만족을 찾게 되고, 그가 역부족인 걸 발견한다. 그래서 그녀는 분노하고, 결국 남편이 실패자임을 확인할 때까지 계속 다른 사람과 남편을 비교한다.

남자의 경우에도, 과거의 어머니에게 영향을 받았을 가능성이 높다. 어머니는 그의 필요를 모두 채워 주는 이상적인 여성이었을 것이다. 그런 남자는 어머니처럼 해주려 하지 않는 여성과 결혼하면 결혼생활에 분노하고 불만을 갖기 십상이다.

또는 모든 일을 간섭하고 통제하면서 오랫동안 아들에게 집착해 온 어머니가 그를 좌지우지해 왔을 가능성도 있다. 그런 어머니는 아들을 쉽게 놓아주지 않는다. 이런 남자는 어머니에 대한 분노를 고스란히 아내에게 쏟아낸다.

남자가 아내를 어머니의 대리인으로 생각하면, 그들 부부는 사랑으로 맺어지기 힘들다. 남자는 아내보다는 환상을 좇게 되고, 그 환상은 얼마든지 조작할 수 있으므로 남자는 아무런 판단 없이 아무와 성관계를 가질 수 있다. 그는 아내에게 분노하며, 마음속에 두고 있는 환상과 아내를 비교한다. 아내는 그에게 언제나 기준 미달이다.

내면의 비밀

우리는 모두 해결해야 할 내면의 문제를 안고 있다. 내면의 문제들이 풀릴 때 비로소 관계를 치유할 수 있는 기회가 열린다. 먼저 문제를 인식하고 깨달아야 치유를 위한 선택이 가능해진다. 그러나 어떤 행동과 그런 행동을 일으키는 감정에 대해서 "왜?"라는 문제 제기를 하지 않는 이상, 변화와 치유의 가능성은 거의 없다. 잠깐 멈춰 서서 지나간 삶이 어떠했고, 지금은 어떻고, 또 앞으로의 삶은 어떻게 될지 생각해 보는 시간을 갖는 것은 모든 사람들에게 유익할 것이다.

성경은 "우리가 스스로 행위를 조사하고"애 3:40라는 말씀을 통해 우리에게 '내면을 돌아보라'고 말한다. 여기에서 "행위"는 우리의 습관과 갈등, 성격적 결함, 그리고 타인들과 관계를 맺는 패턴을 뜻한다. 당신이 과거와 현재를 기꺼이 돌이켜보고 미래를 조망하는 시간을 가질 때, 치유가 필요한 부분과 치유를 향해 나아가야 할 시점을 발견하게 될 것이다.

당신이 한계에 도달해서 더 이상 한걸음도 나아갈 수 없다고 느끼는 상태라면, 내면에 풀어야 할 숙제가 있는 것이다. 이때 당신은 포기할 수도 있고, 필사적으로 버티면서 외로움과 절망감을 안겨주는 내면의 문제를 해결하기 위해 더 많은 시간을 투자할 수도 있다.

당신이 지키고 싶었던 무엇인가를 결국 잃어버렸다면, 당신은 내면에 풀어야 할 숙제가 있는 것이다. 이때 당신은 멈추지 않고 계속 나아갈 수도 있고, 그것이 당신에게 왜 그토록 중요했는지, 어쩌다가 그것을 잃어버리게 되었는지를 알아볼 수도 있다. 이해하고 설명하기가 만만찮은 문제들이지만 일단 풀어보라. 그러면 앞으로는 그렇게 많은 것을 잃지 않아도 된다는 걸 알게 될 것이다.

이혼을 했거나 중요한 관계가 깨졌다면, 여기에도 역시 풀어야 할 문제가 있는 것이다. 내 경우가 그랬지만, 사실 이런 경우에는 풀어야 할 숙제들이 많기 마련이다. 나는 21년간 힘겨운 결혼생활을 보내고 나서 결국 이혼으로 매듭 짓게 된 이유를 밝혀내야 했다.

나에 관한 가혹한 진실들

이혼이라는 현실을 서서히 받아들이면서, 나의 어떤 면이 결혼생활을 어렵게 만들었으며, 문제에 어떤 식으로 반응했기에 상황을 악화시켰는지 돌아보았다. 무척 힘겨운 과제였다. 나의 결백을 주장하고, 결혼을 지키기 위해 나름대로 노력했다고 자신을 변호하면서도 내면을 들여다본다는 것은 고달픈 일이었다. "물론 내게도 문제가 있었어. 하지만 이혼까지 갈 만한 문제는 아니었어."라고 말하기도 했다. 결혼한 부부라면 누구나 문제를 갖고 있지만, 모든 문제가 반드시 이혼으로 끝나는 것은 아니라고 말하고 싶었던 것이다. 나보다 훨씬 못한 남편들도 안정적으로 결혼생활을 하는 사람들이 얼마든지 있었다. 나는 이혼에 대한 책임을 혼자만 뒤집어쓰고 싶지 않았다.

결혼 관계를 회복시키기 위해 내가 무슨 일을 했는지 장황하게 이야기했던 기억이 난다. 나는 스스로 상담가를 찾아 나섰고, 모든 것이 무너지는 상황에 있을 때도 상담을 받고 있었다. 남자들로 구성된 지지그룹과 성경공부 모임에 참석하기도 했다. 나는 내가 고쳐야 할 부분을 바로잡기 위해 노력했다. 이것저것 물어오는 사람들에게 내가 문제를 알아채지 못하고 맹목적으로 결혼생활을 이어갔던 것은 아니라고 말해 주고 싶었다. 나는 문제가 있다는 것은 알고 있었다. 다만 답을 찾지 못했을 뿐이었다.

내가 자기 방어와 정당화에만 열중하고 있을 무렵, 희미한 한 줄기 빛이 비추기 시작했다. 문득 결혼생활에서 내가 한 일들에 대해 방어만 한다면 같은 일을 또 겪게 될 가능성이 크다는 것을 깨달았던 것이다. 나는 상담을 통해 나를 조금 더 들여다보려고 노력했다. 과거에 내가 한 행동에 대해서 만족감을 얻더라도 그 만족감이 건강한 미래를 보장해 주는 것은 아니었기 때문이다. 나는 그 남자 상담가에 대해 좋은 이야기를 많이 들어왔던 터라, 우리가 함께 이루어 갈 결과를 긍정적으로 기대하게 되었다. 첫 번째 만남에서부터 그는 상황을 긍정적으로 바라보는 마음을 조금씩 심어 주었다.

"당신이 새로운 삶을 찾을 수 있도록 도와줄게요."

내게 그보다 좋은 말은 없었다. 나는 삶을 잃어버리고 몇 년간 어두운 감옥을 헤매듯 살아왔다. 나는 변화된 삶을 생각하면서 눈물로 밤을 지새웠다. 마침내 눈물이 멈추고 나는 나의 내면을 들여다보기 시작했다. 나는 지금 다른 시각으로 상황을 바라보고, 다른 사람들과 관계를 맺는 방식도 변화되었다. 많은 부분이 그의 덕분이다.

나는 상담가와 함께 내가 사람들과 관계를 맺는 방식을 자세히 살펴보았다. 나는 방송을 진행하는 자리에서 사람들과 이야기 나누는 걸 좋아했고, 공식석상에서 교제하는 것도 즐겼다. 하지만 실제로는 회피성 성격avoidant personality 을 지닌 것으로 나타났다. 나는 상대방이 매우 안전한 사람이라고 느끼기 전까지는 좀처럼 관계를 발전시키지 않았다. 나는 리더의 위치에 있었던 경험이 나를 얼마나 다른 사람과 멀어지게 했는지 알게 되었다. 또 분주한 스케줄과 급히 해치워야 할 업무들로 깊고 진실한 친밀감은 배제한 채 이 사람, 저 사람을 찾아다녔다는 것도 알았다.

나는 대화를 마치고 나서 사람들의 반응을 살피기 시작했다. 때때로 방송을 마치고 일대일로 사적인 만남을 가졌을 때, 상담 내용이 물거품으로 변하는 것을 경험하기도 했다. 300명 혹은 3,000명의 사람들을 상대하다가 특정한 한 사람과 깊은 대화로 들어가는 것은 언제나 고역이었다. 나를 흥분시키는 아드레날린이 아직 몸에 남아 있을 때, 그것을 진정시키고 한 사람의 본질적 문제로 진지하게 들어가는 것이 쉽지 않았다. 나는 내 독점적 관심을 원하는 어떤 사람과, 30분 정도 마음을 가라앉힌 다음 관계 안으로 들어가야 하는 내 기분 사이에서 종종 갈등하곤 했다.

이런 대인 관계 패턴은 결혼생활도 어렵게 만들었다. 나는 비난받고 흠 잡히는 게 싫었고, 갈등으로 가득한 집으로 들어가려면 심기가 영 불편했다. 그래서 혼자 평화롭게 있고 싶을 때면 어딘가로 몸을 피했다. 당시 나는 아내와 거리를 좀더 두어도 좋다는 어느 상담가의 지시를 따르고 있었다. 그는 아내에게 조금이라도 부정적인 말을 해서는 안 된다고 주의를 주었다. 아내에게는 항상 긍정적이고 우호적인 말을 해야 한다는 것이었다. 그것은 바로 내가 아내에게 듣고 싶던 말이기도 했다. 나는 거북한 감정을 더 이상 표현하지 않아도 된다는 사실에 마음이 편해졌다. 불쾌한 감정들은 잠시 보류하고 적당히 듣기 좋은 말로 덮으면 그만이었다. 미칠 것만 같은 상황에서 살아남기 위한 방책이었다. 그러나 그 처방은 전혀 도움이 되지 않았고, 사실 우리 결혼생활에 심각한 상처를 주었다.

긍정적인 말이 아니면 아예 감정을 드러내지 않는 것은 인간이기를 멈추는 것이었다. 나는 반쪽짜리 인간이었다. 나는 원치 않는 갈등을 피하려고 했고, 아내는 그런 내게서 욕망과 감정을 지닌 살아 있는 인간미를 느끼지 못했다. 그것은 잘못된 조언이었고, 나는 나중에야 그것을 깨달았다. 내가 그 상담가의 처방을 잘 따랐던 이유는, 내가 그때까지 사람들과 관계를 맺어 온 방식과 잘 맞았기 때문이었다. 그러나 새로운 관계를 만들어나가기 위해서는 방식을 바꾸어야 했다. 바로 밀란이 내게 그것을 알려주고 도와주었지만, 그렇게 만만한 일은 아니었다.

이혼에서 회복되다

이혼에서 회복하는 과정은 사람들과 제대로 관계를 맺을 수 있게 해준 시간이었다. 나는 가능한 한 많은 사람들과 이전에는 생각지도 못했던 방식으로 관계를 가지려 애썼다. 도우 윌슨Doug Wilson도 그중 한 사람이었다. 그는 성공한 사람들과 부자들을 주로 상대하는 컨설턴트였다. 나는 25년 전부터 그를 알고 지내왔지만, 함께 시간을 보낸 적은 거의 없었다. 그는 내가 이혼하기 얼마 전 라구나 해변에 있는 집을 구입했고, 그 덕분에 그를 조금 더 알 수 있게 되었다.

엄청난 스포츠 마니아였던 그들 부부는 나를 자전거 여행에 초대해 주었다. 나는 그들과 교제하고 싶었고, 전에 경험하지 못했던 방식으로 친구를 사귀고 싶었다. 자전거 여행은 그 목적을 달성하기에 더없이 좋은 기회였다. 나는 의욕이 넘쳤지만, 자전거 타기는 만만치 않았다. 그때 연습하면서 찢어진 팔과 엉덩이의 타박상은 1년이 지난 지금까지도 얼얼하다. 나는 고통스런 얼굴로 수술 장면을 그려보며 이렇게 생각했다.

'그래도 도우와 친해질 수 있잖아.'

기대한 대로 도우와 함께 지내면서 전혀 다른 차원의 교제를 배웠다. 그는 내 실수와 문제들을 보게 해주었다. 그와 함께하던 시간 내내 엉덩이가 욱신거렸지만, 그는 내가 마음을 치유할 수 있도록 도와주었다. 그는 나의 내면에서 변화가 필요하다고 생각하는 부분을 짚어 주었으며, 나는 도우를 존경하고 신뢰했기에 그의 말에 귀를 기울였다.

나는 도우나 밀란과 함께했던 시간을 감사하게 여긴다. 내가 사람들과의 관계를 회피하려는 경향이 있다는 것을 보고 고치려 하지 않았다면 그런 시간을 가질 수 없었을 것이다. 그런 성향을 인정하지 않았더라면, 고치는 것 자체가 불가능했을 것이다. 또 결혼생활에 대해서도 나를 변호하려고만 했다면, 나는 결코 새로운 삶과 미래를 준비하지 못했을 것이다.

6개월간 외롭고 쓸쓸한 시간을 보낸 후, 나는 새롭게 관계를 맺는 법을 배워가며 데이트를 시작했다. 만났던 사람들과 전부 데이트를 했던 건 아니지만, 그래도 최소한 이성들과 함께 시간을 보내기 시작했다. 어떤 사람들은 데이트가 좋다고 생각하고, 어떤 사람들은 그렇지 않다고들 말한다. 그러나 내 경우에 데이트는 매우 값지고 훌륭한 경험이었다.

나는 스무 명 정도의 사람들과 데이트를 했다. 그중 내 인생을 송두리째 바꿔놓은 사람은 바로 미스티였다. 그녀는 언제나 생기가 넘쳤고, 매우 사교적이라 만나는 사람들과 거의 친구가 되었다. 사람들은 미스티를 좋아했고, 내 가족들도 그녀를 매우 마음에 들어했다. 특히 딸 매들린은 그녀를 금방 따랐으며, 그녀가 좋은 아내가 될 것 같다고 넌지시 속삭였다. 내가 왜 그렇게 생각하느냐고 묻자 매들린은 3가지 이유를 말해 주었다.

첫째, 미스티는 매우 멋진 새 엄마가 될 것 같다.
둘째, 그녀의 5살, 7살짜리 두 아들 제임스와 카터가 마음에 든다.
셋째, 언젠가 진짜 가족이 될 것 같다.

나는 매들린이 말한 이유가 정말 그럴 듯하다고 생각했다.

미스티는 매들린의 마음만이 아니라 내 마음도 얻었다. 하지만 그녀에게 마음을 준다는 것은 나에게 일종의 도전이었다. 이혼의 아픔에서 조금씩 회복되면서, 나는 처음 샌디를 배우자로 선택한 이유 자체가 이혼의 가장 큰 원인이었다는 사실을 깨닫게 되었다. 당시 나는 사람들을 멀리하는 내 성향을 유지할 수 있다면 어떤 여자라도 아내로 맞았을 것이다. 왠지 모르게 나는 지적을 받는 것에 편안함을 느꼈고, 비판받는 것에 익숙했다. 그런 비판은 사람들과 관계를 단절하는 구실거리가 되었다. 그러나 미스티는 달랐다. 그녀는 내 삶을 세세한 것 하나까지 알고 싶어했고, 내 삶 전체와 연결되어 있기를 원했다. 또 나를 깊이 알고, 나도 그녀를 알아주었으면 했다. 지금까지 내가 경험했던 관계와는 정반대되는 것이었다.

만일 내가 나 자신에 대해 알기 위해 노력하지 않았다면, 나는 미스티를 놓치고 말았을 것이다. 나는 우리가 함께했던 시간을 즐길 수는 있었겠지만, 관계가 더 깊어진다는 생각에 뒤로 물러날 수도 있었을 것이다. 내가 밀란을 만나지 않고, 도우의 충고를 듣지 않았다면, 그리고 친구 데일과 어울리지 않았다면, 미스티와의 관계는 일시적인 만남에 지나지 않았을 것이다. 나는 치유를 위해 내면을 들여다보기로 결정하면서, 친밀한 관계에서 도망치고 싶은 유혹을 뿌리치고 미스티와 함께 더욱 깊고 풍요로운 교제를 나눌 수 있었다.

맨 처음 미스티와 갈등을 겪게 되었을 때, 나는 정말 간담이 서늘해졌다. 미스티와 두 아들은 몬타나에 있는 우리 식구들과 함께 크리스마스를 보냈다. 그날의 멋진 추억은 결코 잊지 못할 것이다. 그러나 저녁식사를 마치고 나는 미스티의 두 아들 녀석들에 대해 약간 비난조로 이야기했다. 농담처럼 내뱉었지만, 실은 아이들이 조금 제멋대로라는 이야기를 둘러서 말한 것이었다. 그런 바보 같은 말을 하다니. 나는 입에서 그 말이 나오는 동안에도 내가 정말 바보 같다는 생각을 했었다.

　차를 타고 돌아오는 1시간 내내 어색한 분위기가 이어졌다. 미스티가 분노하고 상처를 입은 것은 당연했다. 나는 앞으로 얼마간 이 실수를 만회하기 위해 꽤 많은 노력을 해야 할 것 같다는 생각이 번뜩 들었다. 다음 날 그녀를 만나면 어떻게 해야 할지 난감하기만 했다. 나는 그녀의 기분도 살필 겸, 또 아예 문제를 일찍 이야기하는 것이 낫다고 생각되어 아침 일찍 그녀의 방으로 찾아가 노크를 했다. 문이 열리자 놀랍게도 그녀는 사랑스러운 미소를 머금고 곧장 달려나와 나를 안아주었다. 어젯밤 일은 이미 지나간 일이 되어 있었다. 나는 아무런 보상을 할 필요가 없었다. 그녀는 이미 그 일을 잊고 나를 용서한 것이다. 나는 놀라울 따름이었다.

　당신은 별로 문제 될 게 아니라고 생각할지 모른다. 하지만 내겐 중요한 문제였다. 나는 결혼생활 내내 바보 같은 일을 저질렀다. 정신적으로도 샌디를 힘들게 했다. 샌디는 아마 미칠 것 같았을 것이다. 나는 그녀가 며칠이고 몇 주고 화를 풀지 않을 것처럼 느껴졌다. 그리고 그럴 때마다 나는 관계가 소원해지는 데 대한 확실한 변명거리를 얻을 수 있었다. 그저 의기소침하게 웅크리고 있으면 그만이었다. 나는 거북하게 친한 척을 할 필요가 없었다. 우리 관계는 이미 내 실수와 무신경으로 균열되어 있었기 때문이었다. 나는 아내와 담을 쌓고 나만의 세계에 살 수 있었다.

　이제 나는 몇 주고 몇 달이고 혼자 떨어져서 살 수 없는 '관계' 안에 있다. 싸움조차 갈라놓을 수 없는 관계를 경험하고 있다. 그것은 내가 여태껏 경험해 보지 못한 것이었고, 내게는 그리 간단하지 않은 문제였다. 그러나 내가 어른이 되어 여성과 진정한 관계를 맺은 첫 경험이기도 했다.

만일 내가 나 자신에 관한 내면의 진실을 들여다보려 하지 않았다면 가능하지 않았을 일이다.

나는 "왜?"

"왜?"라고 이유를 추적하는 것은, 내 치유 과정의 일부분이었다. 나는 내가 왜 사람들을 회피하고 거리를 두는 성향을 갖게 되었는지 이유를 찾기 위해 과거를 돌아보아야 했다. 나는 더 이상 그렇게 살고 싶지 않았고, 문제의 뿌리를 캐내어 근원을 밝히고 싶었다. 그럴 수만 있다면 새로운 차원의 관계와 친밀감은 얼마든지 가능할 것 같았다. 나는 정말 그렇게 되고 싶었고, 그러기 위해 기꺼이 노력했다. 내가 왜 사람들과 친밀감을 갖기 어려운지 그 원인을 모조리 찾아내는 건 어렵더라도, 몇 가지 중요한 동인들은 짚어 볼 수 있을 것이라 믿었다.

우선 내 문제는 아버지쪽에서 비롯되었다. 할아버지는 흔히 말하는 '스킨십'을 즐기던 분이 아니었다. 물론 드라마를 보며 눈물 짓기도 하셨지만, 타인의 감정을 그렇게 깊이 헤아리고 돌아보았던 건 아니다. 할아버지를 존경했던 사람들은 꽤 있었지만, 가까웠던 사람들은 그리 많지 않았다. 그분은 회초리와 주먹으로 아버지를 비롯한 아들들을 키웠다. 그런 훈육 방식은 아이들을 바로잡아 주고, 규칙을 지키며, 일정에 따라 움직이게 하도록 하기 위함이었다. 아버지 역시 나를 그렇게 다루셨다. 학대라고 여겨질 만큼 정도가 심할 때도 있었다. 오랫동안 가혹하게 맞고 자란 탓에, 나와 형제들은 서로 간에 그리고 아버지에게 거리감을 느끼게 되었다.

어머니쪽에도 내가 사람들과 친밀하게 지내지 못하는 데 영향을 미친

요인이 있었다. 외할아버지는 자살을 하셨는데, 어머니는 그 사실을 입에 올리는 걸 무척이나 꺼려하셨다. 실제로 나는 중학교에 들어가기 전까지 할아버지가 심장마비로 돌아가신 줄 알았다. 진실을 알게 되었을 때, 나는 소외당한 이방인이 된 기분이었다. 가족간의 비밀은 그런 느낌이 들게 한다. 어쨌든 어머니는 외할아버지의 자살이라는 부끄러운 비밀 때문에 사람들과 좀처럼 깊이 교제하지 못하셨다.

나는 우리 삼형제가 자라던 시절에 비해 요즘 부모들이 얼마나 살기가 편해졌는지에 대해 어머니와 이야기를 나눈 적이 있다. 어머니는 돕슨 박사를 좋아했고, 그가 들려주는 얘기를 귀담아 들으셨다. 돕슨 박사에 따르면, 아이가 끔찍한 하루를 보냈다거나 삶이 너무 힘겹다는 듯 이야기할 때, 아이 곁에 다가가 힘든 마음을 함께 안타까워하며 이야기를 이어간다. 나와 형제들이 어릴 적에 인생이 그저 그렇다는 얘기를 꺼내면 부모님은 제대로 감사할 줄 모른다며 나무라시면서, 우리가 느끼는 기분이나 세상을 보는 방식을 바꿔야 한다고 말씀하시곤 했다.

나는 어머니를 볼 때마다 그때 일이 생각난다. 우리 부모님은 우리의 감정을 인정해 주고 수용해 주기보다는, 오히려 우리가 느끼는 것들이 잘못되었다는 본질적인 이야기만 하셨다. 그렇게 거절당한 감정은 나를 점점 사람들과의 관계 속으로 다가서지 못하게 하고, 오히려 관계를 원활하게 하지 못한 데 대한 좋은 구실로 작용하게 되었다.

내가 사람들과의 관계를 꺼리게 된 데는 부모님이나 과거의 일과는 상관없이 내가 저지른 실수와 결정에서 비롯된 문제들도 있었다. 나는 수많은 실수를 저지르며 살아왔다. 또한 계속 반복해서 잘못된 것을 선택했다. 고등학교와 대학교 그리고 20대를 지나오면서 삶의 많은 부분을 감추고 살았다. 내가 누구였는지를 좀처럼 열어 보이지 않았다. 나의 어둡고 무질서하고 반항적인 면면들을 인정하지 않고 누구에게도 열어 보이지 않았다. 내 자아는 건강한 전 인격체로 통합되지 못하고 분열되었다.

나는 자신에 대해서 공개하고 싶지 않은 부분들을 따로 떼어 놓았다. 그것을 숨기고, 그렇게 함으로써 내게 친밀하게 다가오는 사람들로부터 숨어 버렸다. 내 죄와 과실을 덮으려고 노력한 결과, 나는 일찍부터 삶을 회피적인 형태로 만들어 가기 시작했고, 그런 방식이 나를 해치고 있다는 사실도 자각하지 못한 채 살았다. 변화가 시작된 것은 밀란과 상담을 시작하면서부터였다. 나는 나에 관한 진실을 발견하기 시작했고, 이전에는 생각지 못한 치유를 경험하게 되었다.

당신의 진실

나에 관한 진실을 듣는 것보다 더 중요한 것은 당신 자신의 진실을 발견하는 것이다. 당신은 그런 이유로 이 책을 선택했을 것이다. 당신은 진실을 알기를 원하고, 진실을 이해함으로써 삶이 치유되기를 진정으로 원하고 있을 것이다. 어쩌면 당신은 심한 학대를 경험했을지 모른다. 이혼이나 사별, 실직 또는 다른 정신적 충격이 될 만한 일을 겪은 후 회복하기 위해 안간힘을 쓰고 있는 중일지도 모르겠다. 또는 과거에 일어난 학대에서 좀처럼 치유되지 않아 지쳐 있는 사람도 있을 것이다. 성적, 정신적 혹은 육체적으로 당한 학대는 지금까지 당신에게 지대한 영향을 끼치고 있고, 이제 당신은 치유하고자 하는 마음의 준비가 되어 있다.

당신이 지금 그런 상태에 와 있다면, 당신의 내면을 들여다보고 그다지 유쾌하지만은 않은 당신에 관한 진실을 발견해야 한다. 당신을 괴롭혔던 사람은 이미 과거의 인물이 되었음에도 불구하고 당신은 왜 아직도 그 사건에 계속 머물러 있는지 그 비밀을 밝혀내야 한다. 자신의 내면을 한번 들여다보고 싶은가? 당신 안에 있는 무엇이 당신을 자극하고 미치게 만드는지 그 이유가 궁금하지 않은가? 지금까지 당신이 만들어 온 부정적인 행동 패턴들을 알아보고, 영원히 변화시켜 보지 않겠는가? 그렇다면, 한번 살펴보도록 하자!

삶을 열어 보라

모든 사람에게는 흔히 암부 blind spot라고 알려진 자신도 모르는 부분이 있다. 단순히 희미하게 알 것 같은 부분이 아니다. 희미한 부분은 분명치는 않지만 볼 수는 있는 부분을 말한다. 무엇인가 있다는 것은 알지만 그것이 정확히 무엇인지, 어떻게 해야 사라지는지는 알 수 없는 부분을 말한다. 그러나 암부는 이것과 전혀 다르다. 그것은 당신이 전혀 볼 수 없는 영역이다. 당신은 그런 부분이 있다는 것을 부정할 수도 없다. 왜냐하면 그것이 있다는 것조차 인식하지 못하기 때문이다.

당신은 당신이라는 존재를 속속들이 알고 있다고 생각할지 모르지만, 사실은 그렇지 않다. 당신은 문제를 제대로 볼 수 없기 때문에 혼자 힘으로는 풀 수 없지만, 어쨌건 풀어야 할 문제는 분명 가지고 있다. 당신은 실제로 무엇이 존재하는지 전혀 볼 수 없는 상태이므로, 당신이 그것을 볼 수 있는 길은 오로지 사람들의 도움을 받는 방법밖에 없다. 당신은 문제가 존재한다는 것을 자각할 수만 있다면, 다른 사람의 도움을 받아 손을 쓸 수 있게 될 것이다. 그러나 볼 수 없는 것을 보게 해달라고 다른 사람에게 도움을 요청하기 전에, 먼저 당신이 볼 수 있는 것에 눈을 돌려 보라. 스스로 메스를 들고 내면을 열어 당신이 볼 수 있는 것을 찾아보라.

이것을 '자기 분석' Self Examination 혹은 '자기 직면' Self Confrontation 이라 부른다. 이는 당신의 삶을 들고 진실의 불빛 아래로 가져가 무엇이 보이는지 살펴보는 작업이다. 수많은 회복 모임에서는 이 작업을 가리켜 '두려움 없이 마음속에 담긴 것을 목록화하는 작업'이라고 부른다. 이것은 시간을 들여 당신의 허물과 약점을 찾아 적은 다음, 그것이 당신에 관해 무엇을 말해 주는지 발견하는 시간이다. 이 작업을 위한 방법이 여러 가지가 있지만, 이 책에서는 가장 간단한 방법을 소개하도록 하겠다. 다음 20가지 질문은 당신의 삶의 목록을 작성하는 데 도움이 될 것이다.

1. 머릿속에 남아 있는 가장 먼 기억부터, 당신에게 상처를 입힌 사람들은 누구인가?
2. 상처를 받게 된 데는 당신도 책임이 있었는가? 아니면 그 사람들만의 책임인가?
3. 당신은 상처에 어떤 반응을 보였는가? 그들을 용서했는가? 아니면 앙심을 품고 되갚을 기회를 노렸는가?
4. 상처에 대해서 다르게 반응할 수도 있었는가?
5. 머릿속에 남아 있는 가장 먼 기억부터, 당신이 상처를 준 사람은 누구인가?
6. 그들이 먼저 당신에게 상처가 될 만한 일을 했는가? 아니면 뚜렷한 동기 없이 당신이 먼저 상처를 주었는가?

7. 당신이 가장 심하게 상처를 준 사람은 누구인가? 가장 많이 아픔을 준 순서대로 사람들을 나열해 보라.
8. 그들에게 상처를 주었다는 사실을 처음 깨달았을 때 당신은 반응을 보였는가?
9. 당신이 입힌 상처로 생긴 문제를 수습하기 위해 무엇을 했는가?
10. 그들의 회복을 돕기 위해 당신이 할 수 있는 일이 있는가?
11. 당신의 가장 큰 강점 5가지를 생각나는 대로 적어보고, 다섯 사람에게 그 강점들에 관한 생각을 물어보라.
12. 당신의 가장 큰 약점 5가지를 생각나는 대로 적어보고, 다섯 사람에게 그 약점들에 관한 생각을 물어보라.
13. 당신의 강점을 어떻게 사용해 왔는가? 훌륭한 청지기로서 그것들을 잘 관리해 왔는가? 아니면 마구 허비해 버렸는가?
14. 당신의 강점을 잘 활용하기 위해 무슨 일을 했는가? 앞서 다섯 사람들에게 당신이 어떤 부분에서 강점을 잘 살렸는지 물어보라.
15. 당신의 약점을 고치하거나 개선하기 위해 무슨 일을 했는가?
16. 당신의 약점을 보완하기 위해 무엇을 할 수 있을지 목록을 만들라.
17. 당신이 상처를 주었던 사람들에게 보상해 주기 위해 무엇을 할 수 있는가?
18. 당신에게 상처를 주었던 사람들을 용서할 수 있도록 당신을 도와줄 수 있는 사람은 누구인가?
19. 당신이 상처를 준 사람들에게 연락을 취할 방법을 생각해 보라. 그들에게 더 큰 상처를 안겨주는 일이 아니라면 일단 연락을 취해 보라. 당신이 지난 일을 이야기할 때 그들이 당신에 관해 어떻게 이야기하는지 메모를 해두라.

20. 당신과 함께 진실을 찾아줄 사람을 찾아보라. 그에게 당신 자신에 대한 진실을 발견할 수 있도록 도와달라고 하라. 그리고 그 작업을 계속 해나갈 수 있도록 도움이 필요한 분야에서 동기를 부여해 달라고 요청하라.

이 20단계 과정을 밟는 동안 당신이 어떤 기분이 들었는지 살피고, 당신의 느낌과 식견을 기록해 나간다면, 분명 자신을 훨씬 더 깊이 이해하게 되리라 믿는다. 또한 당신이 깨닫는 부분을 활용하여 당신이 모르는 부분을 발견하게 될 것이다.

단 한사람이라도

20단계를 마무리하면서 당신은 자신에 대해 정보를 갖게 되었다. 그 정보들은 자신을 더욱 이해하는 데 도움을 주고, 다른 사람들이 보다 수월하게 당신을 이해할 수 있도록 도와주게 될 것이다. 당신에게 애정을 가지고 비밀을 지켜 줄 수 있으며 당신이 최선의 모습으로 변할 수 있도록 도와줄 수 있는 지혜로운 사람과 함께 목록을 작성해 보고, 그것을 함께 나누라. 그에게 정직한 피드백을 원한다고 말하라. 오로지 진실만을 말해 달라고 부탁하라. 당신은 진실에 대처할 수 있다.

삶을 살아가면서 당신은 당신의 약점과 죄의 고백을 들어줄 수 있는 사람이 단 한명이라도 있었으면 하고 바랄 것이다. 당신은 당신의 이야기나 결점을 전부 있는 그대로 들어줄 수 있는 사람이 적어도 한 사람은 있다는 확신이 필요하다. 또한 이 지구상에 당신에 대한 진실을 말해 줄 수 있는 사람이 최소한 한 명은 있다는 확신이 필요하다.

　부유한 유명 인사들은 자신을 불편하게 한다는 생각에 진실로부터 자신을 가리려 하면서 초라하게 한물 간 사람이 되어 버리곤 한다. 우리는 고통스러운 현실에서 자신을 보호하는 방법을 잘 알고 있다. 우리는 주변 사람들과 하나의 세상을 만들어 놓았다. 그들은 그 세상에서 추방당하지 않기 위해 우리가 정말 알아야 할 것들을 감히 이야기하려 들지 않는다. 상황이 그러하다면, 단 한사람이라도 당신이 반드시 알아야 할 사실을 말해 줄 수 있도록 그 보호막을 찢어 버리라.

　또한 당신은 이 세상에 당신을 위해 기도하는 사람이 적어도 한 사람은 있다는 확신이 필요하다. 사탄은 분명히 존재하며, 지금도 영적 싸움이 계속되고 있다. 기도는 당신을 최악으로 끌어가려는 적군들과 싸우기 위한 영적 무기이다. 교회나 인터넷을 통해서 또는 친구들 중에서 열심히 기도 생활을 하는 사람을 찾아 당신에 관한 진실을 찾으러 나설 때 그것을 위해 기도해 달라고 부탁하라. 당신이 하나님을 닮아가기 위해 알아야 하는 것들을 드러내 보여 달라고 기도하라. 기도란 우리가 보지 못하는 부분을 드러내어 성장하게 하는 영적 도구이다.

 "뒤를 돌아보고 내면을 들여다봐도 다 소용없는 짓이야."

　내면을 들여다보거나 뒤를 돌아봐도 나아질 게 전혀 없다는 말은 거짓말이다. 우리 아버지는 언제나 그런 식이셨다. 아버지는 매우 긍정적인 분이었지만, 내성적이고 소극적인 삶을 사셨다. 문제점을 살펴 고치려는 적극적인 시도는 없었다. 아버지 같은 사람 앞에서 당신도 마음이 위축되어

자책하면서 말 한마디 붙이지 못한 채 그저 하던 일만 계속 했을 것이다.

그러나 히브리서에서는 우리의 마음을 무겁게 하고 하나님께 받은 소명을 방해하는 짐들을 벗어던지라고 말한다. 거짓말에는 귀를 기울이지 말라. 죄책과 수치심, 양심의 가책, 분노, 근심 또는 지난 과거에 대한 두려움으로 마음이 혼란스럽다면, 왜 그런 감정이 존재하는지를 풀기 위해 노력해야 한다.

이런 것들은 당신이 벗어던져야 할 짐들이다. 늦기 전에 어서 짐을 벗어 버리라. 마음이 상하고 관계가 깨어지기 전에 벗어 버리라. 하나님이 의도하신 삶을 놓치기 전에 짐을 벗어 버리라. 그렇게 하는 것이 해가 될 수 있다고 이야기하는 사람들의 말에는 귀를 기울이지 말라. 당신 자신에 대해 누구보다 열심히 배우는 학생이 되라. 먼저 당신 자신을 알면 하나님이 당신의 삶에 계획하신 것들을 알게 되고 그 계획에 따라 살 수 있다.

한계를 뚫고 돌파하라

우리 대부분은 다른 사람들과 함께하는 수고를 하지 않고도 문제를 인정하고, 우리의 보이지 않는 부분 위에 불을 밝히며, 자신에 대한 새로운 이해를 만들어 갈 수 있다고 믿고 싶어한다. 그러나 실제로 당신은 누군가의 도움이 필요하다. 나는 지금까지 가까운 친구에게 도움을 요청해 보라고 권해 왔지만, 가끔 당신에게 변화가 필요한 부분이 무엇인지 알기 위해 전문가에게 도움을 받아야 하는 경우도 있다. 가끔은 당신의 한계를 인정하고 당신이나 당신 친구들이 도저히 해결할 수 없는 문제도 있다는 것을 인정해야 한다. 그때는 전문가를 찾아 치료를 받아야 한다.

상처 난 삶을 치료받겠다는 선택은 삶에서 가장 중요한 결정일 수 있다. 우리는 뒤에서 그 선택에 대해 살펴보려 한다. 그러나 그전에 당신이 치유받기로 선택한 감정의 부분에서 추가로 할 일이 있다. 바로 당신에 관한 진실을 추적하면서 아직 해소하지 못한 슬픔을 드러내는 것이다. 다음 장에서 치유 과정 중 슬픔의 중요성에 대해 생각해 볼 것이다.

치유는 선택이다. 하나님의 선택이다. 하지만 하나님이 우리를 위해 예비하신 치유를 선택하기 위한 우리 몫의 선택도 있다. 치유는 자기 자신에 관한 진실을 밝히고, 그 안에 있는 거짓말을 풀어보겠다는 선택이다. 바로 오늘이 치유하기로 결심한 날이며, 당신에 대한 새로운 진실을 발견함으로써 회복을 위해 한걸음 더 나아가는 날이다.

치유, 곧 회복은 선택이다. 진실을 찾아 당신의 삶을 샅샅이 돌이켜보겠다는 선택이다.

HEALING IS A CHOICE

내 삶의 목적을 회복하라.
변화는 선택으로 찾아오다.
선택 1 관계를 맺기로 선택하라
vs 거짓말 회복되려면
하나님과 나의 관계만 좋으면 돼!
선택 2 깊은 슬픔의 상처를 느끼기로 선택하라
vs 거짓말 **진짜 그리스도인**이라면
모든 상황에서 평안을 누릴 수 있어야 해
선택 3 당신의 삶을 진리 가운데
비추어보겠다고 선택하라
vs 거짓말 뒤돌아보거나 앞으로
파고들어봤자 좋을 거 하나 없어
선택 4 당신의 미래를 치유하기로 선택하라
vs 거짓말 시간이 지나면 상처는
다 치유될 거야
선택 5 당신의 삶에 필요한 도움을 받기로 선택하라
vs 거짓말 이건 나 **혼자서도 해결할 수 있어**
선택 6 당신의 삶 전체를 포용하겠다고 선택하라
vs 거짓말 아무 문제없는 듯 행동하면 괜찮아질거야
선택 7 용서하기로 선택하라
vs 거짓말 용서를 받을 자격이 있는
사람은 따로 있어
선택 8 위험을 감수하겠다고 선택하라
vs 거짓말 더는 **고통받지 않겠어.**
내가 나를 지킬 거야 선택 9 섬기기로 선택하라
vs 거짓말 섬기려면 내가 먼저
치유받고 완전해져야 해
선택 10 끝까지 인내하겠다고 선택하라
vs 거짓말 내게 **희망이라곤** 없어

Chapter 4

|선택 4| 미래를 치유하라

vs

|거짓말 4| 시간이 흐르면, 상처도 아물 거야

| 선택 4 |
미래를 치유하라

충분히 슬퍼하고 나면, 우리는 기꺼이 진실에 귀를 기울인다.
더 이상 무엇인가에 짓눌린 채 살지 않으며,
사람들과 한층 깊은 관계를 나눌 수 있다.

지금까지 실현되지 않은 꿈을 꾼 적이 있는가? 하나님이 당신을 위해 선택해 두신 사람을 쉽게 만나 결혼하고, 많은 돈을 벌고, 전혀 말썽을 피우지 않는 아이들을 낳아 영원히 행복한 가정을 꾸려갈 것이란 꿈을 가져 본 적이 있는가? 당신은 이보다 더 크고 대단한 꿈을 꾸었을 수도 있다. 무대나 은막을 누비는 스타가 되는 것이 꿈이었는가? 종신 대학교수가 되고, 출간하는 책마다 베스트셀러가 되는 안락한 삶을 꿈꾸었던 것은 아닌가? 내가 그랬다. 이것들이 그토록 원했지만 이루지 못한 내 꿈이었다.

남자라면 대부분 탁월한 업적을 남기겠다는 큰 꿈을 갖고 있다. 하지만 부모님이 이루어내신 것 이상으로 재물과 명성을 쌓기는 쉽지 않다. 부모는 자식이 훌륭한 리더가 되기를 기대하지만 자식은 그 바람을 채워 주지 못한다. 우리 대부분은 현실을 헤쳐 가는 데 급급해 하며 평범한 일상을 살아간다. 적어도 나는 남들과 다를 것이라 생각하지만, 내 꿈은 물론이고 주변 사람의 기대에도 미치지 못한다. 결국 남들과는 다르게 살겠다는 욕심마저 죽어버릴 때 남자들은 실패감이란 덫에 갇히고 만다.

결혼한 여자도 이와 비슷한 덫에 걸린다. 대부분의 여자가 백마 탄 왕자와의 결혼을 꿈꾼다. 그 꿈이 실현되지 않을 때 그들은 깊은 실망감에 사로잡힌다. 그들이 꿈꾸던 사람에게는 한참 미치지 못하는 남자와 살아가는 하루하루가 고역이다.

상처와 절망

상처가 너무 깊어서 아예 꿈을 꾸지 않는 사람들도 있다. 가령 당신이 어렸을 때 성폭행을 당했고, 그 사건이 지금도 영향을 미친다고 해보자. 또 당신을 못살게 굴면서 당신을 이용했고, 심지어 당신을 고깃덩어리쯤으로 생각하는 사람이 있었을 수도 있다. 또한 당신과 무척 가까운 사람이 죽어서, 그 상실감에 따른 분노에서 좀처럼 벗어나지 못할 수도 있다.

당신은 몸서리치도록 싫은 질병이나 장애를 지닌 사람일 수도 있다. 그 결함을 사라지게 해달라고 매일 기도하지만 기적은 일어나지 않는다. 당신은 하나님께도 버림받았다고 느끼면서, 절망 속에 힘겹게 살아간다.

나는 산산이 깨어진 꿈과 기대로 수십년간 고통을 겪었던 사람들을 상담한 적이 있다. 그들은 어린 시절이나 10대에 겪은 일로, 쉰, 혹은 예순 살이 되도록 그 덫에서 벗어나지 못했다. 그 사건이 여전히 그들을 옭아매고 좀먹으며, 그들이 누릴 수도 있었던 삶을 빼앗아갔다. 그들을 육체적으로 농락했던 사람이 여전히 그들의 감정을 지배하고 있는 셈이다. 그들이 그 상처를 극복하지 못했기 때문이다!

당신도 이런 사람들 중 하나라면, 힘들겠지만 당신을 옭아매고 있는 덫에서 하루라도 빨리 벗어나기를 바란다. 성폭행자 때문에 당신이 하루라도 더 상처받는 것이 안타까울 뿐이다. 그 성폭행자가 당신에게 남긴 흔적에서 완전히 자유로워지는 회복을 당신이 경험하기를 바란다. 당신이 그 덫에서 해방되는 선택을 할 수 있기를 바란다.

과거에서 미래로

과거를 미래로 끄집어낼 때 우리는 어떤 슬픔을 겪는다. 그 슬픔을 거부한다면, 우리 삶을 억누르는 중압감에서 벗어나기 어렵다. 나는 내 과거의 한 부분이 내 미래 전체에 악영향을 미치고 있다는 사실을 깨달았다. 여기에서 고등학교 시절에 겪었던 일이 그 후 오랫동안 내게 어떤 상처로 남았는지 솔직히 이야기해 보려 한다.

고등학교 시절, 나는 믿을 수 없을 만큼 아름다운 여자친구와 사귀게 되었다. 늘씬하고 금발이 매력적인 소녀였다. 우리는 그녀 부모와 함께 내 부모에게는 기대조차 할 수 없었던 일들을 경험했다. 우리는 누구나 꿈에 그리던 짝이었고, 졸업 앨범 표지를 장식하기도 했다. 텔레비전 쇼에도 출연했다. 하지만 내게는 그녀보다 더 중요한 사람이 있었다. 바로 나였다.

그 관계를 깨뜨린 사람은 나였다. 내 이기적인 행동과 집착을 견디지 못하고 그녀는 결별을 선언했다. 많은 사람이 오랜 결혼생활을 끝낸 후에 겪는 상실감과도 같았다. 누구도 이해하지 못할 상실감이었다. 나는 그 고통을 혼자 삭혔다. 내가 원인을 제공한 그 상실감으로 인해 내 삶이 황폐해진 것을 누구에게도 인정하고 싶지 않았다.

나는 어떻게든 상황을 정리하고 그녀를 되찾기 위해 궁리했다. 대학에 들어가 다시 교제를 시작했지만, 얼마 지나지 않아 나는 또 관계를 망쳐 놓았다. 결국 너무나 큰 의미를 가졌던 사람을 잃었고, 다시는 되찾을 수 없었다. 그리고 서로에게 쌓인 감정은 내게 강박관념과 고통으로 남아, 그 후로도 오랫동안 나를 괴롭혔다.

나는 텍사스 A&M 대학에 입학했고, 그래서 그녀와 같은 동네에 머물 수 있었다. 그 후 그녀가 달라스에 있는 대학교로 옮겼다. 나도 텍사스에 남아 있을 이유가 없었다. 그래서 달라스에서 가까운 대학에 등록했다. 나는 그녀를 너무도 사랑했기 때문에 그대로 보낼 수 없었다. 그녀 곁에 있고 싶다는 이유로, 그녀의 사촌과 데이트를 하기도 했다. 나는 그녀를 놓아줄 수 없었다. 그런데 어느덧 나는 그녀가 나에 대해 생각하는 방식으로 행동하고 있었다. 상실의 아픔이 늘 내 곁을 맴돌았다.

당신이 내 친구라도 몰랐을 것이다. 나는 파티에서 늘 떠들썩한 사람이었다. 하지만 그곳에서뿐이었다. 나는 상처와 아픔으로 얼룩진 비밀을 나누지 않았고 마음의 문을 닫았다. 내가 세운 벽은 나날이 두터워졌다. 그 모든 것의 원인이 내가 되살리지 못한 고등학교 시절의 사랑이었다.

몇 년이 지나서야, 나는 믿고 의지하던 상담가에게 그 감정을 털어놓았다. 당혹스럽기는 했지만, 누군가에게 털어놓아야 한다는 것은 알았다. 상담가는 그 사랑이 어제 일인 것처럼, 그가 다뤘던 문제 중에서 가장 가슴 아픈 사연인 듯이 다뤄 주었다. 당시 그가 권했던 방법을 나도 당신에게 권하고 싶다. 그는 그 상실감을 마음껏 슬퍼하고 떠나보내라고 했다. 또 잃어버린 사랑이 현재의 삶을 방해하는 걸 허락하지 말라고 했다. 그리고 내게 삶을 있는 그대로 받아들이고 내 미래를 치유해 가라고 권했다.

미래를 치유하라

성경은 "내일 일을 위하여 염려하지 말라 내일 일은 내일 염려할 것이요 한 날 괴로움은 그날에 족하니라"마 6:34고 우리에게 가르친다. 미래를 염려하지 말라는 것은 더없이 훌륭한 충고이다. 그러나 내일의 문제를 최소한으로 줄이기 위해서라도 미래를 치유하라는 것도 훌륭한 충고이다. 그런데 자신의 미래를 어떻게 치유하고 수정해야 할지 생각하는 사람들은 많지 않다. 성경은 미래를 치유하는 데 필요한 교훈을 개미에게서 얻으라고 말한다.

"게으른 자여 개미에게로 가서 그 하는 것을 보고 지혜를 얻으라 개미는 두령도 없고 간역자도 없고 주권자도 없으되 먹을 것을 여름 동안에 예비하며 추수 때에 양식을 모으느니라"잠 6:6-8.

그래도 개미가 겨울을 염려하지 않겠느냐고 말하는 사람이 있을 것이다. 현실을 자각하고 대비하는 것은 염려가 아니다. 게으름을 피우면 굶주림과 죽음으로 미래가 무너질 수 있다. 그래서 개미는 수확기 동안, 혹독한 겨울을 이겨내기 위한 바른 선택을 한다. 우리도 이처럼 할 수 있다.

미래를 보장받기 위해 저축하고, 평생 지속될 만큼 관계를 견고하게 다지면서 삶을 풍요롭게 할 수 있다. 황혼기에 접어들 때 사랑하는 가족을 꾸리고, 평온한 삶을 수확하기 위한 치유의 씨앗을 뿌릴 수도 있다. 슬픔은 미래를 치유한다. 힘겹지만 슬픔을 경험하는 것은 건강한 관계를 수확하고, 목적 의식과 의미를 지닌 삶을 수확하기 위한 밭을 가는 과정에 비유할 수 있다.

해소되지 않은 상실감

슬퍼하지 않겠다고 저항하는 것은, 그 아픔을 평생 짊어지고 가겠다는 것이나 다름없다. 카렌의 사례에서 슬픔을 거부할 때 어떻게 되는지 분명히 볼 수 있다. 카렌의 아버지는 자신의 행동이 자녀에게 어떤 영향을 미치는지 전혀 생각하지 않는 무책임한 사람이었다. 카렌이 태어났을 때 그는 실망감을 감추지 않았다. 사내아이를 원했지만 반갑지 않게도 여자아이를 떠안게 되었기 때문이다. 대부분의 아버지는 그래도 아이를 보는 순간 마음을 바꾸기 마련이지만 그녀의 아버지는 그렇지 않았다.

카렌은 말귀를 알아듣기 시작할 때부터 아버지에게 바라지 않았던 딸이라는 소리를 귀가 따갑게 들었다. 아버지는 또한 사람들 앞에서 카렌을 결코 딸로 소개하지 않았다. 그저 "우리와 함께 사는 계집아이"라고 차갑게 표현할 뿐이었다. 카렌의 기억에 아버지가 사랑을 표현한 적은 한번도 없었다. 그녀는 버림 받은 아이처럼 의기소침하고 풀이 죽어 지냈다. 아버지는 결국 다른 여자와 재혼했다.

카렌은 학창 시절 내내 외톨이로 지냈다. 다행히 대학에서 인정 많은 상담가를 만나 학교 생활에 적응하는 데 도움을 받았다. 대학을 졸업한 후에는 몇 년 동안 '용서' 워크숍에 참여하여 아버지를 용서해 보려 했지만, 아버지가 진정한 아버지가 되어 주기를 바라는 욕망을 해소할 수는 없었다. 카렌은 내가 진행하는 워크숍에 참석하여, 질문 & 응답 시간에 도움을 청하기 위해 마이크 앞에 섰다. 그녀는 아버지를 되찾기 위해 할 수 있는 방법을 다 동원했는지 확인받고 싶어했다.

카렌은 울먹이며 아버지를 만나러 다녀온 슬픈 이야기를 해주었다. 그녀는 아버지에게 전화를 걸어, 보고 싶은데 만날 수 있느냐고 물었다. 대답은 "안 된다."였다. 카렌은 중간 지점에서라도 만나 주지 않겠냐고 사정을 했다. 아버지는 그곳에 나올 시간도 없다고 매정하게 말했다. 그러나 카렌은 직접 차를 몰고 아버지가 사는 마을까지 달려갔다. 그리고 다시 전화를 걸었다. 하지만 이번에도 아버지는 단호히 거절했다. 카렌은 다시 상처 받고 버림 받아 깊은 좌절에 빠졌다.

우리는 아버지를 그토록 원하는 카렌의 욕구에 대해 이야기를 나누었다. 그녀는 언젠가 아버지가 마음을 돌려서 자신이 늘 바라던 아버지의 모습으로 바뀔 것이라는 믿음을 버리지 않았다. 우리는 그녀가 아버지를 잃은 상실감을 마음껏 슬퍼해 보지 않았다는 것을 알 수 있었다. 그녀의 눈물은 그 상처가 여전히 남아 있다는 증거였다. 아버지라는 존재가 그녀의 현재뿐 아니라 미래에도 치명적인 방해가 되고 있기 때문에 그녀는 미래를 치유할 필요가 있었다. 슬픔을 느끼는 것이야말로 그녀가 아버지의 그늘에서 해방되는 유일한 방법이었다.

슬픔을 겪어낼 때 아픔과 번뇌에서 자유로워질 수 있다. 깊게 억눌려 있던 슬픔이 흐느낌으로 변하고, 목을 메게 하지만 결국에는 덧없는 생각처럼 잊혀진다. 비유로 말하자면, 당신을 학대하고 무시하던 독수리를, 쉽게 쳐죽일 수 있는 모기로 바꿔 준다. 아버지에게 버림받았다는 사실은 그대로이지만, 그로 인한 상실감 때문에 당신의 삶까지 허물어지지는 않는다.

슬픔과 친구가 되어

예수님은 "간고를 많이 겪었으며 질고를 아는 자" 사 53:3였다. 한 가지 의문이 생긴다. "예수님은 무엇을 슬퍼하셨을까?" 완전한 세계를 잃어버린 슬픔이었을 것이다. 본래 신분을 포기할 수밖에 없다는 슬픔이었을 것이다. 예수님은 육신을 입고 이 땅에 내려와 우리처럼 살고, 우리를 위해 죽으셨다. 하늘의 왕좌를 포기한다는 것은 엄청난 상실이었다.

또 예수님은 자기 길을 고집하며 불신으로 일관하는 영혼들 때문에도 슬퍼하셨을 것이다. 그분은 우리의 마음이 돌아섰다는 사실에 슬퍼하시고, 하나님이 우리를 위해 예비해 두셨지만 우리가 거부한 미래에 슬퍼하셨을 수도 있다. 나는 예수님이 무엇 때문에 슬퍼하셨는지 정확하게 알지 못하지만, 마음껏 슬퍼하시며 우리가 마땅히 겪어야 하는 과정을 거치셨다는 사실만은 알고 있다.

우리가 겪어야 하는 과정을 예수님이 겪으셨다는 사실은 위로와 용기를 준다. 예수님과 고통을 함께 나눌 때, 슬픔을 겪는 과정에서 그분과 한결 가까워질 수 있다. 예수님도 그런 슬픔을 겪으셨기 때문에 어떻게 위로해야 할지 아실 것이라 확신하기 때문이다. 따라서 우리는 슬픔을 마음껏 느낄 수 있어야 한다. 우리가 언제나 즐거워하도록 부름을 받았다면, 예수님이 "간고를 많이 겪고 질고를 아는 자"라고 칭해지지는 않았을 것이다.

해소되지 않은 슬픔

당신은 해결되지 않은 상실감과 싸워 본 적이 있는가? 과거의 것들을 가지고 지금 이 순간에도 씨름하고 있는가? 상실감은 해결될 수 있다. 당신은 절망과 고통에서 벗어나 새로운 미래를 향해 걸을 수 있다. 그러려면 먼저, 해소되지 않은 슬픔이 무엇인지 찾아내야 한다.

이본은 그 슬픔을 어렵지 않게 찾아냈다. 무엇 때문에 고통 받는지 정확히 알고 있었기 때문이다. 그녀가 어렸을 때, 가족과 가깝게 지내던 남자가 그녀를 성적으로 농락했다. 나를 처음 만났을 때 그녀는 쉰 살이었다. 그녀는 약간 비만이었고, 소녀 같은 옷차림을 하고 있었다. 더 정확히 말하면, 아무렇게나 입은 듯한 수더분한 옷차림이었다. 당시 그녀는 비만 문제를 고심하고 있었고, 그 과정에서 다시는 성적으로 이용당하지 않겠다는 강박관념에 시달린다는 사실을 알게 되었다. 그녀는 누구도 믿을 수 없다는 생각에 벽을 쌓고 아무도 들어오지 못하게 했다.

　이본은 어린 시절에 부모의 무관심으로 아파했던 기억을 떠올렸다. 또 반복해서 성적으로 농락당한 일도 회상했다. 그녀는 그 남자가 싫었고, 그가 자신을 만졌다는 생각만 해도 몸서리가 쳐졌다. 그 남자와 비슷한 사람만 봐도 괴로웠다. 이런 일이 거듭되면서 그녀는 눈물마저 말라갔다. 마음은 냉랭해졌으며, 사람들이 감동을 받는 일에도 무감각해졌다. 그녀는 원래 사랑스러운 여자였지만, 너무도 조심스럽고 더딘 발걸음을 내딛었기에 내면을 좀처럼 치유할 수 없었다.

　그녀는 과거를 다루는 과정에서, 자신을 성적으로 농락한 남자를 용서해야 했다. 방 한가운데 놓인 빈 의자에 그 남자가 있다고 생각하고 이본은 자신이 느낀 바를 쏟아냈다. 그녀의 아픔을 털어놓으며, 왜 그랬냐고 빈 의자에게 물었다. 그녀는 처음에는 살려달라고 소리 질렀다. 그녀는 그 슬픔을 느끼고 몸으로 경험하면서도 결코 울지 않았다.

　그녀가 상실한 것을 슬퍼하면서야 눈물이 맺히기 시작했다. 오랫동안 그녀는 처녀성을 잃었다고 생각했다. 하지만 강제로 당한 것이었기 때문에 처녀성을 잃은 것은 아니었다. 그녀는 자발적으로 성행위에 동조하지 않았고, 따라서 엄밀히 따지면 여전히 처녀였다. 이본은 여기까지 깨달았지만, 아직 마음껏 슬퍼하지 못한 것이 남아 있었다. 순수의 상실이었다.

그녀는 성폭력을 당하기 전까지는 무척이나 순진하고 착하고 긍정적인 여자였다. 친구들과 함께했던 행복한 날들이, 수치심과 슬픔으로 웅크리는 날들로 변했다. 그녀는 자신의 삶이 어떻게 그처럼 극적으로 변했는지, 그리고 무엇을 잃었는지 되돌아보기 시작했다. 전혀 기억해낼 수 없는 것도 있었다. 그녀가 삶에서 따로 떼어 고치로 싸매듯 지켰기 때문이다. 이본은 소녀 시절을 잃어 버렸지만, 그 상실을 한번도 슬퍼해 보지 못했다. 그로 인한 피해가 그녀의 삶을 끌어갔고, 그녀의 삶을 규정했다. 그 남자를 용서하고, 전에는 결코 알지 못했던 안전한 삶을 아쉬워하며 마음껏 슬퍼한 후에야 그녀는 그 덫에서 벗어날 수 있었다.

이본은 머릿속에 상상하던 낭만적인 삶을 털어놓았다. 남자친구와의 멋진 데이트, 한여름 오후의 평화로운 수영장 풍경을 그렸다. 그녀는 그렇게 오랫동안 마음에 품고 있던 좌절된 환상을 훌훌 털어내기 시작했고, 그 너머의 것을 보려 했다. 그 너머의 삶이 그녀가 그때까지 짊어졌던 무거운 짐이었던 것을 인정하며, 그 짐을 눈물의 바다로 던져 버렸다.

이본은 내면의 분노와 소녀 같은 웃음을, 잃어버린 삶에 대한 처절한 고통과 슬픔으로 바꿔갔다. 내면의 슬픔을 완전히 느끼는 데는 며칠이 걸렸지만, 그녀는 일기를 쓰거나 상담을 받을 때마다 그 슬픔에 조금씩 접근해 갔다. 아픔을 겪어내고 나면 조금씩 기력이 회복되었다. 그녀는 여동생에게, 자신이 주체할 수 없을 만큼 눈물을 흘리면 기운을 북돋워 달라고 부탁했다. 상담을 받을 때마다 이본은 약간은 홀가분해진 기분으로 상담실을 나섰다. 이렇게 슬픔을 인정하고 경험하면서 그녀는 자유를 되찾았다.

고통을 기쁨으로 바꾸라

"내가 진실로 진실로 너희에게 이르노니 너희는 곡하고 애통하겠으나 세상은 기뻐하리라 너희는 근심하겠으나 너희 근심이 도리어 기쁨이 되리라" 요 16:20.

슬픔 이면에는 기쁨이 있다. 침묵이 강요된 슬픔과 고통 안에는 기쁨이 있을 수 없다. 슬픔을 겪어낸다는 것은 미래를 치유하고 고통을 기쁨으로 바꿔가겠다는 결심이다. 우리는 감정의 찌꺼기를 발견하고 그것을 깊이 슬퍼함으로써 궁극적인 기쁨을 누리게 하는 고통으로 바꿀 필요가 있다. 슬픔을 겪어냄으로써, 당신은 깊이 파묻히거나 집요하게 들러붙은 감정을 떨어낼 수 있다. 지금 슬픔을 감수하면, 미래의 고통스런 저주에서 해방된다. 감정은 해소되어야 한다. 가슴속에 담아둘 필요가 없다.

'뭔가를 빼앗긴' 삶에 대한 감정을 털어내고, 상실감을 철저하게 느낄 때 자유를 얻는다. 단절과 소외감 대신, 소속감과 공동체 의식을 갖게 된다. 개인의 능력과 전략을 의지하는 대신, 하나님을 신뢰하고 하나님과 하나님의 방식에 의지한다. 순진무구함은 지혜와 깨달음으로 승화되고, 그 깨달음은 사람들과 관계를 맺고 돕는 데 사용된다. 슬픔을 마음껏 누릴 때 우리는 헛된 보호막에서 벗어나 사람들과 어울리며 충만한 삶을 만끽할 수 있다. 그때 묵은 감정과 방식이 새로운 삶으로 바뀐다.

방어와 위장

그럼 당신이 나아지고 있다는 것을 어떻게 알 수 있을까? 불필요하게 과거의 상처만 헤집는 건지, 슬픔을 제대로 겪어내고 있는 건지 어떻게 알 수 있을까? 당신을 보호하고 지키려는 마음을 포기하는 것으로 시작되기 때문에 이에 대한 판단은 어렵지 않게 내릴 수 있다.

슬픔을 충분히 겪어내지 않을 때, 우리는 더 큰 고통을 피하려는 방어적 자세를 보인다. 견디기 힘든 것까지 애써 견디지 않으려고 삶을 재구성한다. 또 우리 영역을 지키면서 다른 사람이 우리 삶에 대해 왈가왈부하는 것을 허락하지 않는다. 누구라도 우리 삶에 대해 언급하면 쫓아버린다. 상실을 충분히 슬퍼하고 나면, 우리는 기꺼이 진실의 소리에 귀를 기울인다. 더 이상 무엇인가에 짓눌린 채 살지 않으며, 사람들과 한층 깊은 관계를 나눌 수 있다. 그때 우리는 취약한 관계까지도 이겨낼 수 있다.

또한 실제 이상으로 우리를 부풀려 보여 줄 필요가 없다는 사실도 깨닫는다. 따라서 위장의 벽을 쌓을 필요도 없다. 우리 삶의 진실을 주변 사람들에게 감추려는 작은 거짓말조차 필요 없다. 진실되지 못한 때를 돌이켜 보면서 우리는 거짓의 울타리에서 점점 벗어난다. 우리를 상처에서 보호해 주기는 했지만 하나님이 우리를 위해 예비해 두신 삶까지도 가로막았던 낡은 벽 뒤에 더 이상 숨을 필요가 없다.

 "시간이 흐르면, 상처도 아물 거야."

시간이 지나면 아무리 깊은 상처라도 아물게 된다는 말은 새빨간 거짓말이다. 때를 기다리면 언젠가 깨어나 더 나은 기분을 느끼게 되리라는 것도 거짓된 희망이다. 나는 시간이 약이라는 말이 우리 삶에서 진실로 드러나는 경우를 보지 못했다. 실제로는 정반대이다. 시간은 상처를 덧나게 한

다. 상처는 오래 안고 있을수록 그 피해는 더 커지지만, 우리는 시간이 필요할 뿐이라고 믿으려 한다. 그러나 우리에게 진정으로 필요한 것은 과거를 해결하고 상처를 치유하고 회복하는 데 소요되는 시간이다.

시간을 어떻게 보내느냐는 회복을 위해 가장 중요한 선택이다. 홀로 시간을 보내면서 상처를 키우기만 하겠는가? 그렇다면 당신을 이 지경으로 몰아넣은 상처 받은 마음은 좀처럼 치유되기 어렵다. 그런 마음은 당신이 있어야 할 곳, 즉 하나님이 당신을 위해 예비해 두신 곳에서 멀어지게 할 뿐이다.

치유의 시간을 갖기 원한다면, 적절한 곳을 물색하고 그에 필요한 일을 하는 데 시간을 투자하라. 시간이 모든 것을 해결해 주리라는 거짓말을 믿지도, 따르지도 말라. 시간은 고통을 희미하게 하고, 절망의 농도를 묽게 할 수 있지만 그것은 치유가 아니다. 시간의 흐름에 맡기지 말고, 치유를 위한 모임에 참여하라. 그곳에서 상실감을 마음껏 슬퍼하며, 헛된 기대감과 상실감을 훌훌 떨쳐내고 진실된 삶에 더 가까이 다가서라.

씻어내는 힘

우리가 거짓으로 꾸미려는 모습을 떨쳐낼 때, 실제의 모습을 발견하고 그 모습으로도 충분하다는 사실을 깨닫게 된다. 우리는 우리에게 필요한 모든 것을 갖춘 채 창조되었다. 그러나 우리가 그 질서를 어지럽힌다. 게다가 다른 사람들까지 나서서 우리를 방해한다. 하지만 슬픔은 어수선하게 흩어진 자아의 파편들을 주워 담는 정화의 능력이다. 그 파편들이 어떻게 흩어졌든지 말이다. 시편 기자는 "나의 영혼이 눌림을 인하여 녹사오니 주의 말씀대로 나를 세우소서"시 119:28라고 했다. 그는 단지 눈물을 흘렸던 것이 아니다. 과거의 삶을 깨끗이 씻어내며, 미래를 치유하고 있다. 그는 과거의 것을 떨쳐내고, 현재의 것과 미래에 있어야 하는 것을 향해 나아갔다.

이 깊은 정화 과정에서, 우리는 우리 자신이 만들어낸 작은 세계에 그처럼 절박하게 매달릴 필요가 없다는 사실을 깨닫게 된다. 우리는 얼마든지 그 세계를 훌훌 털어낼 수 있다. 과거를 떠나보내고, 채워지지 않은 기대감도 잊는다. 하나님이 모든 고난과 아픔에서 지켜 주시리라는 생각도 버린다. 슬픔을 철저하게 느끼며 우리는 슬픔을 흘려보내고 회복의 길에 들어선다.

당신에게도 떠나 보낼 것이 있는가? 하나님의 품으로 돌아가 하나님이 당신을 치유하시도록 허락하겠는가? 감정을 폭발시키면서 하나님께 항의라도 해보겠는가? 하나님께 훌훌 털어버릴 힘을 달라고 간구해 보려는가? 그렇다면, 그리고 하나님을 신뢰한다면, 하나님이 당신에게 모든 것을 허락하실 것이다. 하나님의 말씀에 따르면, 하나님은 당신이 그렇게 하기를 원하시기 때문이다.

치유, 곧 회복은 선택이다. 하나님의 선택이다. 그러나 하나님이 우리를 위해 준비하신 치유가 우리 삶에서 이루어지게 하기 위해서는 우리의 선택이 필요하다. 치유는 과거의 상처를 철저하게 슬퍼함으로써 그 상처를 떠나 보내겠다는 선택이다. 슬픔을 겪어낸다는 것은 미래를 치유하겠다는 선택이다.

HEALING IS A CHOICE

내 삶의 목적을 회복하라.
변화는 선택으로 찾아온다.
선택 1 관계를 맺기로 선택하라
vs 거짓말 회복되려면
하나님과 나의 관계만 좋으면 돼!
선택 2 감정을 피하지 않고 느끼기로 선택하라
vs 거짓말 진짜 그리스도인이라면
모든 상황에서 평안을 누릴 수 있어야 해
선택 3 당신의 삶을 진리 가운데
비추어보겠다고 선택하라
vs 거짓말 되돌아보거나 안으로
파고들어봤자 좋을 거 하나 없어
선택 4 당신의 미래를 치유하기로 선택하라
vs 거짓말 시간이 지나면 상처는
다 치유될 거야
선택 5 당신의 삶에 필요한 도움을 받기로 선택하
vs 거짓말 이건 나 혼자서도 해결할 수 있어
선택 6 당신의 삶 전체를 포용하겠다고 선택하라
vs 거짓말 아무 문제없는 듯 행동하면 괜찮아질거야
선택 7 용서하기로 선택하라
vs 거짓말 용서를 받을 자격이 있는
사람은 따로 있어
선택 8 위험을 감수하겠다고 선택하라
vs 거짓말 더는 고통받지 않겠어.
내가 나를 지킬 거야 선택 9 섬기기로 선택하라
vs 거짓말 섬기려면 내가 먼저
치유받고 완전해져야 해
선택 10 끝까지 인내하겠다고 선택하라
vs 거짓말 내게 희망이라곤 없어

Chapter 5

|선택 5| 삶에 필요한 도움을 구하라

vs

|거짓말 5| 나 혼자서 해결할 수 있어

| 선택 5 |

삶에 필요한 도움을 구하라

당신 안에는 해결책이 없지만, 다른 사람에게는 있다.
손을 내밀어 도움을 구하라.
그렇게 치료하면 당신의 삶은 결코 예선과 같지 않을 것이다.

당신의 삶을 자세히 살펴서 그 안의 진실을 찾아보고 잃은 것들에 안타까워했다면, 이제 밖으로 손을 내밀어 당신의 삶을 구하려는 선택을 할 때가 되었다. 당신에게 도움이 필요하다고 깨달았다면, 바로 도움을 구해야 한다. 삶에서 치유되지 않은 부분을 치유하기 위해서는 어떤 방법이라도 활용하려는 용기가 필요하다. 하지만 모든 사람이 그런 용기를 갖고 있는 것은 아니며, 자발적으로 그렇게 하는 것도 아니다.

얼마 전 나는 서른다섯 살의 아주 똑똑한 남자를 만났다. 지적 능력 면에서 똑똑했다는 말이지, 어찌 보면 그는 전혀 똑똑하지 않았다. 그는 IQ가 매우 높았고, 미생물학과 핵물리학에 관련된 학위와 그쪽 일에 종사한 경력을 지닌 사람이었다. 그러나 지금은 혼자 배달 트럭을 몰며 정해진 구역을 도는 우체국 직원으로 일한다. 그리고 퇴근해서는 텅 빈 집에 돌아와 텔레비전을 보다 잠자리에 든다. 그는 매일 이 과정을 반복한다.

게다가 그는 대인공포증을 앓고 있다. 사람들은 그를 멀리하거나 짜증 나게 만들고, 그도 주변에 사람이 있으면 늘 불안하다. 이 불안함으로 인해 대인관계가 자꾸 껄끄러워져서 매번 일자리를 잃었다. 그러다 우체국 직원을 뽑는 신문 광고를 보았고, 그 후로 몇 년째 우편배달부로 일하고 있었다. 고정 수입은 생겼지만, 그는 행복하지는 않았다.

우리 청취자들 중 다수가 우체국 직원이다. 그들은 그 일을 좋아한다. 어떤 사람들은 밖에서 일하는 것을 즐기고, 또 어떤 사람들은 사람들을 만나는 것을 좋아한다. 하지만 당신이 원래 미생물학자가 되어야 했다고 생각한다면, 우편배달은 아주 힘든 일일지도 모른다. 어릴 때 나뭇잎 같은 것들을 현미경으로 관찰하면서 시간을 보냈고, 사물들이 어떻게 작용하는지 알고 싶어했던 것을 기억한다면, 우편배달은 아주 거친 일일 수도 있다.

나보다 훨씬 높은 IQ에 훨씬 뛰어난 집중력을 가진 그 남자에게 나는 "사람들과 편안하게 지내려고 어떤 노력을 해보았습니까?"라고 물었다. 그는 어떤 노력도 하지 않았고, 어떤 도움도 구하지 않았다. 그는 인터넷에서 '불안증'이라는 단어를 검색해 본 적도 없고, 전화번호부를 뒤져 상담가를 찾아본 적도 없었다. 그는 그렇게 홀로 힘들어하면서도 언젠가는 해결책을 찾아 바라던 삶을 살게 될 것이라는 생각을 버리지 않았다. 하지만 나이를 먹어가면서 그는 점점 더 깊이 틀에 박혀 살고 있었다. 나와 대화한 것이 그의 삶을 구하려는 첫 시도였을 것이다.

병든 마음에 의지하다

나는 사람들이 하나님께서 주신 능력에 감사하고 자신에 만족하는 것이 아주 바람직하다고 생각한다. 인간이라는 하나님의 창조물이 얼마나 신비로운 존재인지 알 때마다 정말 놀라울 따름이다. 우리 뇌만 하더라도 내가 이해하기에는 벅차다. 컴퓨터에 대해 알아갈수록, 눈썹 바로 위에 자리잡고 있는 뇌의 능력이 더 경이롭게 느껴진다.

우리가 얼마나 대단한 창조물이고 얼마나 놀라운 능력을 지닌 존재인지 긍정적인 방향에서 생각하면서 자신을 만들어간다고 나무랄 일은 아니다. 누가 뭐라 해도 바람직한 방향이다. 그러나 한편으로는 우리 모두가 정도의 차이는 있지만 병든 마음을 갖고 있다는 엄연한 현실을 인정해야만 한다. 병든 마음은 눈에 보이든 보이지 않든 제 역할을 하고 있을 수도 있다. 하지만 인간이 계속 불완전한 상태에 있을 때 작용해서, 가고 싶지도 않고 갈 필요도 없는 길로 우리를 이끈다.

"모든 사람 앞에 있는 바른 길은 아주 넓고 가기 쉬운 길이다"잠 14:12, 저자가 바꾸어 말함. 그 길은 당신이 볼 수 있는 곳까지는 아주 즐겁고 유쾌하게 갈 수 있는 길처럼 보인다. 하지만 당신이 원하는 곳으로 가고자 그 길을 택하면 죽음과 멸망에 이르게 된다. 그 길은 진리의 길도, 지혜의 길도, 하나님의 길도 아닌, 그저 병든 마음의 길이기 때문이다.

우리는 마음을 흔히 사용하지만, 사실 마음은 불완전한 부분이다. 마음이 병들어서 미생물학자가 결국 우편물을 배달한다. 목사가 주식을 판다. 결혼한 사람이 매춘부와 관계를 갖는다. 여자가 학대받는다. 부유한 사람이 좀도둑질을 한다. 건강한 사람이 80kg이나 체중이 불어난다. 상담가가 내담자와 부적절한 관계를 맺게 된다. 재미있고 활기찬 사람이 가정의 안전에 집착해서 현관문 밖을 나갈 수도 없게 된다. 병든 마음은 이렇게 무슨 짓이든 한다.

우리는 오랫동안 절망과 혼란에 빠져 있으면서도, 직접 도움이 될 방법을 찾아야만 하고 결국 찾게 될 것이라고 믿는다. 그런 사람들은 '자기계발' self-help이라는 말을 들은 적이 있어, 그 말의 진정한 의미도 모른 채 많은 사람들이 스스로 돕는 방법을 찾아냈기 때문에 성공한 것이라 생각할 수도 있다. 진실과는 완전히 동떨어진 생각이다.

자기계발은 실제로는 전혀 자기를 돕는다는 개념이 아니다. 진짜 도움이 되는 자기계발은 하나님의 도우심이다. 하나님의 도우심은 함께하는 도움이고, 전문가의 도움이다. 자기계발은 훌륭하고 놀라운 삶으로 가는 길을 결국 찾아내는 병든 마음이 아니다. 병든 마음은 우리를 잘못된 길로 인도할 뿐이다. 올바른 길을 찾기 위해 우리는 밖에서 도움을 구해야 하고, 적극적으로 손을 내밀어 필요한 치료법을 구해야 한다.

빠를수록 좋다

병든 마음이 당신을 괴롭히고 있다면, 가능한 한 빨리 치료법을 찾는 것이 좋다. 치료법을 찾는 동안에도 마음은 물론 몸까지 상하기 때문이다. 2004년 9월 27일자 『뉴스위크』지에 조시 울릭은 아주 흥미로운 기사를 썼다. 과거와 갈등에서 오는 문제를 풀지 않으면 몸까지 어떻게 망가지는지 설명하는 글이었다. 큰 위험이 닥치면 우리 몸이 곧바로 반응을 일으키기 때문에 비롯되는 문제이다. 예컨대 원시인은 가족이나 자신에게 위험이 닥치면 몸에서 화학 반응이 일어나 곧바로 대응했다. 이런 화학 반응은 원시인에게는 분명히 도움이 되었다. 그러나 우리는 다르다.

오늘날 우리는 원시인처럼 '코뿔소를 죽일 만한' 초자연적인 힘을 갖지 못해 그저 속만 끓인다. 몸은 위험요소를 감지하면 행동할 준비를 한다. 먼저, 시상하부샘이 뇌하수체를 자극하는 CRH 부신피질자극호르몬방출호르몬라는 물질을 분비한다. 뇌하수체는 ACTH 부신피질자극호르몬 분자를 분비하고 이 분자는 부신으로 이동하며 부신은 코르티솔 cortisol, 스트레스 호르몬-역주을 방출한다. 코르티솔은 혈당을 유지하고 활동에 필요한 힘을 신체에 더 많이 공급하는 호르몬이다. 그 호르몬은 불안감을 야기하기 때문에 회계사에게는 머릿속에 엄청난 자극을 주는 그런 화학 작용이 방해가 될 수도 있다.

다른 반응들이 행동에 박차를 가한다. 부신은 에피네프린 epinephrine을 만들어내고, 에피네프린은 심장박동수와 호흡수를 증가시켜 더 잘 싸우고 방어할 수 있게 한다. 혈압도 상승해서 팔과 다리는 혈액을 추가로 공급받아 더 많은 힘을 얻게 된다. 코뿔소가 죽거나 덤불 속으로 달아난 뒤에야 이런 호르몬 작용은 가라앉는다.

현대인이 코뿔소와 맞설 일은 없다. 하지만 신경에 거슬리고 전혀 도움이 되지 않는 상사들과 맞설 일은 비일비재하다. 그런 경우가 닥치면, 그로 인해 스트레스 호르몬이 남긴 영향력이 몸에 상당히 해로울 수 있다. 기억력이 손상되고 면역체계가 약해지며, 고혈압과 위궤양까지 유발하고, 피부 문제와 소화 장애도 따라온다. 따라서 가능한 한 빨리 문제를 처리해야 위험한 부작용으로 해를 입을 가능성이 그만큼 줄어든다.

병들고 길 잃은 개

당신은 자신보다 병들고 길 잃은 개를 위해 더 많은 일을 하고 있는 것은 아닌가? 많은 사람이 병들고 길 잃은 개를 도울 것이다. 차에 치이거나 상처입고 길가에 쓰러져 있는 개를 보면, 당신도 십중팔구 도울 것이다. 대부분의 사람들은 적절한 치료법을 찾거나, 별 고민 없이 가까운 동물병원에 갈 것이다. 길 잃은 동물을 위해 그렇게 할 수 있다면, 자신을 위해서는 왜 그렇게 하지 못하는가? 여러 가지 이유를 들 수 있다.

당신은 도움을 구하는 것이 거북한지도 모른다. 상담실이나 회복 축제 Celebrate Recovery, 회복단계 프로그램 모임에 나가는 것은 약한 사람이라는 증거이기 때문이다. 당신의 문제가 여실히 드러날 텐데, 당신에게 문제가 있다는 것을 다른 사람이 알기를 바라지 않는다. 따라서 당신은 문제를 감추고 이미지를 지키지만 그러는 동안 삶은 힘들어진다. 적어도 진정한 삶을 살지 못하도록 방해한다. 당신은 한계를 인정하거나 상처가 있다는 것을 알리지 않고, 계속 아무렇지 않은 척 감추며 사람들이 도움을 받으러 가는 곳을 피해 다닌다. 이러한 결정을 합리적이라고 볼 수도 있지만, 그것은 병든 마음이 나쁜 상태로 남으려고 사용하는 부정의 한 형태이다.

개가 아닌 사람이 길가에 쓰러져 있다고 생각해 보자. 그 사람이 내리는 진단에 우리는 쉽게 수긍하지 않는다. 뺑소니차에 치여 다리를 다친 사람이, "나는 괜찮아요. 혼자 걸어갈 수 있어요."라고 한다면 어떻게 곧이곧대로 듣겠는가? 당신은 그 상처가 얼마나 심각한지 알기 때문이다. 그 증거가 분명히 보이고, 별로 괜찮아 보이지도 않는다. 그 부상자는 도움을 받아들여야 한다는 현실을 정확히 인지하지 못하고 계속 부인한다. 충격을 받은 때문일 수 있다. 회복을 위한 모임이나 목회자실, 상담실을 절뚝거리며 지나치면서도 스스로 곧 괜찮아질 것이라고 중얼거리는 사람과 전혀 다르지 않다. 당신이 그런 경우라면, 가던 길에서 잠깐 벗어나 손을 내밀어 도움을 구해야 한다.

이렇게 자기를 속이는 상황은 잠언 3:5-7에 아주 분명하게 나타나 있다. 말씀은 당신 자신의 판단에 의지하지 말라고 가르친다. 자신을 믿지 마라. 자신의 생각으로 지혜로운 척 하지 마라. 해답을 언젠가 찾아낼 것이라고 자신을 속이지 마라. 그 말씀은 당신이 치료해야 할 깊은 상처를 입었다면 고쳐줄 수 있는 다른 사람에게 도움을 구하고 자기 판단에서 벗어나라고 충고하는 것이다. 그리고 그 시기는 빠르면 빠를수록 좋다.

상처들

우리 모두는 나름대로 상처를 갖고 있으며, 그 치료법은 빨리 구할수록 좋다. 하지만 부끄럽게도 당신에게는 이렇게 권하면서 정작 나는 그렇게 하지 못했다. 나는 지금 왼쪽 다리 위에 노트북을 올려놓고 타이핑을 하고 있다. 약 2주 전에 자전거를 타다가 왼쪽 다리를 심하게 다쳤기 때문이다. 내 뒤를 따라오던 여성과 부딪쳤는데 그녀의 자전거는 꽤 고급이라 소음이 거의 없었다. 그 때문에 나는 아무 소리도 듣지 못해서 뒤에 누가 따라오고 있는 것도 몰랐다. 나는 오른쪽으로 방향을 틀면서 그녀의 진행 방향을 막아 버렸다. 다급한 마음에 왼쪽으로 급히 방향을 틀었지만 그대로 넘어졌고, 그때 브레이크 손잡이가 왼쪽 허벅지를 찔렀다.

아직도 찢어진 근육에 통증이 있다. 지금이라도 나는 병원에 가야 하고, 의사는 제대로 낫지 않은 상처 부위들을 뜯어내야만 할지도 모른다. 사고 당일에만 병원에 갔더라도 쉽게 치료할 수 있었을 텐데. 굼벵이 같은 습관이 있는 나는 상처가 시간이 지나면 저절로 나아질 것이라고 생각했다. 하지만 상처는 나아지지 않았다.

상처는 최대한 빨리 치료해야 한다. 그렇지 않으면, 그 상처는 다른 부분으로 전염된다. 학대받은 사람이 그 상처를 치료하지 않으면 학대하는 사람이 될 수도 있다. 게다가 그 상처가 치료되기 전까지 반복해서 학대를 겪을지도 모른다. 열여섯 살에 받은 상처가 스물여섯이나 마흔여섯이 되어서도 여전히 사라지지 않아 삶이 황폐해질 수도 있다. 내가 지금 다리에 통증을 느끼듯이, 어느 순간 마음의 고통을 겪기 시작한 사람은 문제를 해결하지 않고 그냥 내버려두지는 않겠다고 결정해야 한다. 그리고 겉으로 드러난 상처를 치유하려 한다면 외부의 도움이 필요하다.

현명한 상담

도움은 회복 모임이나 상담실에서만 얻을 수 있는 것이 아니다. 교회에서도 얼마든지 도움을 받을 수 있다. 하지만 효과를 보려면, 교회의 일원이 되어 교회 일에 참여하는 편이 낫다. 당신이 교회 공동체의 일원이 되었다면, 책임을 맡고 있는 사람들이 당신의 삶에 영향을 미치게 마련이다.

"너희를 인도하는 자들에게 순종하고 복종하라 그들은 너희 영혼을 위하여 경성하기를 자신들이 청산할 자인 것같이 하느니라" 히 13:17.

현명한 영적 지도자들은 당신의 삶이 어떤 상태인지 관심을 가진다. 그들은 당신이 볼 수도 없고 이해할 수도 없는 것들을 보고 이해한다. 하지만 당신이 그들에게 삶을 열어야 한다. 그리고 그들은 공동체에서 당신과 함께 하는 활동을 통해 당신을 알게 된다. '말을 곧이듣고 복종하는' 것은 대단히 중요한 말이다. 당신은 영적 지도자의 말에 귀기울이고 있는가? 그리고 그 말을 따르고 있는가? 아니면 아직도 혼자서 치료하고 회복하려는 원맨쇼를 하고 있는가? 당신이 영적 지도자에게 도움을 청하고 그 말에 따른다면, 그는 '위대한 치유자'이신 하나님께서 당신의 아픔을 치유하라고 명령하신 사람일 수도 있다.

영적 지도자는 하나님의 지시 하에 일한다 히 13:17. 모든 지도자가 그렇다면 참 좋겠지만, 어떤 지도자들은 자기 방식을 갖고 있기도 하다. 따라서 영적 지도자에게 하나님을 향한 애정과 돕고자 하는 열정이 있는지 신중히 확인해야 한다. 그런 애정과 열정을 갖춘 지도자를 만나면, 그 사람은 정말로 하나님의 뜻에 따라 일하고 있는 것이다.

우리는 도움을 받으러 영적 지도자에게 가라고 배웠다. "형제들아 우리가 너희에게 구하노니 너희 가운데서 수고하고 주 안에서 너희를 다스리며 권하는 자들을 너희가 알고"살전 5:12-13. 우리를 도와주고 계속 격려해 주며, 우리가 반항적인 방법을 단념하고 하나님의 지시에 순종하도록 인도해 줄 사람이 누구에게나 필요하다. 영적 지도자의 현명한 상담으로 우리는 진리를 깨닫고 그 진리를 바탕으로 살아가게 된다.

치료

당신이 치유받기를 원하고 치유법을 찾기 위해 어디든 갈 의지가 있다면, 어떤 치료법을 선택할 것인가라는 문제가 남는다. 당신의 자가 치료법이 효과가 없다고 밝혀진 후에는, 남에게 치료법을 강요받지 말고 당신이 직접 찾아나서는 편이 좋다. 고립 상태에서 빠져나와 도움을 받으면 어떻게 되는지 알고 싶은가? 정말 그 치료법이 효과가 있을 것인지, 그리고 돈과 시간과 노력을 들일 가치가 있는 것인지도 궁금할 것이다. 물론 그 결과는 당신에게 달려 있지만, 치료법이 당신의 삶에서 일정한 부분을 변화시키는 데 도움을 주는 것만은 틀림없다.

일반적으로, 치료의 목적은 그리스도의 삶의 방식에 더 가까워지고 인격적으로 성숙해지는 것이다. 당신이 하는 일이 그 이상적인 목적과 충돌한다면 하나님의 치료법으로 해결할 수 있다. 로마서 7장에 나타난 싸움과 달리, 당신은 원하는 일을 하고 원하지 않는 일은 하지 않는 위치에 이르기를 바라야만 한다. 당신이 사회적 삶과 똑같이 개인적인 삶도 살기 위해, 그리고 항상 당신의 가치에 따라 살기 위해 도움을 구하는 노력은 의미가 있다. 그 노력이 열쇠가 되어, 당신은 마침내 자유롭게 살게 되고 항상 원하던 삶, 또 소명으로 받은 삶을 영위할 수 있기 때문이다.

치료의 목적은 문제에 억눌리고 지배되는 것이 아니라, 그 문제를 극복하고 '일어서는' RISE 것이다. 지금 당신에게 닥친 문제는 당신의 어깨에 앉아 있는 거대한 독수리처럼 보일지도 모른다. 당신의 생각과 치료에 결정적 영향을 미치는 그 거대한 존재를 알아차리지 않고서는 어떤 일도 할 수 없다. 치료의 목적은 독수리만큼 큰 문제를 모기만큼 작게 줄이는 것일 수도 있다. 그럼 문제가 여전히 남아 있지만, 그 정도의 문제는 별다른 힘을 갖지 못하기 때문에 당신의 삶을 좌우하지는 못할 것이다.

내가 주의력 부족 장애 ADD로 인해 겪는 가장 큰 문제 중 하나는, 표지판을 따르거나 적어도 따르려고 애쓰는 것이었다. 나는 여러 번 갔던 장소에 가면서도 길을 잃을 정도로 심각한 지경이다. 어느 날 한 친구와 함께 차를 타게 되었다. 그 친구는 내가 ADD를 겪고 있으며, 그 병을 완화시켜 나가고 싶어하는 것도 알고 있었다. 고맙게도 그 친구는 "스티브, 별 거 아냐. 넌 할 수 있어."라고 했고, 그 말은 더할 나위 없이 좋은 조언이었다.

나는 ADD에 시달리면서, 그야말로 독수리에게 지배당하는 삶을 살고 있었다. 나는 집중력을 되찾고, 방향감각 상실이라는 독수리를 내가 감당할 수 있는 모기의 크기로 줄여야 했다. 운전에서는 그런 문제를 극복하는 것이 상대적으로 쉽지만, 오랫동안 해묵은 문제를 해결하기란 상당히 어렵다. 치료는 당신의 삶에서 독수리와 같은 큰 문제들을 딛고 '일어서서', 모기처럼 작은 것으로 바꿔가는 데 도움을 줄 것이다.

'RISE' 란 치료의 이로운 점을 정리하고, 치료받는 동안 지켜야 할 몇 가지 지침을 주려고 내가 사용하는 약자이다.

Reduce _ 줄여라

새로운 관리법을 배워서 스트레스를 줄여라.
마음을 혼란스럽게 하고 관계를 어려움에 빠뜨리는 갈등을 줄여라.
살면서 굳어지는 부정적인 행동양식을 줄여라.
삶의 고통을 견디려고 사용하는 중독성 물질을 줄여라.

Increase _ 늘려라

관계를 맺고 있는 사람들에게 영향을 미치는 법과 자기인식을 늘려라.
자신의 감정에 대한 이해를 늘려라.
자신이 하는 일의 이유를 알고, 자신에 대한 이해의 폭을 늘려라.
다른 사람들과의 관계를 늘려라.
사람들을 배척하기보다는 끌어당기는 방법으로 자신감을 늘려라.
삶에서 건전한 영향력을 늘려라.
혼자 기도하고 성경을 읽으면서 하나님과 함께하는 시간을 늘려라.

Substitute _ 바꿔라

부정적인 감정을 긍정적인 감정으로 바꿔라.
두려움을 위험을 감수하겠다는 의지력으로 바꿔라.
오만을 겸손으로 바꿔라.
분노를 포용력으로 바꿔라.
불안을 평안으로 바꿔라.
지배하겠다는 욕구를 양보심으로 바꿔라.

Eliminate _ 없애라

습관적인 행동을 없애라.
비판적이고 주관적으로 판단하는 마음을 없애라.
되풀이하는 죄를 없애라.

이 지침들은 일부에 불과하다. 당신이 치료를 받으며 적용할 수 있는 분야와 기대할 수 있는 결과는 더 많다. 이 목록을 보면, 즐겁게 살 수 있는 방법이 분명 있는 듯하다. 당신이 도움을 얻는 데 방해가 되는 것이 무엇인지 스스로 물어보라. 당신은 치료받기를 정말 원하는가, 아니면 상처에 너무 익숙해져 버렸는가? 구속되어 사는 삶에 익숙한 것은 아닌가? 언제라도 자유롭게 살 수 있는가? 마음의 병을 합리화시키려고 더 이상 변명거리를 찾지 않는다면, 병을 고칠 수 있는 도움을 찾아나서겠다는 뜻이다.

다양한 치료법

정신적 문제를 안고 있는 사람의 유일한 치료법으로 심리학적 또는 정신의학적 치료법을 생각할 수 있다. 영화에서 정신병 환자로 가득한 병원을 본 적이 있을 것이다. 그 환자들과 자신을 비교하면서 당신은 그런 곳에 갈 만큼 심각한 상태는 절대 되지 않을 것이라고 생각했을 수도 있다. 치료를 위해 의료기관만 선택해야 하는 것은 아니다. 그런 의료기관은 극소수의 사람들에게만 계속 필요한 것이라서 두려워할 대상도 아니다.

졸업 후 상담을 처음 시작했을 때, 기왕이면 중병을 앓는 환자들과 일할 수 있는 의료기관을 찾았다. 1977년 포트워스 신경정신병원을 찾아냈고, 간호부장 도로시 그래스티가 나를 고용했다. 나는 정신과 보조로 시작하여, 화장실 청소를 비롯해 무슨 일이든 했다. 그때의 경험은 그 이후로 내가 한 모든 일에 영향을 주었다.

그 병원은 치료받기에 적합한 곳이었다. 그곳에서 일하는 사람들은 환자들을 열심히 보살폈으며, 환자들은 점점 나아졌다. 영화에서 본 것과는 사뭇 달랐다. 나는 30여개의 다른 미국 병원에서도 일했는데, 효과적인 치료가 이루어진다는 확신을 얻었다. 물론 어떤 의료 시설에서나, 그다지 훌륭하지 않은 관리자도 있고, 돈을 벌려고 남아 있는 사람들도 있을 수 있다. 그러나 당신이 극단적인 치료법이 필요하더라도, 도움될 만한 곳은 언제나 있다는 사실은 믿어도 된다.

그렇게 극단적이지 않으면서도 치료받을 수 있는 방법들도 많다. 약물치료가 필요하다면, 정신과의사에게 치료받을 수 있다. 심리학자나 결혼 및 가족문제 공인치료사에게 상담을 받거나 치료를 받을 수도 있다. 앞서 말했듯이, 상담 교육을 받은 영적 지도자에게 도움을 받을 수도 있다. 비슷한 문제를 안고 있는 사람들과 함께 참여하는 집단 치료는 사람들과 이야기를 나누면서 속내를 털어놓게 도와줄 수 있다.

정식으로 훈련받은 전문가에게서만 도움이 되는 치료법을 기대할 수 있는 것은 아니다. 전문가의 상담실 밖에도 변화와 치료를 위해 많은 사람들이 사용하고, 더구나 비용도 거의 들지 않는 방법이 많다. 알코올 중독자 모임A.A이나 앨러논Alanon, 알코올 중독자 가족을 지원하는 그룹 같은 자기계발을 위한 모임들은 미국은 물론 세계 어디서나 만날 수 있다. 회복 축제 모임은 3천여 개의 교회에서 만날 수 있으며, 그리스도인의 회복 수단으로 점점 늘어나고 있다. 어떤 특정한 문제로 힘겹게 싸우는 사람이라면, 그 문제를 집중적으로 다루는 곳을 찾아야 한다.

또 다른 것들도 있다. 수양회와 워크숍을 통해 치료를 위한 올바른 길로 나아갈 수도 있다. 뉴 라이프에서는 남편이 잘못된 성문제에 빠진 아내들을 위해 집중 수양회를 인도한다. 그리고 정욕과 잘못된 성문제로 힘들어하는 남성들, 체중 문제로 고생하는 사람들을 위해서도 집회를 인도한다. 학대받았거나 학대한 경험이 있는 사람들을 대상으로 하는 워크숍도 이 책에서 비롯되었다. 이 모든 것이 당신의 삶이 변화하도록 도울 수 있는 훌륭한 치료법들이다.

"그들이 내 백성의 상처를 가볍게 여기면서"렘 6:14라는 말씀을 자신에게는 이렇게 하지 말라는 충고로 받아들여라. 당신의 상처를 겉만 치료하지 말고 제대로 치료하라. 당신에게 필요한 치료법을 찾아서, 상처가 자신이나 주변 사람들에게 더 깊이 전염되지 않도록 하라. 언젠가 상처가 사라질 것이라고 기대하면서 가볍게 대처하지 말고 치료가 필요한 부분은 철저하게 치료하라. 당신은 그런 노력을 할 가치가 있고, 하나님은 영혼의 상처를 치료하기 위해 도움을 구하는 당신의 노력을 칭찬하실 것이다.

 "나 혼자서 해결할 수 있어."

당신이 혼자 중얼거리고 있을지도 모르는 큰 거짓말 중 하나는 당신 혼자서 문제를 해결할 수 있다는 것이다. 하지만 나는 그렇게 생각하지 않는다. 당신이 스스로 할 수 있었다면 지금쯤 이미 그렇게 해냈을 것이다. 그런데 그렇게 할 수 없기 때문에 여전히 문제를 해결하지 못한 것이다. 따라서 당신은 약한 모습으로 볼 수도 있겠지만, 당신 안에 해결책이 없다는 사실을 인정하고 다른 사람에게 가서 그 해결책을 구하는 것이 당신이 보일 수 있는 가장 강한 모습이다.

어떤 이온음료 광고에서 운동선수들이 주황색이나 초록색의 음료수를 마신다. 그리고 힘차게 움직이자 그와 같은 색의 땀방울이 여기저기 튀어 나온다. 그 다음에 "당신 안에 있습니까?"라는 질문이 화면에 뜬다. 그 질문이 당신의 삶을 낫게 할 해결책에 대해 묻는 것이라면, 그 대답은 '아니오!'이다. 당신의 문제에 대한 해결책은 당신 안에 없기 때문이다. 당신을 질병의 길로 이끌었던 병든 마음은 당신을 건강하고 온전한 곳으로 인도하지 않을 것이고, 당신은 그 병든 마음을 헤아릴 방법이 없다. 이 책을 읽는 것만으로는 충분하지 않다. 당신의 생각을 뛰어넘어 당신 안에 있지 않은 도움을 구하기 위해 애써야 할 것이다.

해결책은 아니지만, 당신 안에는 정말 좋은 것들이 있다. 수많은 책들 중에서 이 책을 고른 것을 볼 때, 더 나은 삶을 살고자 하는 소망이 있음에 틀림없다. 당신 혼자서 파고들었던 것에 애착을 가져서는 안 된다. 밖으로 눈을 돌려야 한다. 그래야 도움을 구할 수 있다. 당신은 새로운 정보를 찾아왔고, 계속 얻어내고 있다. 하지만 당신이 충분히 똑똑해져서 '혼자' 모든 문제를 해결할 수 있을 것이라고 기대할까 두렵다. 그런 기대로 이 책을 읽고 있다면, 결과는 예상을 완전히 벗어날 수도 있다.

이 책이 당신을 절망에서 건져낸다 하더라도, 당신이 멈추거나 벗어나려 하지 않고 계속 잘못된 방향으로 가면, 이 책은 당신에게 잘못된 역할을 하게 된다. 당신이 이 책에서 얻은 새로운 정보를 가지고 잘못된 길로 간다면, 당신은 언젠가 혼자 힘으로 모든 문제를 해결할 것이라는 잘못된 신념으로 여전히 살고 있는 것이다. 결국 이 책은 당신을 상처 입은 상태에서 계속 고립되고 외롭게 만드는 수단이 될 것이다.

이 책으로 인해 당신이 자신을 넘어서고 병든 마음과는 다른 시각을 가진 사람에게 도움을 얻으려는 의지를 갖는다면, 다음에는 치료받기 위한 여행을 시작하게 될 것이다. 당신 안에는 해결책이 없지만, 다른 사람에게는 있다. 손을 내밀어 도움을 구하라. 그렇게 치료하면 당신의 삶은 결코 예전과 같지 않을 것이다.

많은 사람들이 절망과 고통에서 벗어나지 못하며, 절망과 고통은 그들에게 일상의 동반자가 되어 버렸다. 당신까지 그런 사람이 될 필요는 없다. 치유, 곧 회복은 선택이기 때문이다. 당신에게 필요한 치료법, 당신의 삶을 도와줄 치료법을 찾아내겠다는 선택이다.

HEALING IS A CHOICE

내 삶의 목적을 회복하라.
변화는 선택으로 찾아온다.
선택 1 관계를 맺기로 선택하라
vs 거짓말 회복되려면
하나님과 나의 관계만 좋으면 돼!
선택 2 고통을 피하지 않고 느끼기로 선택하라
vs 거짓말 진짜 그리스도인이라면
모든 상황에서 평안을 누릴 수 있어야 해
선택 3 당신의 삶을 진리 가운데
비추어보겠다고 선택하라
vs 거짓말 뒤돌아보거나 안으로
파고들어봤자 좋을 거 하나 없어
선택 4 당신의 미래를 치유하기로 선택하라
vs 거짓말 시간이 지나면 상처는
다 치유될 거야
선택 5 당신의 삶에 필요한 도움을 받기로 선택하라
vs 거짓말 이건 나 혼자서도 해결할 수 있어
선택 6 당신의 삶 전체를 포용하겠다고 선택하라
vs 거짓말 아무 문제없는 듯 행동하면 괜찮아질 거야
선택 7 용서하기로 선택하라
vs 거짓말 용서를 받을 자격이 있는
사람은 따로 있어
선택 8 위험을 감수하겠다고 선택하라
vs 거짓말 더는 고통받지 않겠어.
내가 나를 지킬 거야 선택 9 섬기기로 선택하라
vs 거짓말 섬기려면 내가 먼저
치유받고 완전해져야 해
선택 10 끝까지 인내하겠다고 선택하라
vs 거짓말 내게 희망이라곤 없어

Chapter 6

|선택 6| 삶 전체를 포용하라

VS

|거짓말 6| 아무 문제도 없는 듯 행동하면, 결국에는 해결되겠지

| 선택 6 |

삶 전체를 포용하라

> 문제를 부정하거나 덮어 버리려 애쓰지 마라.
> 문제를 받아들여라. 그리고 하나님께 그 일을 맡겨라.
> 하나님께서는 당신을 대단하게 사용하실 수 있다!

이혼 증명서가 나왔다고 샌디가 전화했을 때, 나는 잔뜩 화가 났다. 어떻게든 잘 해결되길 기대했는데 결국 이렇게 되고 말다니. 되돌릴 방법은 없었고, 그녀는 화해도 원하지 않았다. 결국 상처와 분노만 남았고, 모두 '자기 생각만 하기'에 급급해서 이혼은 일사천리로 진행되었다.

나는 매들린에게 가장 미안했다. 내 딸처럼 착한 아이는 이집 저집 전전하지 않고 안정적인 가정에서 잘 지내야 하는데. 부모가 이혼한 아이들에 대한 통계 내용을 알고 있어서 딸아이가 매우 걱정되었다. 그래서 최악의 상황에서도 딸아이에게 최선이 될 수 있는 결정을 하기로 결심했다.

나는 나 자신도 걱정되었다. 목회자, 그리스도인 작가, 설교자, 라디오 토크쇼 진행자인 나의 소명에 이런 일이 일어날 수도 있다는 현실을 떨쳐 버리려고 무척 애썼다. 내가 아무 말도 하지 않으면 소리 소문 없이 지나가 버릴 것이라고도 생각했다. 하지만 여태껏 자기 문제에 솔직한 사람으로 처신해 왔기 때문에 그렇게 할 수는 없었다. 그저 숨길 수만은 없었다.

나는 이혼을 뭐라고 어떻게 변명할 것인지 고심했다. 결혼생활이 파탄에 이르고 이혼으로 끝날 때까지도 나는 그 사실을 알리고 싶지 않았다. 우리가 충분히 화해하려 애쓰지 않았다는 말을 듣고 싶지도 않았다. 이혼 사실을 알렸던 그 해가 내게는 가장 힘든 시간이었다. 그래서 사람들에게 나를 위해 기도해 달라고 부탁했고, 많은 이들이 그렇게 해주었다.

내게 닥친 일을 눈치채고 대체 무슨 일이 있었던 것이냐고 편지로 묻는 사람들이 있었다. 그때마다 나는 충실히 대답했다. 나중에는 방송을 통해 이혼 사실을 알렸고, 내가 도덕적으로 잘못해서 이혼한 것이 아니라고 알렸다. 방송국 위원회와 공동 진행자는 글을 쓰고 서명까지 해서 내가 결혼생활을 지키려고 충분히 애썼다는 것을 사람들에게 확인시켰다. 그리고 내게는 그 흔한 스캔들도 없었고, 그저 하나의 슬픈 사건이므로 나를 계속 지지하겠다고 말했다.

그러자 편지와 이메일이 쏟아져 들어오기 시작했다. 충격적인 내용도 꽤 있었지만, 그만큼 격려 편지도 많았다. 나는 그 안에서 참된 성도들을 통해 하나님이 은혜를 주신다는 특별한 메시지를 보았다. 도움이 절실히 필요했을 때 사람들은 기꺼이 나를 도와주었고, 나는 회복과 치료의 놀라운 시간을 보낼 수 있었다. 오랫동안 존경해 오던 그리스도인 지도자들에게서도 큰 힘을 얻었다.

상처 입은 사람을 아예 죽여 버리다

영적 지도자들에게도 전화를 걸었지만, 나는 어떤 도움을 청해야 할지 알지 못했다. 에드 앳신저는 내가 속한 방송국의 대표로, 진실성에 문제가 있는 한 주요 성직자를 얼마 전에 해고했다. 나는 그를 만나, 이혼을 하기까지 어떤 일이 있었는지 이야기했다. 그는 비서를 보내 내 말의 사실 여부를 확인했다. 하지만 나는 모욕이라고 생각하지 않았다. 그는 '말과 행동이 일치하는' 믿을 만한 사람들을 방송에 출연시켜야 할 막중한 책임이 있으니까. 결국 모든 사실을 확인한 후, 그는 내가 계속 방송하도록 지원하겠다고 했다. 만약 그가 다른 결론을 내렸다면, 나는 전국방송 라디오 프로그램을 그만둬야 했거나 적어도 상당히 영향력 있는 여러 방송국에서 내 프로그램이 중단되었을 것이다.

나는 돕슨 박사와 통화하면서 깊은 감동을 받았다. 당신이라면 전통적인 가족의 가치를 소중히 생각하고 이혼에 반대하는 사람에게 당신의 결혼생활이 끝난 것을 어떻게 말할 것인가? 쉽지 않은 일이었다. 나는 돕슨 박사를 매우 존경했고, '포커스 온 더 패밀리'(Focus on the Family, 소아과 전문의이자 가족 전문 심리학자인 제임스 돕슨 박사가 창설한 단체. 52개 개별 가정사역단체로 구성되었고, 라디오 방송은 물론 매달 잡지들도 발행한다.-역주)에서 발행하는 책들을 받아보는 것이 큰 선물이라고 늘 생각했다. 그는 내가 아들 같다고 했으며, 나 역시 그가 아버지 같은 인도자라고 느꼈다. 그는 그리스도인 공동체가 상처 입은 사람에게 너그럽지 못한 것은 유명하지만, 내가 그런 곤욕을 치루지는 않을 것이라고 했다. 그의 말은 앞일을 내다본 듯한 힘이 있었다.

『목적이 이끄는 삶』의 저자인 릭 워렌은 전화를 걸어 격려해 주었다.

그와 통화하고 나자, 낙태를 반대하고 결혼을 장려하는 한 단체가 성금 모금을 도와 달라며 설교를 부탁했다. 나는 그들에게 이혼 사실을 말했고, 그들은 이혼한 사람을 설교자로 세울 수 있는지 위원회에 확인해 보겠다고 했다. 그들은 회의를 거쳐, 강연을 하러 오라고 다시 전화를 했다. 그 행사에서 우리는 이전보다 더 많은 성금을 모았다.

짐 번스의 "홈워드"HomeWord 봉사단체는 처음으로 기금 모금 행사를 열면서 나를 진행자로 내세울 예정이었다. 결혼을 장려하는 단체가 이혼한 사람을 내세워도 괜찮겠냐고 묻자, 짐은 진행자를 바꿀 생각은 추호도 없다고 대답했다. 혼자 사는 남자에게 어떤 일이 생기는지 확실히 깨닫고 나서 내가 정말 결혼은 필요하다고 생각하게 된 것을 알았기 때문이다. 우리는 그 행사에서 50만 달러도 넘는 성금을 모았고, 나는 그 일에 작으나마 도움이 되었다는 사실에 행복했다. 나는 그 일이 하나님께서 내 모습과 처한 상황에 개의치 않고 나를 사용하시는 또 다른 본보기라고 느꼈다. 물론 모든 일이 이처럼 유쾌했던 것은 아니었다. 그리스도인 공동체에는 당사자가 결정한 일이 아닐지라도 기독교 지도자나 성직자의 이혼은 용서받지 못할 죄라고 생각하는 사람들도 있었다.

아무도 뒤에 버려두지 말라

2004년 초에 나는 프라미스 키퍼스(Promise Keepers, 남성들이 하나님의 말씀을 지키고 사랑과 보호, 성경적 가치관에 따른 가정회복, 인종장벽 철폐, 낙태 반대 등에 적극 나서면서 영적 회복과 도덕적 성결을 이루는 것을 목표로 하는 단체–역주) 모임에서의 설교를 부탁받았다. 금요일 저녁 마지막 순서에 사람들을 강단으로 불러내서 죄를 고백하고 신앙의 결단을 하게 하는 설교를 하는 것은 큰 영광이었다. 나는 빌리 그레이엄처럼 할 것인지, 그리고 누구에게나 기회는 온다고 말할 것인지 망설였지만 그렇게는 하지 않았다. 대신, 찢어져 남겨진 부분을 우리가 어떻게 받아들이고 있는지, 그리고 하나님께서 우리를 부르셔서 하나의 마음을 갖기 원하신다는 것과 분리된 마음에 대해 이야기했다.

설교의 막바지로 가면서 나는, 이제는 하나님께 삶을 내어드려야 한다고 넌지시 말했다. 또 그들이 전부가 아닌 일부는 하나님께 드렸지만, 넘겨드리지 않은 것들이 그들의 삶을 망치고 있다고 말했다. 내가 이제 앞으로 나와 삶의 전부를 하나님께 내어드리라고 청하자 그들은 떼를 지어 나왔다. 그들은 울면서 무릎을 꿇었고, 그들의 삶을 하나님께 바쳤다. 그때의 감동적인 장면은 앞으로도 결코 잊혀지지 않을 것이다.

같은 해 말에 프라미스 키퍼스는 내게 다시 설교를 부탁했다. 하지만 행사가 한 달쯤 남았을 때, 캐나다 프라미스 키퍼스 회장인 커크 자일스가 전화를 했다. 그는 내 이혼에 대해 물으면서, 한 성직자가 문제를 제기하고 있다고 했다. 나는 무슨 일이 있었는지 말하고 나서, 설교를 취소해도 상관없다고 제의했다. 그래야 내 이혼 문제로 방해받지 않고 그가 큰 행사를 진행할 수 있을 테니까. 그는 여전히 내가 와주기를 바란다고 했지만, 그러기 위해서는 내 이혼을 둘러싼 사실들을 확인해야 했다.

그는 내 주변 사람들에게 전화를 걸어 이혼 문제를 자세히 조사했고, 나를 설교자로 초빙하기로 결론을 내렸다. 지역 교회의 반응에 상관없이, 그들은 그것이 당연하다고 생각했기에 예정대로 내가 설교하도록 해주었다. 그렇게 나를 든든히 밀어주었던 용감한 프라미스 키퍼스를 내가 어떻게 잊을 수 있겠는가.

그 일에서 나는 두 가지 사실로 크게 놀랐다. 먼저, 문제를 제기한 그 성직자는 내 이혼에 대해 정황을 알아보려고도 하지 않았다는 사실이다. 그는 "나는 인간으로, 그리스도인으로, 그리스도 안에서의 형제로 당신을 사랑합니다. 하지만 이혼에 대해서는 아주 강한 반감이 있습니다."라고 말하지도 않았다. 그가 그렇게 말했더라도 나는 이해하고 넘어갔을 것이다. 하지만 확실히 이 '관계자'에게는 내가 그저 하나의 문젯거리나 낙인에 불과했다. 내가 쓴 모든 책에는 내 이메일 주소가 나와 있다. 그리고 함께 적혀 있는 뉴 라이프의 상담 전화번호로 전화를 걸면 내게 연락할 수 있다. 나와 이야기를 나누고자 했다면 조금도 어렵지 않을 일이었다. 그러나 그는 어떤 시도도 하지 않았다.

그를 만난 한 서점 주인이 이메일을 보내, 어떤 성직자가 이혼한 사람인 나의 책은 팔면 안 된다고 하더라고 말했다. 나는 결혼생활을 지키려고 최대한 노력했으며, 내 도덕적 잘못으로 이혼한 것은 아니라고 그를 안심시켰다. 그는 이해심이 많은 사람이어서, 모든 면에서 나를 밀어주고 서점에서 계속 내 책을 판매할 것이라고 했다.

그보다 더 놀라운 것은 프라미스 키퍼스의 반응이었다. 나는 그들에게 내가 가지 않아도 된다고 했다. 어떤 이혼자의 갈등보다 그들의 사명이 더 중요하지 않은가. 하지만 그들은 내 상황을 자세히 알아본 후, 예정대로 내가 설교하는 것이 옳다고 판단했다. 그들의 노력이 나는 정말 고마웠다. 그날, 내가 사람들에게 강단으로 나오라고 말하자 엄청난 수가 몰려나왔다. 너무 많아 다른 목회자들에게 도움을 요청해야 할 정도였다. 모두에게 믿을 수 없을 만큼 굉장한 경험이었다. 내 존재 여부는 아무런 문제도 되지 않았다. 단지 성령이 일하셨을 뿐.

커크 자일스는 그날 저녁 첫 설교자로 나와 아프가니스탄 전쟁에 관한 영화의 일부를 보여 주었다. 한 병사가 총에 맞아 죽었는데 그의 소대가 그를 찾으러 마을로 다시 돌아왔다. 한 사람의 병사도 뒤에 버려두지 말라고 훈련받았기 때문이다. 정말 감동적이지 않은가. 커크는 영화의 진행을 따라가면서, 남자들은 서로를 지지하고, 서로를 위해 싸우고, 누구도 뒤에 버려둬서는 안 된다고 설교했다. 나는 집에 돌아와 커크에게 나를 뒤에 버려두지 않은 것에 대해 감사하는 편지를 썼다. 진심으로 고마웠다.

직접 상대하고 받아들여라

나는 논쟁거리가 되기 싫었고, 내 이혼이 관심사가 되는 것도 싫었다. 나는 설교를 그만두고 어디 쥐구멍에라도 숨고 싶었다. 하지만 나는 그 문제에 맞서야만 했고, 사람들이 내 이혼에 대해 마음대로 결론을 내릴 것이라는 사실을 받아들여야 했다. 내 생각을 그들에게 알릴 기회조차 없을 것이라는 사실까지도 인정해야 했다. 무엇보다 이혼의 상처에서 치유되고 회복되려면, 그 문제를 직접 마주해서 받아들이고 감싸 안아야 했다.

'직접 마주하는' 부분도 정말 어려웠지만, '감싸 안는' 부분은 완전히 다른 문제였다. '감싸 안는' 것은 문제를 내 일부로 만드는 것을 의미했기에 정말 그러고 싶지 않았다. 내 모습이 항상 '이혼'이라는 단어에 연결되어야 한다는 뜻이기도 했기 때문이었다. 그리고 그 문제를 감싸 안으면서 그것에서 벗어나는 것이 아니라 그 안으로 더 깊이 들어가고, 나 자신을 위해 이혼을 숨기려 하기보다 다른 사람을 돕는 데 그 경험을 사용해야 했다. 그렇게 오랫동안 피하려 애썼던 것을 받아들이는 일은 원하지 않았지만, 나는 서서히 다르게 생각하게 되었다.

2005년 성탄절 휴가 기간 동안, 나는 리처드 클라크 목사가 인도하는 센트럴 크리스천 교회에 나갔다. 그는 예전에 먹었던 쇠고기의 예를 들면서,

아주 재미있는 설교를 했다. 그가 쇠고기 한 조각을 먹어서 그 고기는 그의 일부가 되었으며, 이제 그는 부분적으로 소가 되었다고 상당히 익살맞게 이야기했다. 그리고 그처럼 우리의 삶에 예수님이 하나로 합쳐지기를 바란다고 했다. 그는 매우 기분 좋은 사람이어서, 나는 나중에 그를 다시 만났다. 그는 헨리 클라우드의 말을 인용했을 뿐이라고 했다. 그러면서 역시 헨리를 인용하며 "우리는 모두 완전히 혼돈덩어리입니다."라고 했다. 당신이 이 말에 불쾌하지 않길 바라지만, 어쨌든 사실이지 않은가. 리처드와 나는 가볍게 웃었고, 고개를 끄덕이며 공감했다.

"우리는 모두 혼란에 빠져 사는 존재이다."

나는 이를 주제로 설교를 했고 얼마동안 글도 썼다. 하지만 이제는 내가 그 혼란에 빠지고 말았다. 그저 과거의 것이라고 생각했던 문제가 지금 다시 불거지기 시작했다. 그래서 이혼이나 다른 정신적 상처로 힘들어하는 사람들과 똑같은 고통을 겪게 된 것이다.

우리가 정말 모두 혼란에 빠져 있기에 나는 다른 사람들과 함께 이러한 고통을 누그러뜨릴 수 있었고, 다른 사람과 함께하는 것은 내가 말해 왔던 것을 실천하는 일이었다. 나는 오랫동안 사람들에게 내가 그들의 전우가 되겠다고 말했었다. 하지만 내가 모든 싸움에서 승리해서 다른 사람들보다 더 우월한 위치에 있다는 인상을 줄곧 남겼다. 이혼을 받아들이고 그 안으로 직접 걸어 들어간 것은 내가 혼자 정성들여 만든 받침대에서 내려와 진심으로 사람들과 직접 만나는 것이었다.

나는 이 문제를 마주 대하고 받아들일 수 있다고 생각하게 되었다. 이혼한 남자이자 상처 입은 목회자이며 홀아비이고 현실적인 방법으로 항상 진실을 전하고 싶어했던 사람으로서도 가능한 일이었다. 나는 문제를 받아들일 수 있다고 스스로 말하고 믿을 수 있었다. 그리고 하나님께서 나와 함께 계실 것이며 앞으로 좋은 시간들이 펼쳐질 것이라고 느꼈다.

그래서 나는 이혼한 사람이라는 새로운 참모습을 받아들이고, 같은 상황에 처한 사람들을 만나기 시작했다. 나는 홀아비인 상황과 그에 따른 모든 것을 받아들였다. 이혼이 삶의 끝은 아니었다. 오히려 이혼이 새로운 삶의 시작이라는 것을 알게 되었다. 예전에는 그렇게 생각한 적이 한 번도 없었는데.

처음부터 계획된 것처럼

통찰력과 이해력을 얻기는 쉽지 않다. 나는 며칠 동안 계속 어떤 것을 자세히 연구하는 경우가 있다. 그렇게 한참을 파고들다 보면 사실에 대한 새로운 관점이 나타난다. 하지만 종종 그 새로운 관점은 정말 생각지 못한 시기에 갑자기 떠오르기도 한다. 마사 스튜어트가 감옥에 갔던 날, 나는 어떤 단체에서 설교를 하고 있었다. 나는 그녀가 새로운 '출입통제 공동체'에 들어갔으므로 그녀를 위해 기도해야 한다고 말했다. 그 농담에 사람들은 웃었지만, 그 다음 나는 감옥에서의 은혜에 대해 말하기 시작했다. 감옥에 있을 때도 정말 좋은 일은 일어날 수 있으므로 우리 모두 기도해야 한다고 말했고 그녀를 위해서도 기도했다.

그때, 갑자기 생각나는 대로, 나는 사람들이 감옥에 갔을 때 일어난 여러 가지 일들을 나누었다. 구약을 보면, 요셉은 13년 넘게 감옥에 갇혀 있었다. 그 시간은 요셉의 인생에서 상당한 세월이었지만, 하나님께서 그에게 온 나라를 맡기시려고 준비하신 중요한 시간이었던 것은 틀림없다. 그 이야기를 보면, 하나님께서 그를 감옥에 두시려고 처음부터 계획하신 것처럼 보인다. 하나님께서 요셉이 주인 아내의 유혹에 넘어가지 않게 하려고 감옥에 갇히기를 바라셨다고는 생각하지 않는다. 하지만 하나님께서는 그렇게 하셨고, 지금 보면 거의 처음부터 예정하셨던 것 같다.

사도 바울은 세상 사람들을 전도하고 싶었다. 하지만 그는 자유롭게 설교하는 대신 감옥에 갇히게 되었다. 하나님께서 사악한 관리들이 훌륭한 그리스도인을 일부러 감옥에 가두게 하신 것은 아니라고 생각한다. 하지만 하나님께서는 애초에 그렇게 하려고 생각하셨던 것 같다. 바울은 감옥에 갇혀 있는 동안 편지만 썼다. 그때는 시간 낭비처럼 보였을지 모르지만, 지금에 와서는 심사숙고한 계획의 하나인 것 같다. 오늘날 교회에서 바울이 얼마나 영향력 있고 얼마나 많은 신약성경을 기록했는지 알게 되면, 하나님께서 일부러 바울을 감옥에 두신 것처럼 보일 수도 있다.

더 최근의 예로는 척 콜슨 Chuck Colson이 있다. 워터게이트 사건으로 콜슨은 감옥에 가게 되었다. 하나님께서 그가 감옥에서 맴돌도록 계획하셨던 것 같지는 않다. 하지만 그가 감옥에 가게 되었을 때 하나님도 함께 계셨고, 전부터 계획한 일처럼 보이게 하셨다. 그곳에서 그는 그리스도인이 되었으며, 감옥에서 꼼짝 못하는 다른 재소자들에게 봉사하는 성직자로 변했다. 교도소 선교회는 현재 수백만 재소자들에게 말씀을 전하고 있고, 척 콜슨이 개척한 길을 따라 수백만의 사람들을 전도했다. 그 일을 돌아보면, 하나님께서 처음부터 일부러 그렇게 만드신 것 같기도 하다.

어떤 일이 다가오든지 간에, 우리나 다른 사람의 잘못이라도, 하나님께서 "네가 그것을 기꺼이 받아들이고 내게 맡기면 내가 해결하겠다."고 말씀하시는 듯하다.

조니 에릭슨 타다Joni Earickson Tada는 얕은 호수에서 다이빙을 하다가 목이 부러져서 평생 휠체어에 갇히는 신세가 되었다. 그녀는 작은 판단 실수로 전신마비 환자가 되었는데, 하나님께서 일부러 그녀의 목이 부러지게 하신 것은 아니라고 생각한다. 하지만 그녀가 그렇게 되자, 하나님께서는 불구가 된 그녀를 통해서도 일하셨다. 그녀가 기적처럼 나은 것은 아니지만, 그녀의 용기에 질병과 장애를 가진 많은 사람들이 살아갈 힘을 얻었다. 그녀가 글을 쓰고, 그림을 그리고, 설교하고, 찬송하며 놀랍게 사는 것을 보았기에, 그 사람들도 포기하지 않았다. 그 사실을 돌이켜보면, 그 일은 처음부터 그렇게 계획되었다고 생각하게 된다.

그때 이런 내용들을 설교하려고 계획하지는 않았지만, 나는 그렇게 했다. 설교를 하면서, 나는 그 설교가 내 삶에 필요했던 통찰력이었다는 것을 알았다. 내가 이혼을 삶에서 떼놓으려 하지 않고 온전히 받아들였다면 어땠을까? 언젠가 삶을 돌이켜봤을 때, 마치 하나님께서 내가 이혼을 하도록 계획하신 듯했을지도 모른다. 하나님께서는 이혼을 전혀 원하지 않으셨다 할지라도 말이다. 그렇게 생각하니 희망이 생겼다. 최악의 상황에 처한 어떤 사람이라도 그런 생각으로 희망을 가질 수 있다. 그 상황이 끔찍한 만큼 감싸 안아라. 그리고 어느 날 다시 보면, 그 상황은 하나님의 계획 중 하나였던 것 같아 보일 것이다. 하나님께서는 어떤 것으로도 일하실 수 있고, 그렇게 하시기 때문이다.

나는 당신이 처한 현실이 어떤지, 해결하고자 하는 끔찍한 문제가 무엇인지는 모른다. 하지만 그 문제를 하나님께 맡기라고 권한다. 문제를 부정하거나 덮어 버리려 애쓰지 마라. 그것을 받아들이고 당신 삶의 모든 것을 감싸 안아라. 하나님께서는 당신을 대단하게 사용하실 수 있을 뿐 아니라,

당신의 상황도 이용하실 수 있다. 문제를 받아들여라. 그리고 하나님께 그 일을 맡겨라. 당신의 상황은 마사 스튜어트가 감옥에 가거나 그리스도교 라디오 진행자가 이혼한 것처럼 치욕적일 수도 있지만, 하나님께서는 그 상황마저 쓰실 것이다. 당신이 하나님께서 그렇게 하실 것을 믿는다면, 하나님께서는 최악을 최선으로 바꾸실 것이다.

기대를 완전히 바꿔라

대부분의 사람들이 자신의 삶을 받아들이려면 기대를 완전히 바꿔야 한다. 그렇게 하지 않으면, 이전에 늘 원했고 당연하다고 생각했던 삶에 매달릴 것이다. 하지만 기대를 바꾸면, 있는 그대로 삶을 받아들일 수 있고, 최선을 다해 살 수도 있다. 그리고 현재 당신의 삶이 당신이 바라던 삶보다 더 중요하다는 것을 알게 될 것이다. 그러므로 당신의 잘못과 당신을 위한 하나님의 소망으로 하나님께서 일하시도록 해야 한다. 삶의 다른 방법을 받아들이고 따르면, 그것은 삶에서 최고의 방법이 된다.

지난 주말에 오페라 "투란도트"를 보러 갔다. 나는 대학교에서 오페라를 공부했었고, 깊이 있는 그 아리아들을 부르고 싶어서 조금 배웠었다. 음악학교 학생 모두에게 그 오페라는 최고의 목표였다. 내게는 애써 노력할 가치가 있는 목표였으며, 그것이 아니라면 다음 목표는 브로드웨이 뮤지컬이었다. 내가 평생 가고 싶은 길이었다. 나는 오페라 극장에 앉아서 지금껏 들었던 것 가운데 가장 장엄한 음악을 들으며, 오페라가 내 삶이 될 수도 있었다는 사실을 떠올렸다. 하지만 그랬다면 지금처럼 만족스러울 수는 없었을 것이다.

나는 성악가가 되지 않은 것을 후회하고 있지는 않다. 이혼한 그리스도인 설교자보다 이혼한 성악가가 되는 일이 훨씬 쉬웠을지 모른다 해도 말이다. 내 삶에 음악과 무대만 있지는 않다는 사실을 깨달으면서 고통을 훌훌 털어버린 채 살고 있다. 이혼의 고통은 겪었지만, 이렇게 새로운 삶을 살 수 있다는 사실을 깨달은 것이 무척 기쁘다. 나는 하나님께서 이혼마저 사용하시는 것을 믿고 있으며, 당신도 그렇게 하기를 권한다.

당신의 기대를 완전히 바꿔라. 당신은 당신의 삶과 어쩌면 자녀의 삶까지도 통제하길 기대했지만, 그런 기대는 착각에 불과했다. 이제 당신은 기대를 바꾸고 더 편해지게 될 것이다. 원하던 삶을 주시지 않았기 때문에 당신은 하나님께 불평하고 있었을 것이다. 하지만 이제는 하나님께서 주신 삶을 받아들일 수 있다. 당신은 스스로에게 완벽에 가까운 것을 기대했을지도 모른다. 하지만 이제 자신의 인간적인 모습과 한계를 인정하고, 그런 점들에도 불구하고 하나님께서 당신을 통해 일하시도록 하라.

불쾌한 것도 받아들여라

삶을 받아들이는 것은, 삶을 힘들게 만드는 사람들을 포함한 모든 것을 받아들인다는 것이다. 나는 내 삶을 힘들게 만드는 사람들을 '은혜 재배자'나 '인격 형성자'라고 부른다. 그들은 하나님께서 바라시는 모습으로 우리가 만들어지도록 도와주곤 한다. 그들이 함께 살고 있다는 사실은 정말 싫지만, 그들이 없으면 우리는 하나님께서 원하시는 모습에 결코 가까워질 수 없을 것이다. 그렇게도 싫은 이 사람들은 사실 하나님께서 주신 선물이다. 나처럼, 당신도 자신의 인격이 점점 나아지는 것을 볼 수 있고,

주변의 호의적인 사람들 덕에 그런 인격 수준에 이르지는 않았다는 것도 알 수 있다. 당신이 잘되는 꼴을 보지 못하는 사람들이 모질게 대해 준 덕분에 그런 인격을 갖게 된 것이다.

하나님은 이런 갈등을 그분의 목적과 그분의 나라를 더 좋게 만드시는 데 사용하신다. 다윗이 사울의 질투의 희생양이 되지 않았다면 그런 모습은 될 수 없었을 것이다. 고통스러운 일들과 못된 사람들이 우리 삶을 힘들게 만들고 있어서 우리는 하나님께 영광을 돌릴 수 있다.

다윗과 골리앗의 이야기를 기억하는가? 다윗이 하찮은 애송이를 상대했다면, 그 이야기가 그토록 유명해지지는 않았을 것이다. 어려움이 크면 클수록, 하나님은 더 많은 일을 하신다. 심지어 최악의 결과가 일어날 때조차도 말이다. 기대를 바꾸고 현재의 삶을 받아들여라. 그러면 전에 기대했던 것보다 훨씬 훌륭한 삶을 살 것이다.

결국 당신은 삶이 훨씬 나아진 것에 감사하게 될 것이다. 그 비극은 하나님이 원하시는 삶을 살기 위해 당신이 겪어야 했던 것일지도 모르겠다.

"아무것도 염려하지 말고 모든 일에 기도와 간구로 여러분이 필요로 하는 것을 감사하는 마음으로 하나님께 말씀드리십시오. 그러면 도저히 상상도 할 수 없는 하나님의 놀라운 평안이 그리스도 예수님 안에서 여러분의 마음과 생각을 지켜 줄 것입니다." 빌 4:6-7, 현대인의성경.

하나님의 평화를 원하면, 당신의 삶을 받아들여라. 삶의 길을 가리는 분노와 괴로움은 내려놓고, 당신의 삶을 끌어안아라. 현실을 부인하거나 합리화하려고 하지 마라. 현실을 끌어안고 당신의 삶을 있는 그대로 다시 시작하라. 당신이 경험했거나 필요했거나 정당하다고 생각했던 지난 삶을 포기하라. 그리고 당신 앞에 있는 현실을 받아들여라.

"아무든지 나를 따라오려거든 자기를 부인하고 날마다 제 십자가를 지고 나를 따를 것이니라 누구든지 제 목숨을 구원하고자 하면 잃을 것이요 누구든지 나를 위하여 제 목숨을 잃으면 구원하리라 사람이 만일 온 천하를 얻고도 자기를 잃든지 빼앗기든지 하면 무엇이 유익하리요" 눅 9:23-25.

당신은 전에는 전혀 신경도 쓰지 않았던 것에 집착하고 있거나 계획하지 않았던 삶에 매달려 있을 수도 있다. 당신의 기대를 바꾸고 현재의 삶을 그대로 받아들여라. 그리고 하나님께서 당신의 잘못만이 아니라 모든 것으로 당신에게 주실 수 있는 것을 찾아라.

"아무 문제도 없는 듯 행동하면, 결국에는 해결되겠지."

현실이 전혀 힘들지 않은 듯 행동하기만 하면, 어려움들이 사라질 것이라는 믿음은 새빨간 거짓말이다. 이 거짓말을 믿고 살면, 삶에 가득한 의미와 목적과 관계를 점점 멀리하게 된다. 결국 당신은 자신을 부정하며 지내다가 어느 순간 당신이 다른 사람의 삶을 살고 있거나 살려고 애쓰고 있음을 깨닫는다. 하루를 있는 그대로 맞이하지 않고, 당신 마음대로 사는 것에 빠져 있다. 당신의 삶이 될 수도 있었던 많은 것들을 그리워하면서.

나는 이혼 사실을 숨기고 살면서 문제가 사라질 것이라고 바랄 수도 있었다. 하지만 그렇게 했다면 하나님께서 바라신 모습의 사람은 될 수 없었을 것이다. 그리고 싱글 부모들과 만날 기회를 놓치고, 그들이 나와 저녁 약속을 잡기 위해 애쓰는 것도 보지 못했을 것이다. 게다가 내 삶이 다른 사람들과 다를 바 없다는 것을 보여 주는 기회도 날아갔을 것이다.

이혼 후 바로, 나는 이혼 문제를 돌보는 모임에 참여했다. 그곳에 나간 두 번째 밤에 한 남자가 와서 뉴 라이프 라이브를 자주 들었고 많은 의미가 있었다고 말했다. 그는 지난주에는 라디오를 거의 듣지 못했지만, 모임에서 나를 보고 다시 방송을 들어야겠다는 동기 부여를 받았다고 했다. 그리고 라디오에서 설교했던 대로 사는 것을 보게 되어 기쁘다고 했다.

나는 당신이 진실을 찾으리라 믿는다. 나는 당신이 지금 대처하고 있는 어떤 문제이든 어느 날 그냥 사라질 것이라고 막연히 기대하지 않았으면 한다. 대신, 그 문제들을 당신 삶의 중심에 두라고 권한다. 척 콜슨은 숨어서 사람들이 그가 수감된 적이 있다는 사실을 빨리 잊기를 바랄 수도 있었다. 하지만 그는 감옥에 갔던 경험을 삶의 중심에 두었으며, 하나님 나라를 위해 시작한 그의 일들이 엄청난 결과를 낳고 있다. 당신의 삶에도 그러한 기회가 있을 것이다. 그리고 그런 삶을 시작하기 위해 당신이 할 일은 오로지 자신의 삶을 받아들이고 최선을 다해 사는 것이다. 하나님께서는 최악의 상황에서 최선의 것을 끄집어내신다!

치유, 곧 회복은 선택이다. 하나님이 하시는 선택이다. 우리의 삶과 그 속에서 발견한 힘든 현실들을 받아들이지 않으면, 하나님께서 우리를 위해 준비하신 회복을 방해할 수도 있다.

HEALING IS A CHOICE

내 삶의 목적을 회복하라.
변화는 선택으로 찾아오다
선택 1 관계를 맺기로 선택하라
vs 거짓말 회복되려면
하나님과 나의 관계만 좋으면 돼!
선택 2 감정을 피하지 않고 느끼기로 선택하라
vs 거짓말 진짜 그리스도인이라면
모든 상황에서 평안을 누릴 수 있어야 해
선택 3 당신의 삶을 진리 가운데
비추어 보겠다고 선택하라
vs 거짓말 뒤돌아보거나 앞으로
파고들어봤자 좋을 거 하나 없어
선택 4 당신의 미래를 치유하기로 선택하라
vs 거짓말 시간이 지나면 상처는
다 치유될 거야
선택 5 당신의 삶에 필요한 도움을 받기로 선택하라
vs 거짓말 이건 나 혼자서도 해결할 수 있어
선택 6 당신의 삶 전체를 포용하겠다고 선택하라
vs 거짓말 아무 문제없는 듯 행동하면 괜찮아질 거야
선택 7 용서하기로 선택하라
vs 거짓말 용서를 받을 자격이 있는
사람은 따로 있어
선택 8 위험을 감수하겠다고 선택하라
vs 거짓말 더는 고통받지 않겠어.
내가 나를 지킬 거야 선택 9 섬기기로 선택하라
vs 거짓말 섬기려면 내가 먼저
치유받고 완전해져야 해
선택 10 끝까지 인내하겠다고 선택하라
vs 거짓말 내게 희망이라곤 없어

Chapter 7

|선택 7| **용서하라**

vs

|거짓말 7| 용서받을 자격이 있는 사람은 따로 있어

| 선택 7 |

용서하라

> 과거에서 자유로워지는 것이 바로 용서의 이유이다.
> 다른 사람을 궁지에서 벗어나게 하는 것이 아니라,
> 당신이 해방될 수 있기에 용서하는 것이다.

예전에 아주 가혹하게 학대받고 무시당한 사람은 가해자를 절대로 용서할 수 없다. 착하고 친절하고 인정 많은 사람도 원망을 품고 있으며, 그 상대가 하나님께도 용서받을 자격이 없다고 생각한다. 내막을 잘 아는 다른 사람이 피해자에게 충분히 그렇게 생각할 만하다고 말할 수도 있다.

나는 당신이 이전에 깊이 상처받은 일이 없다면, 용서할 수 없거나 용서하고 싶지 않아서 고심하는 다른 사람을 돕는 데 이 책을 쓰길 기도한다. 그리고 앞으로 깊이 상처 받는 일이 생기더라도, 이 장을 다시 보면서 분노와 고통과 원망에서 벗어나기를 기도한다.

세상에서 가장 위험한 것

온갖 위험과 공포가 세상 곳곳에 도사리고 있다. 9. 11 사태 이후, 많은 사람들은 언젠가 우리 개인의 삶에서도 당할 수 있다는 생각에 테러를 더 두려워하게 되었다. 하지만 우리를 언제 해칠지 알 수 없는 세상 밖 어딘가의 테러리스트보다 훨씬 더 위험한 것이 있다는 것을 아는가? 이 세상에 이보다 더 해로운 것은 없을 것이다. 우리 내면에 존재하면서 우리가 하는 모든 일과 되고자 하는 모습에 영향을 미칠 수 있기 때문이다. 그 내부의 테러리스트는 '자기정당화를 위한 원망'justifiable resentment이다.

많은 사람들이 원망을 한다. 어떤 사람들은 부정적인 태도로 모든 것을 원망하는 경향이 있다. 그들은 세금을 내거나 주유비를 계산하면서 원망한다. 새로운 성전 건축을 위해 헌금을 내라는 요청에도 원망한다. 그들은 함께 살고 있는 사람에게도 원망을 늘어놓는다. 그 '원망꾼' 들은 이미 해결된 사소한 것들까지 마음에 쌓아두었다가 자꾸 끄집어내어 함께 사는 사람들을 못살게 군다. 물론 그런 원망꾼들에게도 문제는 있지만, 앞으로 내가 이야기할 것에 비하면 아무것도 아니다. 이런 원망도 원망이긴 하지만 당신을 죽일 정도는 아니기 때문이다.

자기정당화를 위한 원망은 숨통을 조이는 원망이다. 실제로 일어난 끔찍한 학대나 폭행에 대한 원망일 수도 있고, 실생활에서 겪었던 나빴던 일에 관한 원망일 수도 있다. 많은 사람들도 공감하면서 당신의 원망이 정당하다고 할 것이고, 인정 많은 사람들은 그 문제로 당신과 함께 울 수도 있다. 따라서 당신이 분노와 원망, 고통을 느끼면서 용서를 꺼리는 것은 모든 면에서 당연할 수 있다. 상대방은 용서를 받을 자격이 없고, 아무도 그가 용서받길 바라지 않는다. 이는 자기정당화를 위한 원망이라고 할 만하다.

실제로 어떤 사람에게 상처를 입어서 원망할 때, 그 원망이야말로 정당화될 수 있다. 그 원망은 머리꼭대기에 무서운 독수리가 앉아 있는 것처럼 당신 삶의 거대한 부분으로 느껴지며, 당신이 하는 모든 일에 영향을 미치는 어둡고 위험한 존재가 된다. 만약 그 원망이 정당하지 않다면, 누군가가 원망하지 말라고 할 것이다. 그는 당신에게 이런 말들을 할 수 있다.

- "부정적인 태도를 버려라."
- "밝은 면을 보아라."
- "유리컵에 담긴 물을 '반만 남았다.'고 생각하지 마라."
- "더 긍정적으로 생각해라."
- "사람들의 장점을 보아라."
- "사람들을 있는 그대로 이해해라."

이 충고들은 더 편안하고 더 즐거운 삶을 살기 위해 바꾸어야 할 사람들에게 주로 주어지는 것들이다.

하지만 당신은 이런 충고를 전혀 따르지 않고 다른 것에 매달려 있다. 실제로 과거 어느 시점에 어떤 사람이 당신에게 정신적 충격을 주었다. 그 일이 당신에게는 아우슈비츠 수용소처럼 끔찍해서, 그런 내막을 아는 사람들은 당신의 감정을 옹호한다. 하지만 문제는 아무도 당신의 감정에 의문을 제기하지 않는 것이다. 모든 사람이 당신을 불쌍하게 여기기 때문에 당신이 쉽게 원망에 매달리게 되는 것이다.

누구라도 원망은 할 수 있지만, 당신은 절대 원망하지 마라. 원망이 당신의 가슴을 파먹어 버릴 것이기 때문이다. 원망은 내부의 테러리스트로, 당신의 삶을 파괴할 것이다. 그리고 다른 사람들과의 관계는 물론, 하나님과의 관계에도 타격을 줄 것이다. 마음속에서 자기정당화를 위한 원망이 계속 자라고 있는 한, 모욕감과 과거에서 꼼짝할 수 없으며, 평생 모든 일에 원망만 늘어놓게 될 것이다. 그 원망이 당신이 누구인지 결정해 주고, 당신의 한계를 결정해 줄 것이다.

상상하기 힘들겠지만, 이 원망도 훌훌 털어버릴 수 있다. 원망을 날려버리고 용서라는 치유의 힘을 경험할 수 있으며, 용서의 길을 선택해서 영혼의 아주 고통스러운 부분을 치유하도록 결정할 수도 있다. 용서의 길을 선택해 보라. 그러면 당신에게 아주 놀라운 일이 펼쳐질 테니까.

어느 날 당신은 삶의 모든 것이 변했다는 것을 실감하게 될 것이다. 그리고 더 이상 과거에 얽매여 있지 않다는 것을 느끼게 될 것이다. 한때 당신의 삶과 생각을 구속했던 것이 지금은 당신의 삶에 더 이상 관여하지 않는다는 사실도 알게 된다. 이미 일어난 일을 잊을 순 없겠지만, 그냥 휙 지나가 버리는 파리처럼 하찮은 것으로 생각하게 될 것이다. 지금 당신을 덮친 채 무시무시한 발톱으로 당신의 심장을 움켜쥐고 있는 독수리에 비하면 그 작은 파리는 아무것도 아니지 않은가. 언젠가 당신이 정신을 차리면, 독수리는 더 이상 남아 있지 않고, 당신은 자유로울 것이다.

용서의 생리적인 영향

다윗왕은 자신의 죄를 숨기려 했을 때 "뼈가 쇠하였도다"라고 현명하게 말했다 시 32:3. 그는 현대 과학이 이제서야 인정하고 있는 사실을 그때 이미 알았다. 죄책감을 느끼고, 원망하며, 잘못을 저지르고, 죄를 고백하지 않는 것은 사람에게 생리적인 영향을 미친다. 그것들이 모두 결합해서 감정적, 육체적으로 사람을 병들게 만들고, 그 사람은 바꿀 수 없는 과거에 갇혀 최상의 삶을 놓치게 된다.

무엇으로 이미 일어난 일을 충분히 보상할 수 있겠는가. 과거의 잘못으로 괴로워한 오랜 세월을 대신할 만한 것도 없다. 하지만 당신이 가해자이든 피해자이든, 죄책감에 시달리면서도 용서의 신비한 치유력을 거부하면, 마음은 물론 몸도 용서가 부족해서 오는 증상들을 느꼈을 것이다.

『뉴스위크』지의 최근 기사에서는 다윗왕이 오래 전에 알았던 사실들이 언급되기 시작했다.

"고집스레 용서하지 않는 것은 인간의 본성이지만, 그로 인해 정신 건강뿐 아니라 신체 건강에도 악영향을 미치는 것으로 보인다."

한때 의학계는 용서를 연구하는 것에서 한걸음 물러나 있었다. 용서는 신앙적인 문제라고 여겼으므로, 정신의학 분야에서도 자세히 다루려 하지 않았다. 하지만 요즘에는 임상분야에서도 널리 연구하는 주제가 되었다. 1997년에는 용서에 관해 발표된 연구보고가 겨우 58개에 불과했지만, 지금은 1,200개도 넘을 정도로 엄청나게 발전했다. 심지어 "용서 연구 운동"the Campaign for Forgiveness Research이라는 단체도 생겼다.

이 모든 연구보고에서 성경이 용서에 대한 진리를 가르치고 있다는 사실을 알 수 있다. 성경은 잘못으로 인한 피해와, 잘못을 용서하지 못할 때 계속되는 파괴를 상세히 기록한다. 예수님은 우리를 용서받게 하려고 돌아가셨다. 우리는 어떻게든 죗값을 치러야만 했기에 예수님 한 분의 희생으로 용서받게 되었다. 우리가 용서를 할 때도 마찬가지이다. 원망이나 서운함을 당연시하지 말고, 사람들과 더불어, 그리고 우리 안에서도 확실히 평화롭게 살 수 있도록 자신을 버려야 한다. 정말 힘든 일일 것 같지만, 사실은 그렇지 않다. 용서받지 못해서 받는 악영향 속에서 사는 것이 훨씬 더 위험하다.

딘 오니쉬 박사는 사람들이 식습관을 바꿔서 생활방식을 조정하도록 돕고 있다. 그는 사람들이 더 잘 먹으면서도 콜레스테롤과 몸무게를 줄일 수 있도록 한다. 하지만 음식으로만 제한하지는 않으며, 심리적이고 정신적인 면으로도 도우려 애쓴다. 그는 붉은 색 고기를 너무 많이 먹지 말라고 하는데, 영혼에 있어서는 분노와 복수심을 붉은 색 고기로 보고, 용서를 몸에 좋은 두부로 본다.

오니쉬 박사는 "어떤 의미에서는, 당신이 할 수 있는 가장 이기적인 일이 다른 사람을 용서하는 것입니다."라고 말했다. 바꾸어 말하면, 용서는 자신을 위해 가장 좋은 일이라는 것이다.

용서는 다윗왕이 말했던 '쇠하다', 즉 몸이 허약해지는 것을 생리적으로 막아준다. 죄를 자백하고 하나님의 용서를 받으면, 신체의 생리 기능이 변하기 시작한다. 당신에게 잘못한 사람을 용서하면, 당신의 영혼에는 물론 가슴 안쪽에서 뛰고 있는 빨간 근육 덩어리인 '심장'에도 변화가 생긴다. 뿐만 아니라, 당신의 '마음'에도 변화가 나타난다.

용서를 하면 적어도 두 가지 방식으로 즉각적인 효과가 나타난다는 연구보고들이 있다. 먼저, 스트레스가 바로 줄어든다. 한 몸에서, 정상적이고 건강한 인간으로 보이려는 긍정적인 태도와, 고통, 적개심, 증오, 상처에 대한 두려움, 분노와 같은 부정적인 감정이 공존하기란 쉽지 않기 때문이다. 부정적인 감정들은 혈압을 증가시키고, 호르몬을 변화시켜 심장병을 일으키고, 면역 기능을 약화시킨다. 그리고 신경 기능에 이상을 일으키고 기억력에 손상을 주기도 한다. 용서를 하지 못하면, 독한 술을 매일 상처에 들이 붓는 것과도 같다.

한 연구 조사에서, 관계가 좋지 않은 스무 쌍의 커플과 건전하고 만족스러운 관계를 맺고 있는 스무 쌍의 커플을 비교했다. 혈액 검사도 실시해서 두 집단의 생리적인 현상을 측정했다. 예상대로, 건강하고 행복한 커플들은 혈액 속에서 건강을 증진시키는 화학 작용이 일어났다. 반면에 화내고 원망한 커플들은 스트레스 호르몬인 코르티솔의 수치가 더 높았다. 코르티솔은 스트레스를 받으면 엄청난 힘과 능력을 주지만, 위기 상황이 지나간 뒤에도 신체에 계속 남아 있으면 우리를 파괴한다. 행복하지 않은 커플이 그들의 관계에 대한 질문을 받으면 이 해로운 화학 물질이 갑자기 늘어났다. 따라서 건강한 커플들보다 원망과 고통 속에 살고 있는 커플들에게 건강에 문제가 더 많이 생기는 것이다.

"용서할 수 없다고 느낄 때 건강이 나빠질 가능성이 훨씬 더 높습니다."라고 '용서 연구 운동' 대표 에버렛 웨딩턴은 말한다. 지금 용서하지 못한 것이 앞으로의 건강 상태에 직접적인 영향을 미친다는 대담한 발언이다. 용서를 통해 우리는 현재에 멋진 삶을 살면서 미래를 치유한다.

원망과 고통은 다른 사람들과 단절시키고, 관계를 의심하고 두려워하도록 만든다. 원망 때문에 우리는 고립되어 마음이 고독해지며, 그 고독한 마음은 가족, 친구, 이웃, 공동체, 그리고 우리라는 건강한 사회 연결망 사이에 결정적인 장벽이 된다. 우리가 용서하기를 거부하면서 사람들을 멀리 쫓아버리기 때문이다. 끈질기게 원망해도 괜찮다고 생각하며 살지 않고, 새롭게 생각하고 말하는 법을 찾아야 한다.

당신은 용서하면서 살기로 결심할 수 있으며, 계속 용서하면서 더 나은 삶을 살아갈 수도 있다. 호프 칼리지 연구원 샬럿 반 오옌은 "용서는 특정한 모욕에 대한 반응의 하나이기도 하지만, 인격과 삶의 방식에 녹아들어야 한다."고 했다. 다른 사람들과의 많은 관계에서 흔히 불평하고 오랫동안 원망하며 살아왔다면, 용서하려는 결심은 당신의 미래를 고치고 지금 당장 자신을 치유하겠다는 선택이 된다.

앞에서도 말했듯이, 당신은 분노, 고통, 원망을 느끼는 것이 정당하다고 생각한다. 하지만 당신에게 해를 주는 모든 사람들과 자신을 용서하려 애쓰지 않고 사는 것이 늘 옳다고 정당화할 수는 없다. 용서해서 받을 수 있는 은혜가 그토록 엄청난데 어찌 용서하지 않고 살 수 있겠는가.

용서를 행하기까지

전에 나는 어떻게 이혼을 통해 용서를 경험할 수 있었는지에 대해 썼다. 그때의 용서라는 경험은 내가 누구라도 인정해 줄 만한 자기정당화를 위한 원망에 싸였을 때 경험했던 것과는 사뭇 달랐다. 게다가 어떤 형태로도 놀라운 치유의 위안은 없었다. 나는 항상 당연히 원망하면서 살았으며, 그 원망을 포기하기는 정말 힘들었다.

내게 일어났던 일은 엄청난 돈을 사기 당했던 때에도 감히 상상하지 못했던 것이다. 나는 배신당한 채 버려지고 바보가 된 느낌이었다. 그리고 그 상실감을 제대로 통제하지 못해서, 하지 말아야 했던 자기정당화를 위한 원망만 하고 있었다. 그때 나는 그러지 않으려고 지금 당신에게도 도움이 될 것이라 생각하는 방향으로 나아갔다.

먼저, '네가 나한테 이럴 순 없어!'라고 생각했던 내 태도가 어떤 도움도 되지 않았고, 치유로 이끌지도 못했다는 냉정하고 힘든 현실을 받아들여야 했다. 내가 삶을 완전히 관리하지 못했다는 사실을 받아들여야 했고, 아주 강한 힘을 갖고 있지도 않다는 현실에 겸손해져야 했다.

다음으로, 이미 일어난 일을 막을 아무런 힘도 없다는 현실을 직시해야 했다. 내 무력함을 인정하는 일은 상당히 어려웠다. 나는 어떤 일에도 끄떡없고, 누구도 막을 수 없으며, 이런 치료 따위는 필요 없는 사람이라고 자신을 생각했기 때문이다. '그런 일은 내게 결코 일어나지 않는다.'는 그릇된 신념을 버리고, 나는 약하고 상처받기 쉬우며 아무런 힘이 없다는 가슴 아픈 현실을 겸허히 받아들여야 했다.

그 다음, 나는 하나님께서 이혼이 일어나도록 허락하셨다는 사실을 받아들이고 몹시 슬퍼해야 했다. '하나님이 이혼을 막아 주실 수도 있었을 텐데. 다른 사람에게는 기적을 베푸시면서 왜 내게는 간섭하지 않으셨을까!' 나는 세상 모든 것에서 자신을 방어할 힘이 없었고, 보호받지도 못했다. 하나님은 나를 사랑하셨지만, 내가 어려움에 처할 때마다 일일이 개입하지는 않으셨던 것이다. 그 사실이 항상 상처와 원망을 극복하는 가장 어려운 부분이다. 하지만 언젠가 우리는 하나님께서 개입하지 않으셨고, 우리의 행동에 따라 반응하시지 않았던 것을 분명히 이해하게 될 것이다.

더불어, 나는 앞으로 완전히 달라질 것이고, 이혼 사건은 여러 면에서 내게 평생 영향을 미칠 것이라고 사람들에게 알렸다. 하지만 잃었던 것을 되찾거나 상처를 원상 복구하기 위해 내가 할 수 있는 일이 아무것도 없었다는 사실을 받아들이기는 쉽지 않았다.

마지막으로, 나는 무슨 일이 있어도 내 삶을 들고 이혼 문제를 지나가야 한다고 결심했다. 그렇지 않으면 그 문제는 내 삶의 중심에서 잘못된 우상으로 나를 계속 지배했을 것이다.

나는 정말 용서할 수 있다는 것을 알았고, 그 결과는 하나님께 맡기고 자유로울 수 있었다. 성경에도 하나님은 천 개의 언덕 위에 있는 가축들의 주인이시라고 하지 않는가. 달리 말하면, 나는 어떤 일이 닥치더라도 안전하다는 사실을 믿을 수 있었다. 모든 것을 떨쳐버리고 계속 전진하겠다는 생각은 내 삶을 긍정적인 방향으로 끌어가는 결정이었다.

하지만 나는 잠시 노여움과 분노, 실망, 후회, 질투 같은 감정들을 있는 그대로 느꼈다. 사람들에게 내 그런 감정들을 이야기하기도 했다. 내가 그 감정들을 나누자 그 추한 감정들은 밖으로 흩어져 사라졌고, 나는 평화로워지고 차분해지며 현실을 인정하게 되었다. 그리고 그 감정들이 '정당'하다는 생각을 버릴 수 있었다.

내가 설명하고자 한 것은 종결된 사건이 아니라 변화의 과정이다. 누군가 내게 용서하고 계속 전진하라고 말할 수 있으며 나도 그렇게 하려고 애쓸 수는 있지만, 그것이 끝은 아니다. 용서하고 어떤 원망도 하지 않는 경지에 도달하기 위해 나는 모든 과정을 거쳐야 했다. 비록 변화의 과정이 시작되었더라도 용서라는 최종적인 행위가 없이 그 과정은 완료될 수 없었다.

이제는 자신을 용서할 때

상실감을 완전히 극복하고 용서하면서 살아가는 마지막 단계는 자신을 용서하는 것이었다. 시련이 전적으로 내 탓은 아니었지만, 나는 나 자신을 용서해야 했다. 시련이 다가오는 것을 알아차리지도 못했고, 그 상황을 완벽하게 해결하지도 못했기 때문이다. 또한 나는 남들에게 좋은 영향만 주지는 못하는 보통 사람이기 때문에 나 자신을 용서해야 했다.

자신을 용서하기 위한 가장 좋은 방법은 내가 이 모든 결점을 가지고 있다고 인정하는 것이었다. 나는 용서의 마지막 단계에 가서야 그렇게 인정할 수 있었다. 내 부족함을 인정하자, 제대로 나를 용서할 수 있었고, 마침내 계속 전진할 수 있었다. 나는 하나님과 더 가까운 관계로 다시 나아갈 수 있었으며, 그 사랑을 경험할 수 있었다. "여호와의 인자와 긍휼이 무궁하시므로 우리가 진멸되지 아니함이니이다 이것들이 아침마다 새로우니"애 3:22-23. 하나님은 곤경과 고통을 통해 내게 은혜를 베푸셨고, 매일 새롭게 나를 사랑하셨다.

각자의 상처에 따라

내 이야기는 당신이 겪은 일에 비하면 별 것 아닐 수도 있다. 오랫동안 감춰져 있던 학대와 냉대에 대한 기억이 당신의 이야기라면 말이다. 그런 기억들은 단 한사람에게도 말할 수 없을 만큼 정말 비참하다. 치한이든 테러리스트이든 학대자이든, 그 사람은 용서는 고사하고 지옥에나 떨어질 만하기에, 당신은 그 사람을 용서할 마음이 눈꼽만큼도 없다.

당신이 겪은 일을 잊거나 변명하라고 할 생각은 전혀 없다. 하지만 그 일을 통해 다른 사람과 함께 일할 수 있기에, 그 일에서 벗어나기를 바란다. 나는 학대를 싫어한다. 그것을 해결하지 못하면, 학대자가 계속 우리의 삶을 지배하도록 두기 때문이다. 하지만 우리도 다른 사람을 학대하는 경우가 있으므로, 용서하고 계속 나아가야 한다. 그렇지 않으면, 우리는 죄와 치욕과 분노와 고통을 숨기면서 과거에 발목이 잡혀 꼼짝도 할 수 없을 것이다.

용서하려고 애썼을지라도 고통이 전혀 사라지지 않는 경우도 있다. 그럴 때, 내 이야기를 통해 되돌아보고, 내가 거쳐 온 과정을 통해 일하기를 바란다. 당신이 완전히 용서하는 단계에 이르려면 1년 이상 걸릴 수도 있고, 상처가 아주 깊다면 5년이 넘게 걸릴지도 모른다. 그렇다면 지금 당장 시작하는 것이 최선이다. 지금 용서의 과정을 시작하면, 당신은 나쁜 사람들의 영향에서 벗어나 남은 삶을 살 수 있다. 지금 이 순간부터 용서하자.

자유로워지려는 선택

슬퍼하고 용서하며 잊으면 과거에서 완전히 자유로워진다. 그 결정들이 발판이 되어 당신은 케케묵은 예전 방식들에서 벗어나 넘치는 가능성과 잠재력으로 채워진 미래로 들어가게 된다. 그런데 대부분의 사람들은 용서의 과정을 어느 선에서 중단해 버리기 때문에 이런 가능성과 잠재력을 경험하지 못한다.

과거에서 자유로워지는 것이 바로 용서의 이유이다. 다른 사람을 궁지에서 벗어나게 하는 것이 아니라, 당신이 해방될 수 있기에 용서하는 것이다. 그리고 용서함으로써 계속 전진할 수 있다. 하지만 분노를 품고 너무 오랜 시간을 보낸 탓에 아주 예전에 일어난 사건에서도 헤어나지 못한다. 용서하기로 선택하면, 다른 사람이 아닌 바로 당신이 자유로워진다.

상대방이 용서받고 싶어하는지 또는 용서받을 가치가 있는지에 대해서는 신경 쓸 필요도 없다. 상대의 마음이 강팍하다는 이유로 당신도 강팍해져서는 안 된다. 그 사람이 당신에게 상처를 주었다는 사실을 알지 못해도, 그리고 그런 것이 그의 문제라는 사실조차 부인하더라도 아낌없이 용서하라. 그가 경솔하게 계속 사람들에게 상처를 주는 것까지도 용서하라. 진심으로 그 사람을 용서해야 당신의 마음이 자유로워진다.

용서하려면 그 사람을 직접 만나야 한다고 생각할 필요는 없다. 나는 사람들이 직접 가서 이제 용서하겠다고 말하는 것은 말렸다. 그런 방식은 더 많은 문제만 야기할 뿐이며, 상대방은 그 말에 바로 자극받아 공격적이거나 좋지 않은 반응을 보이게 된다. 당신이 내게 와서 나를 용서하겠다고 말한다면, 나도 방어적인 태도를 보였을 것이고 은근히 못마땅해 할 것이다. 그리고 피차 만나지 않는 것이 모두가 치유받는 데에 도움이 되리라고 분명히 말할 것이다.

나는 당사자를 그냥 용서하는 것이 더 낫다고 생각한다. 그 사람을 용서했다는 사실조차 다 잊고 계속 당신의 삶을 살아가라. 당신이 겪은 일을 상세히 기록해야겠다면, 누군가를 용서한 그날 성경이나 일기에 남겨 두라. 그 사람이 용서를 구하지 않았고, 용서받고 싶어하지도 않았으며, 용서받을 만한 자격이 되지 않는다고 해도 말이다.

성경이 말하는 용서해야 할 이유

성경은 우리가 용서해야 하는 이유에 대해 많은 이야기를 하고 있다. 그중 최고의 본보기는 그리스도께서 용서받을 자격도 없는 우리를 용서하신 것이다. 우리는 그리스도가 필요하다는 사실조차 몰랐지만, 그분은 우리를 위해 십자가를 지셨다. 우리가 태어나기도 전에, 그리스도는 우리를 과거에서 자유롭게 하시기 위한 방법을 마련해 두셨다. 그분은 우리가 죄에 얽매어 고집부리고 반항하는데도 불구하고 우리를 용서하시기 위해 희생하셨다! 그리스도는 우리를 용서하셨고, 우리도 다른 사람을 용서하기를 바라신다.

마태복음 6:14-15이 이를 아주 뚜렷하게 지시하고 있다. "너희가 사람의 잘못을 용서하면 너희 하늘 아버지께서도 너희 잘못을 용서하시려니와 너희가 사람의 잘못을 용서하지 아니하면 너희 아버지께서도 너희 잘못을 용서하지 아니하시리라." 이보다 더 분명한 말씀이 어디 있겠는가.

이 말씀은 어떤 사람에게는 혼란스러울 수도 있다. 로마서 10:9에서는 "네가 만일 네 입으로 예수를 주로 시인하며 또 하나님께서 그를 죽은 자 가운데서 살리신 것을 네 마음에 믿으면 구원을 받으리라"고 말하고 있기 때문이다.

마태복음 6:14이 이보다 더 많은 의미를 담고 있는 것 같다. 내 생각에, 당신이 다른 사람의 죄를 용서하지 않았던 유일한 이유는, 하나님이 당신을 위해 하신 일이나 하나님이 해방시켜 주신 죄를 완전히 이해하지 못했기 때문이다. 당신이 용서받아야 할 죄인이라는 것을 믿지 않으면, 다른 사람을 용서하지 못할 것이다. 하지만 그리스도를 통해 하나님께서 당신을 용서하신 사실에 감사하면, 다른 사람에게도 저절로 용서를 베풀 수 있을 것이다. 따라서 용서하지 못하는 것은 그리스도가 바로 당신을 용서하시기 위해 희생하셨다는 사실을 인정하지 않았다는 증거일 수 있다. 당신이 여전히 원망을 품고 있다면, 진실로 그리스도를 믿고 의지하고 있는지 당신 스스로 물어봐야 할 것이다.

당신의 상황은 다르다고 항의하면서, 용서하라는 규칙에서 예외가 되길 요구할 수도 있지만, 누구도 그 규칙에서 예외가 될 수는 없다.

나는 작년에 "삶을 위해 그것을 버려라" 집회에서 용서하고 용서받아야 하는 이유를 설교했다. 나는 다른 사람이 저지른 죄 때문에 죄책감을 느끼거나 그 때문에 수치스러워할 필요가 없는 이유를 이야기했다. 그러면서 살인을 저질러 사형 집행을 기다리는 아동 성추행범을 생각해 보라고 했다. 그리고 참석자 중에서도 그런 범죄자들에게 "부끄러운 줄 아세요!"라고 말할 수 있다고도 비쳤다. 그러나 범죄자들을 모욕할 필요는 없다. 그들조차도 그리스도의 희생을 받아들일 수 있고, 죄에서 해방된 삶을 살 수 있기 때문이다. 상대방을 용서하라. 그리고 당신도 치유와 희망의 삶을 살기 위해 자유로워져라.

하나님의 손

몇 년 전 나는 캐나다 토론토에 머물면서 헨리 나웬의 설교를 들었다. 그는 탕자에 대한 설교로 대단한 호응을 얻었다. 대부분 알고 있듯이, 탕자는 자기 몫의 유산을 미리 받아 모두 탕진해 버리고, 결국 돼지들을 치며 돼지 먹이까지 먹는 신세가 된다. 그제서야 정신을 차린 그는 아버지의 종도 이보다는 더 나았다는 사실을 떠올렸다. 그래서 그는 좋은 음식과 안정된 집을 얻으려고 초라하게 집으로 돌아왔다. 그가 언덕에 올랐을 때, 줄곧 그를 기다려 왔던 것처럼 저 멀리 서 있는 아버지가 보였다. 아버지는 돌아온 아들을 너무나 반갑게 맞이했고, 그의 손가락에 반지를 끼워주며 잔치를 크게 열어 그를 가족으로 다시 받아들였다.

이 이야기에서 재미있는 것은 탕자가 이미 그의 몫을 가져갔다는 사실이다. 탕자가 집으로 돌아왔을 때 그의 유산은 한푼도 남아 있지 않았다. 하지만 아버지가 탕자의 손가락에 반지를 끼워주면서 탕자는 다시 재산의 반을 받을 자격을 갖게 되었다. 아들이라는 완전한 신분을 다시 갖게 된 것이다.

그런 상황에 그의 형이 화를 낸 것은 당연하다. 그 형이 받을 수 있는 유산은 이제 원래의 1/4로 줄었기 때문이다. 그래서 형은 동생을 되찾은 것에 감사하지 않고 분노와 원망으로 가득했다.

이 이야기는 여러 가지 상징과 묘사로 가득하다. 탕자의 아버지는 우리를 향한 하나님의 감정과 행동을 나타낸다. 탕자는 반항하며 제각각 흩어진 길로 가려는 우리 모두를 의미한다. 탕자의 형은 죄에 빠졌다가 다시 교회로 돌아오는 길을 찾는 사람들을 대하는 우리의 비판적인 태도를 보여 준다.

그날 밤 헨리 나웬은 탕자의 아버지가 돌아온 아들을 반갑게 맞이하는 장면을 보여 주는 렘브란트의 그림을 나누어주면서 설교를 마무리했다. 그림에는 아버지 앞에 무릎을 꿇고 있는 아들과, 팔로 그 아들을 감싸며 손을 그 등에 얹고 있는 아버지가 있었다. 그 그림을 자세히 들여다보면, 우리는 아주 놀라운 것을 발견하게 된다. 아버지의 한쪽 손은 강하고 힘이 넘쳐 보인다. 힘센 남자의 손을 모델로 그렸기 때문이다. 하지만 다른 쪽 손은 더 약하고, 더 흐리고, 더 부드러워 보인다.

렘브란트는 여자를 모델로 해서 두 번째 손을 그렸다. 그렇게 부드럽고 온화한 두 번째 손은 하나님께서 우리에게 나누어주시는 온화한 은혜를 나타낸다. 방탕한 자녀들을 용서하시기 위해 완전한 아들을 보내셔서 고통 받고 죽게 하실 정도로 사랑이 넘치시는 하나님의 손이다. 우리가 그 위대한 사랑을 완전히 이해하면, 우리는 그와 같이 다른 사람들을 기꺼이 용서할 수 있다. 마태복음 6장에서 읽었던 대로, 이 땅에서의 우리의 삶뿐만 아니라 영원한 삶도 모두 용서에 달려 있다.

분노에서 사귐으로

우리는 성경이 아닌 다른 곳에서도 용서의 이점들을 찾을 수 있다. 『뉴욕타임스』지 2004년 5월 22일자 과학 섹션에도 용서의 힘에 대한 글이 실렸다. 에리카 구드가 쓴 "잘못은 인간에게 흔한 일 : 용서하는 것이 당신에게 이롭다"는 그 기사는, 정신치료 전문가인 로버트 카렌 박사의 『자기 용서 : 분노에서 사귐으로』The Forgiving Self:The Road from Resentment to Connection 를 기반으로 쓰였다.

카렌 박사는 용서하지 않을 때 받는 피해에 대해 이야기했다. "당신이 받은 공격으로 고통스러운 원망을 하면서 살면, 피해자라는 입장에서 절대 벗어날 수 없다. 그렇게 용서하지 않는 것은 용서하지 않는 사람만 비참하게 만들 뿐이다." 박사는 용서란 오로지 윤리와 종교에 관한 것이라는 생각에 불만을 품고 연구를 시작했다고 했다. 하지만 그는 기독교는 단순한 종교가 아닌 모든 삶에 영향을 미치는 사귐의 관계라는 사실을 알지 못했던 것 같다. 용서를 종교적 개념으로만 보지 않고 직접 삶에서 실천하면, 위의 책 제목처럼 마음껏 '사귐'을 경험할 수 있다.

다시 한번 묻는다. "용서하는 것이 항상 적절했는가?" 에베소서 4:31-32 말씀을 따라, 자신을 위해, 그리고 주위 사람들을 위해 용서해야 한다. "너희는 모든 악독과 노함과 분냄과 떠드는 것과 비방하는 것을 모든 악의와 함께 버리고 서로 친절하게 하며 불쌍히 여기며 서로 용서하기를 하나님이 그리스도 안에서 너희를 용서하심과 같이 하라."

아무리 용서해도 지나친 법은 없다. 마태복음 18:21-22에서 예수님은 일곱 번을 일흔 번까지라도 용서하라고 말씀하신다. 490번까지만 용서하고 그 다음부터는 분노하고 원망해도 된다는 말이 아니다. 셀 수 없을 만큼 끊임없이 용서해야 하며, 절대로 원망이나 고통에 사로잡히지 말라는 말씀이다.

고통을 버리고

내가 개최했던 어떤 집회에서, 걸핏하면 화를 내고 권위적이며 냉소적인 한 여성을 만났다. 그녀는 자신에게 닥친 상황을 괴로워하고 있었다.

"단 하루도 과거를 생각하지 않고는 지나가지 못해요. 누구도 나를 이해하지 못하죠. 그들은 내가 겪은 일을 겪은 적이 없으니까요."

그녀는 친어머니가 양육권을 포기하는 바람에 입양되었다고 했다. 나도 딸을 입양해 보았기 때문에, 입양에서 오는 어려움을 충분히 이해한다. 그녀는 입양으로 인해 자신의 삶이 모두 정해져 버렸다고 말했다. 입양이 그녀의 인생을 결정해서 기쁨마저 앗아갔다는 것이었다. 그녀는 자신에게 무슨 문제가 있었는지, 그보다도 친부모가 왜 자신을 포기했는지 알고 싶어했다. 자신이 거부당했다는 사실을 떨쳐내기 어려웠기 때문이다.

나는 그녀가 거부당한 것이 절대로 아니라고 설명했다. 그녀의 부모는 그녀가 어떤 식으로 자라게 될지 전혀 몰랐다. 그녀의 성격도 몰랐고, 따라서 그녀를 거부한 것도 아니었다. 그녀의 부모는 아이를 갖는다는 개념 자체를 거부한 것이지 실제의 아이를 거부한 것은 아니었다. 그들은 아이를 거부한 것이지, 인간을 거부한 것은 아니었다. 나는 이 두 가지 사이에 커다란 차이점이 있다는 것을 지적해 주었다. 그리고 그녀의 삶을 변화시켜 줄 3가지 치유법을 시도해 보라고 권했다.

첫째, 나는 그녀에게 자신이 입양아라는 사실을 그대로 받아들이라고 했다. 그녀가 거부당했다고 느낀다는 이유로 다른 입양아들까지 거부하지 말고 그들과 함께 이야기를 나눠보도록 권했다.

둘째, 나는 피를 나눈 원래의 가족과 함께하지 못하는 것을 슬퍼하라고 권했다. 슬프게 울면서 고통과 원망과 분노 같은 감정들을 모두 쏟아 버려야 한다고 이야기했다. 그렇게 해서 그녀가 스스로 과거에서 벗어나고 이 모든 시간 뒤에 올 자신의 미래를 치유하도록 권했다.

셋째, 나는 그녀에게 용서를 선택하라고 했다. 친부모를 용서하는 것뿐만 아니라, 그녀를 키워준 양부모에게도 용서를 구하라고 말이다. 그녀는 그동안 키워준 양부모의 은혜에 감사하지 않았던 것에 용서를 구해야만 했다. 그러면 이제 원망하는 대신 감사할 수 있을 것이라고 알려주었다.

당신도 마찬가지이다. 지금 당신의 현실이 어떠하든지 당신은 받아들일 수 있다. 당신이 잃은 모든 것을 슬퍼할 수 있고, 되돌릴 수 없는 일도 용서할 수 있으며, 그로 인해 자유로워질 것이다.

에베소서 4장에서는 모든 고통을 버리라고 말한다. 당신의 삶을 살펴서, 어떤 것이 당신에게 고통을 주고 있는지 보라. 고통의 뿌리가 하나님이나 다른 사람과의 관계에서 문제를 일으키고 있는가? 그렇다면, 용서라는 도구로 그 뿌리를 뽑아내고, 뽑아낸 그 자리에 하나님께서 당신에게 주신 온화함과 친절함과 용서의 나무를 심어라.

용서를 구하는 편지

우리가 용서받지 못했다는 이유로 다른 사람들도 용서하기 힘든 경우가 있다. 다른 사람에게 책임 있게 행동할 때 용서의 완전한 힘을 깨달을 수 있다. 나는 대학 시절 극도로 방탕한 삶을 살면서 이 사실을 깨달았다. 그래서 내가 상처를 주었다고 기억되는 사람들에게 전화를 하거나 편지를 쓰면서 스스로를 치유했고, 그 과정에서 사람들을 완전히 용서하기 시작했다. 그 후로도 나는 이 일을 계속 해오고 있다.

몇 해 전, 점심을 같이 하면서 내게 정말 무례하게 굴었던 동료에게 나는 편지를 썼다. 그는 벼락부자가 된 사람이었는데, 내가 비슷한 일을 할 생각을 내비치자 거만하게 굴면서 화를 냈다. 그는 악담을 퍼붓기까지 했다. 그 자리에서는 상황이 전혀 나아질 것 같지 않은 분위기였다. 나는 치솟는 분노에 차를 몰고 와 버렸다. 하지만 사실 따지고 보면, 그가 스스로를 돌아보면서 자신이 이루어낸 일과는 경쟁조차 되지 않는 내 계획에 왜 그리 짜증을 냈는지 돌이켜봐야 하지 않을까?

그 점심 때 일을 곰곰이 생각하고 세세하게 거듭 고민하면서, 나는 나 자신을 보기 시작했다. 내 안에서 한 줄기 빛이 반짝이더니 어두운 거울 속에 비친 내 모습이 언뜻 보였다. 거만했던 내 모습이었다. 나는 그의 성공을 존중하기는커녕, 적당히 인정하지도 않았다. 그리고 그의 마음을 풀어줄 만한 존경심도 보이지 않았다. 이 때문에, 그에게도 문제가 있었다는 사실과 상관없이, 나는 내 문제들을 해결해야만 했다. 그래서 그에게 편지를 써서, 그때 그의 마음에 더 신경 쓰지 못했던 것을 용서해 달라고 하면서 그의 대단한 성공에 대한 칭찬도 덧붙였다. 몇 주 뒤, 놀랍게도 그는 답장을 보내 우리 관계를 새롭게 시작했으면 좋겠다고 했다.

그의 편지 덕분에 나는 그 섬뜩했던 사건을 기억에서 떨쳐낼 수 있었다. 이 책을 쓰지 않았다면 생각조차 하지 않았을 사건이다. 하지만 용서를 구하는 것이 얼마나 좋은 것인지 보여 주는 좋은 예이기 때문에 새삼스레 언급하는 것이다. 간단한 편지 하나에 나는 걱정을 날려버렸고, 양심의 거리낌도 사라졌다. 게다가 그 사건에서 영원히 해방될 수 있었다. 내가 그렇게 별 것 아닌 사건에서 겪은 것을 당신은 평생에 걸쳐 전개될 더 중대한 문제들을 통해 경험할 것이다.

성경은 이렇게 말한다. "그러므로 예물을 제단에 드리려다가 거기서 네 형제에게 원망 들을 만한 일이 있는 것이 생각나거든 예물을 제단 앞에 두고 먼저 가서 형제와 화목하고 그 후에 와서 예물을 드리라"마 5:23-24. 바로 눈앞에 있는 성스러운 일을 진행하기 전에 개인적인 일을 먼저 돌보라는 아주 솔직한 명령이다. 당신이 그렇게 하면, 그 일은 상대방에게 은혜가 되면서 당신에게는 더 굉장한 은혜가 될 것이다.

"뉴 라이프 라이브"의 청취자인 캐슬린 파사가 용서를 구하는 몇 가지 편지 형식을 만들었다. 성공적으로 용서를 구할 수 있는 가장 안전하고 쉬운 방법이다. 어떤 문제가 있어 편지를 쓰기 어렵다면 직접 만날 수도 있지만, 편지를 쓰는 편이 더 나을 것이다. 그 다음으로 적당한 방법은 전화이다. 하지만 많은 사람들은 먼저 전화를 거는 것이 부담스러워서 전화를 걸 생각조차 하기 힘들다. 그렇다고 그냥 손을 놓고 있는 것보다는, 아래의 편지 형식들 중에서 당신에게 맞는 것을 골라 오래 묵혀두었고 골치 아픈 일을 처리하는 데 이용하는 것도 나쁘지 않다.

용서를 구하는 편지 1

친애하는 _____,

꼭 필요해서 이 편지를 씁니다. 당신이 나한테 중요한 사람인데도, 나는 이미 너무 오래 기다리기만 했습니다. 내 지난 행동에 대해 사과하고 싶습니다. 마음을 상하게 해서 미안합니다. 부디 용서해 주세요.

진심을 담아, _____

첫 번째 편지는 간단하고 단도직입적으로 모든 일을 정리한다. 하지만 좀 일반적이어서 두 번째 편지가 더 나을지도 모르겠다.

용서를 구하는 편지 2

친애하는 _____,

내 편지를 받고 놀랐을 거예요. 시간이 많이 지났으니까요. 내 마음의 가책을 덜고 싶어서 이렇게 편지를 써요. 나는 예전에 마음 아픈 상황이나 다툼이 있으면 문제를 풀려고 하기보다는 사람을 피하곤 했었어요. 하지만 예수님께 더 가까이 다가가면서, 마음의 문을 닫으면 관계를 회복할 수 없다는 사실을 알게 되었어요. 불편한 상황을 피하면 아주 잠시만 편할 수 있을 뿐이죠. 하지만 하나님은 인자하신 분이에요. 그분은 내 모든 결점을 용서하셨거든요! 이제 하나님께 감사하는 마음으로, 당신에게 내 지난 행동을 사과드려요. 당신 마음을 상하게 해서 미안해요. 부디 용서해 주세요.

진심을 담아, _____

이 두 편지는 너무 상식적이어서 당신이 저지른 일이 꽤 심각한 정도라면 적용하기 어려울 수도 있다. 그렇다면 세 번째 편지를 권하고 싶다.

용서를 구하는 편지 3

친애하는 _____,

그동안 당신 생각을 많이 했어요. 나는 항상 당신을 위해 기도하고, 당신이 잘 지내고 있기를 바라고 있어요. 내가 매우 잘못했다는 것을 고백하고 싶었기 때문이에요. 어떤 변명과 핑계도 대지 않고, 합리화하지도 않겠어요. 분명히 내가 잘못했고, 지금까지 매일 죄책감과 부끄러움으로 지내고 있어요.

내가 어떤 벌도 받지 않은 채 달아난 것은 아니라는 사실을 당신이 알아줬으면 해요. 거의 매일 그 사실 때문에 힘들었거든요. 이 편지를 써서 당신에게 용서를 구하고 싶어요. 당신이 용서해 주지 않았던 까닭을 이해할 수 있어요. 그래도 당신은 내게 소중한 사람이에요. 내가 저지른 행동을 정말 미안하게 생각해요. 부디 용서해 주세요.

앞으로도 당신을 위해 계속 기도할 것이고, 모든 것이 잘되길 바랄게요.

진심을 담아, _____

당신이 누군가에게 깊은 상처를 주었다면, 아마도 세 번째 편지가 잘 맞을 것이다. 뜯지도 않은 채로 편지가 되돌아온다면, 간단하게 "미안해요. 용서해 주세요."라고 쓴 엽서를 보낼 수도 있다. 어쨌거나 당신은 어떤 단계를 통과한 것처럼 개운한 기분을 느낄 것이다.

용서가 필요하다고 느끼는 시점에 지체 없이 행동으로 옮기라고 부탁하고 싶다. 나는 당신 편에서 함께 싸울 전우가 되어 줄 것이며, 그 간단한 편지가 대단한 결과를 가져올 것이라고 증명할 수도 있다. 그 편지는 당신의 삶을 변화시킬 것이다. 관계가 회복될 수도 있고, 당신과 상대방 모두 진정으로 치유받을 것이다. 무엇보다도, 당신의 마음속 깊은 곳에서 다른 사람을 용서할 수 없게 하는 장애물을 제거할 수 있다. 결국 상대방이 당신을 용서하지 않는다 해도, 당신은 항상 그 시간을 회상하면서 옳은 일을 했다고 생각하게 될 것이다.

 "용서받을 자격이 있는 사람은 따로 있어."

용서받을 자격이 있는 사람은 따로 있다는 말은 귀기울일 가치도 없는 거짓말이다. 사실 누가 용서받을 자격이 있겠는가? 용서는 하나님께서 주시는 은혜이다. 그리스도는 우리의 죄를 대신 떠안고 그에 대한 벌을 받으시면서 우리가 이해할 수도 없는 심오한 일을 하셨다. 따라서 우리는 우리가 할 수 없는 일을 할 수 있다. 우리가 그리스도와 함께할 만한 완벽한 존재가 될 수는 없다. 그러나 완벽한 존재가 될 필요도 없다. 그리스도께서 우리를 위해 대신 일해 주시기 때문이다. 그리고 그분이 우리를 용서하셨기에, 우리도 다른 사람을 용서해야 한다. 그들의 감정 상태나 마음가짐은 용서하려는 우리의 계획과는 아무런 관계가 없다.

용서를 구하는 단순한 행위가 다른 사람에게 어떤 의미를 갖는지 당신은 결코 모를 것이다. 누군가 엄청난 용기를 내어 용서를 구했기 때문에 사람들의 삶이 변화되어 왔다. 그 용기로 인해 다른 사람의 삶이 치유되기 시작한다. 9장에서 다른 사람을 섬기기 위한 선택에 대해 이야기할 테지만, 여기서 잠깐 언급하는 것도 괜찮을 것 같다. 상대방이 먼저 당신에게 준 상처로 인해 당신이 잘못을 저질렀다고 해도, 그에게 용서해 달라고 청하는 것은 그의 삶을 치유하는 데 필요한 겸손한 섬김일 수 있다.

당신은 변화의 과정에서 전혀 보탬이 되지 않을 사람일 수도 있다. 하지만 하나님은 그분의 목표를 이룰 가능성이 전혀 없어 보이는 사람을 사용하시기도 하셨다. 당신이 용서를 받아야 하거나 용서를 해야 하거나, 먼저 다가가 기꺼이 위험을 떠안는다면, 당신은 평화의 수호자가 되고 하나님 보시기에도 축복받은 사람이 될 것이다. 다른 사람이 용서받을 자격이 될 때까지 기다리지 말고, 용서하라. 어떤 일이 있어도 용서하라. 지금 바로 변화의 과정이 시작될 것이다.

과거에서 벗어나기

원망하고, 고통 받고, 용서하지 않는 것은 과거에 안주하게 한다. 하지만 그 때문에 과거는 바뀌지 않는다. 우리는 과거로 돌아갈 수 없으며, 바로 어제 입은 상처도 원래대로 회복시킬 수 없다. 하지만 어제 일로 인해 오늘 일어나고 있는 피해는 회복할 수 있다. 그 방법은 바로 용서하는 것이다. 무엇보다 하나님의 용서를 구하고 그 용서의 은혜에 흠뻑 젖어보라. 자신을 용서하고 죄책감에 부끄러워하는 존재가 아니라 용서받은 존재로 살아보라. 적절할 때에 보상하고 화해를 구하면서 책임 있게 행동하라. 그리고 경험한 것들을 다른 사람에게 나누어주라. 과거에 머무르려고 내린 닻을 올리고, 다른 사람들의 닻도 끌어올릴 수 있도록 도와라.

몇 년 전, 웨스트코스트의 훌륭한 목회자들에게 설교할 기회가 있었다. 용기 있는 한 여성이 내가 설교하기 전에 간증을 했다. 그녀는 더 이상 과거를 숨기지 않았다. 당당히 일어서서 자신의 이야기를 했고, 그 이야기를 통해 용서를 해야 한다는 중요한 메시지를 주었다.

그녀는 오래 전 아주 심하게 상처를 받았던 사람이어서 용서하기가 거의 불가능해 보였다. 어릴 때 성폭행을 당했던 사실을 감추며 살아왔던 것이다. 그녀는 자신의 상처를 남모르게 치유하는 것은 힘들었다고 말했다. 신체적인 문제들을 겪으면서 여러 가지 약물 중독에 빠졌고, 그 누구도 믿지 못하며 비참하게 살았다.

그녀는 교회에서 하라는 대로 기도했고, 성경을 읽었으며, 예배에 참석했지만, 그 어떤 것에서도 그토록 소망했던 치유를 받지는 못했다. 그러다 마침내 그녀가 비참한 상태로 남아 있을 수도 있고, 건강하게 나아질 수도 있다고 말씀하시는 하나님의 목소리를 들었다. 그녀는 건강한 삶을 택했다. 그리고 그토록 원했던 '치유'를 받기 위해 3가지가 변화되었다.

먼저, 그녀는 위로받기 위해 하나님께로 향했다. 예전에 위로를 위해 찾았던 마약들은 끊었으며, 하나님과의 관계에서 위안을 찾았다. 그녀는 하나님과 그리스도인들이 주는 조건 없는 사랑에 마음을 활짝 열었다. 그리고 자신을 도와줄 사람들과 접촉했고, 처음으로 목회자에게 치료받기 시작했다. 치료를 받는 동안 그녀가 깨달은 것은, 치유받지 않은 채로 사는 것이 치유받는 것보다 더 힘들다는 사실이었다. 물론 치유 과정도 결코 쉽지 않았지만, 그녀는 충분히 감당할 수 있었다.

치유 과정을 마치고 나자, 그녀는 난생 처음 진심으로 용서할 수 있었다. 그녀를 성폭행한 사람이 자기 행동을 후회하거나 남에게 준 극심한 상처를 인정하길 바라던 생각도 버렸다. 그리고 그리스도의 죽음으로 그녀가 율법에서 자유로워졌다는 것을 깨달았으며, 그녀가 해방된 그 율법 속에 다른 사람을 집어넣으면 안 된다는 것도 알게 되었다. 그녀를 성폭행한 사람일지라도 말이다. 그녀는 원망과 고통, 당시 시달렸던 질병과 자신을 지배했던 사악한 힘을 모두 털어놓았다. 그 결과 그녀는 그 어둡고 비밀스러운 굴레에서 해방되었다.

마침내 그녀는 그리스도의 은혜를 온몸으로 경험했다. 그녀는 피해자가 아닌 승리자가 되었으며, 더 이상 자신을 어릴 때 성폭행당한 여자로 보지 않았다. 그녀는 자신을 하나님께 은혜를 받은 사람이라 생각했으며, 다른 사람들에게 손을 내밀어 자신이 걸어 온 길로 그들을 이끌 수 있었다. 그녀는 고린도후서 1:3-4 말씀을 지침으로 삼았다.

"찬송하리로다 그는 우리 주 예수 그리스도의 하나님이시요 자비의 아버지시요 모든 위로의 하나님이시며 우리의 모든 환난 중에서 우리를 위로하사 우리로 하여금 하나님께 받는 위로로써 모든 환난 중에 있는 자들을 능히 위로하게 하시는 이시로다."

마음 깊이 용서를 이해하면서, 그녀는 자신을 벗어나 다른 사람들의 삶에 들어갔고, 상처 받고 있는 사람들을 보살피고 위로하며 인도할 수 있었다. 삶에서 너무 일찍 심한 상처를 입어 오랫동안 고통 속에 살았던 한 여성이 놀랍게도 이 모든 일을 해냈다. 그녀는 창세기 50:20 말씀을 전하면서 간증을 마무리했다. "당신들은 나를 해하려 하였으나 하나님은 그것을 선으로 바꾸사 오늘과 같이 많은 백성의 생명을 구원하게 하시려 하셨나니." 자신이 경험한 깊은 절망을 지금은 하나님께서 훨씬 훌륭하게 바꾸셨다는 것을 이해하는 한 여성이 주는 얼마나 훌륭한 메시지인가!

이 장을 정리하면서, 상상도 못할 상처를 받은 사람들에게 작은 위로가 될 말을 전하고 싶다. 나는 당신이 겪었던 학대와 오랜 고통과 고민을 벗어버리도록 돕고 싶다. 당신을 해친 사람을 용서했다고 말할 수 있기까지 정말 오랜 시간이 걸릴 것 같아서 결국 그 사람과 연락하거나 함께 시간을 보내려 하지 않을 수도 있다. 하지만 당신이 그 일들을 기꺼이 해낸다면, 당신은 언젠가 용서할 수 있고 당신의 삶을 계속 살아갈 수 있다. 그 과정은 오랜 시간이 걸리기도 하므로 바로 지금 시작해야 한다. 당신이 고통과 원망에서 벗어나 용서를 시작하길 간절히 기도한다. 당신 혼자서는 할 수 없지만, 하나님이 도우시면 용서할 힘이 생길 것이다.

치유, 곧 회복은 선택이다. 하나님의 선택이다. 그런데 우리는 하나님께 그저 기도만 할 뿐이다. 그러나 하나님은 우리를 회복으로 인도할 수 있는 여러 선택 방향을 주셨다. 우리는 정말 크게 마음먹어야 용서하기로 결심할 수 있으며, 깊이 상처 받은 사람들은 종종 갈 데까지 가서야 용서를 선택하기도 한다. 당신이 어떤 일을 했든지, 또는 당신에게 어떤 일이 일어났든지 간에, 이제 용서라는 회복의 길을 선택하기를 바란다.

HEALING IS A CHOICE

내 삶의 목적을 회복하라.
변화는 선택으로 찾아오다
선택 1 관계를 맺기로 선택하라
vs 거짓말 회복되려면
하나님과 나의 관계만 좋으면 돼!
선택 2 감정을 피하지 않고 느끼기로 선택하라
vs 거짓말 **진짜 그리스도인**이라면
모든 상황에서 평안을 누릴 수 있어야 해
선택 3 당신의 삶을 진리 가운데
비추어보겠다고 선택하라
vs 거짓말 뒤돌아보거나 앞으로
파고들어봤자 좋을 거 하나 없어
선택 4 당신의 미래를 치유하기로 선택하라
vs 거짓말 시간이 지나면 상처는
다 치유될 거야
선택 5 당신의 삶에 필요한 도움을 받기로 선택하라
vs 거짓말 이건 나 **혼자서도** 해결할 수 있어
선택 6 당신의 삶 전체를 포용하겠다고 선택하라
vs 거짓말 아무 문제없는 듯 행동하면 괜찮아질 거야
선택 7 용서하기로 선택하라
vs 거짓말 용서를 받을 자격이 있는
사람은 따로 있어
선택 8 위험을 감수하겠다고 선택하라
vs 거짓말 더는 **고통받지 않겠어.**
내가 나를 지킬 거야 선택 9 섬기기로 선택하라
vs 거짓말 섬기려면 내가 먼저
치유받고 완전해져야 해
선택 10 끝까지 인내하겠다고 선택하라
vs 거짓말 내게 **희망이라곤** 없어

Chapter 8

| 선택 8 | 위험을 감수하라

VS

|거짓말 8| 더는 고통 받지 않겠어,
내가 나를 지킬 거야

| 선택 8 |
위험을 감수하라

"걱정은 내일의 슬픔을 사라지게 하지 않고 그저 오늘 힘만 없앤다."
걱정은 오늘 필요한 힘만 빼앗아 갈 것이고,
즐거이 할 내일마저 훔쳐갈 것이다.

치유의 길을 걸을 때 우리는 자기 감정의 깊이를 깨닫고, 그에 따라 슬퍼하며, 상대방을 용서해서, 삶의 모든 것을 받아들이는 과정을 거치게 된다. 치유되지 않은 부분이 있으면, 필요한 치료법을 찾아라. 치유받기로 결정하고 하나님의 치유 은혜를 통해 영혼의 병든 부분을 회복하도록 하라. 당신은 어쩌면 이런 회복이 처음일지도 모른다. 당신은 어떤 지점까지 성장하게 되며, 그 지점에서 더 앞으로 나아가기도 하고, 아니면 멈춰 서 당신의 삶을 놓치기도 한다. 또한 겁에 질려 움츠린 채 당신을 지키는 데 급급할 수도 있지만, 용기 있게 돌진하면서 모험을 시도할 수도 있다.

당신이 누군가에게 상처 받았다고 해도, 과감히 다른 사람과 관계를 맺어야 한다. 당신이 두려움에 휩싸여 이웃과 담을 쌓고 틀어박혀 지냈더라도, 그 벽을 허물고 밖으로 뛰쳐나와야 한다. 그 벽이 당신을 지켜주지는 않았다. 오히려 그 벽들은 당신을 더 비참하게 만들었다. 벽 뒤에서 숨어

지낼 때는 죽은 것이나 마찬가지였다.

이미 말했듯이, 나는 이혼으로 완전히 비참해졌다. 정처없이 배회하는 좀비나 다름없었다. 나는 다시 거부당하고 배신당할까 두려워 여자와 만나고 싶지도 않았다. 그리고 다시는 되풀이하고 싶지 않은 상처 때문에 겨울잠을 자듯 꽁꽁 숨어버렸다.

나는 집과 일터 사이에 누에고치처럼 고치를 틀고 꼼짝하지 않았다. 가장 안전한 곳인 집과 일터를 마지노선으로 정해 놓고, 그 밖으로 한 발짝도 벗어나지 않았다. 그렇게 해야 다른 불행을 막을 수 있다고 생각했다. 나는 슬퍼하면서 치유하고는 있었지만 어떤 모임에도 가지 않았다. 시간이 지날수록 다시 사회에 나가야 한다는 것은 분명해졌지만, 위험을 감수하기가 두려웠다.

친구들이 잘 아는 여성을 소개해 주며 만나보라고 했다. 남편과 헤어진 아주 밝고 매력적인 여자로, 이웃 동네에 살고 있다고 했다. 친구들의 권유에 마음이 약해진 나는 그 여성에게 전화를 걸었다. 전화상으로 느낌이 괜찮아서, 우리는 금요일 저녁에 만나기로 했다. 나는 그녀와 그저 커피나 한 잔 하고, 자리가 불편하면 바로 헤어질 생각이었다.

나는 그녀에게 집에서 별로 멀지 않은 식당에서 만나자고 했다. 7시에 만나고 싶었지만, 그녀가 먼저 들러야 할 모임이 있어서 9시쯤 만나기로 했다. '9시쯤'은 내게 9시를 뜻했지만, 그녀에게는 10시를 의미했던 모양이다. 나는 식당에 혼자 앉아 들어오는 사람들이 미혼인지, 그녀의 인상착의와 일치하는지를 주의 깊게 살피면서 시간을 보냈다. 1시간쯤 지나자, 그녀가 어슬렁거리며 나타나 자신을 소개했다. 나는 구석에 가까운 자리에 앉자고 했다. 그래야 로비에 있는 유나이티드 네이션즈 웨스트 United

Nations West, 국제연합서부 모임의 백 명쯤 되는 사람들이 온갖 언어로 시끄럽게 떠들어대는 소음에서 벗어날 수 있을 것 같았다. 대화하기 편한 장소에서 만나려던 내 계획은 물거품이 되고 말았다.

나는 그녀의 말을 하나도 알아들을 수가 없었다. 겨우 30cm 정도 떨어져 있었을 뿐인데도 말이다. 그렇게는 10분을 버티기 힘들었다. 결국 나는 대화가 가능한 장소로 옮기는 것이 어떻겠냐고 물었다. 그녀가 나를 무서워했는지, 아니면 이 만남을 가능한 한 빨리 끝내야 한다고 생각했는지는 모르겠다. 하지만 그녀는 아일랜드 대표단 바로 옆자리에 있는 것에 아주 만족한다고 했다. 그들이 그곳에서 가장 시끄러운 나라로 선정된 듯이 목청껏 떠들어대고 있었는데도 말이다.

나는 그녀의 말을 알아듣지 못하고 이해할 수도 없었다. 그저 마음속으로 혼자 이야기했다. 그녀가 1분에 얼마나 많은 말을 하는지 추측하면서, 가끔 고개를 흔들거나 툴툴거리기도 했고, "네, 잘했군요."라고 대꾸해 주곤 했다. 심지어 그녀가 뭘 물었을 때도 "네, 잘했군요."라고 무심코 말해 버리기도 했다. 나는 그녀의 말에 귀를 기울이지 않았다. 하지만 정말 듣고 싶지 않아서 그랬던 것은 아니었다. 그저 그녀의 말이 들리지 않았을 뿐이었고, 그녀가 장소를 옮기는 것을 내켜하지 않았기 때문이었다.

그렇게 일방적인 대화가 계속되면서, 나는 이성과 함께 있는 것이 새삼스럽게 느껴졌고, 결국 전과 같이 실패하게 될까봐 두려워졌다. 그래서 이성과 만나는 것이 미숙하고 소질도 없다고 고백했다. 그러자 그녀는 "아, 그래서 당신이 그렇게 여유가 없어 보였군요!"라고 불쑥 내뱉었다. 이후에 그녀가 친구들에게 전화해서 내가 정말 괜찮은 사람이었다고 말할 일은 전혀 없어 보였다.

나는 '나는 이제 막 데이트를 시작했고, 이번 일은 첫 번째 고비에 불과해. 그녀는 전형적인 여성이고, 내 미래를 쥐고 흔들 것 같아. 앞으로 일이 어떻게 진행되느냐에 따라 내가 과감히 용기를 낼 것인지 결정되겠지. 그녀가 단지 20분짜리 커피 한 잔에 다정하거나 정중하게 굴 수는 없을 테니까.'라고 생각했다.

나는 오랫동안 느껴왔던 열등감이 한꺼번에 몰려오는 듯해서 그날 저녁으로 우리 만남이 끝날지도 모른다고 생각했다. 그런 두려움을 겪은 적이 있었기에 기분이 유쾌하지는 않았다. 나는 거절당해 창피해지는 것이 두려웠다. 따라서 '데이트 상황에서 후퇴하는 일' 외에는 아무것도 생각할 수 없었다. 나는 조시 해리스의 책 『NO 데이팅』I Kissed Dating Goodbye 의 내용대로 따라하고 싶었지만, 바로 그녀에게 작별인사를 하지는 못했다. 그래서 대신 친구들에게 전화해서 '너그럽지 못한 그녀'와 내가 앞으로 더 만날 일은 없을 것이라고 말했다.

그래도 나는 과감히 모험했고 작은 자극을 받았다. 유쾌하고 재미있는 사람들과 함께 새로운 삶을 살려면 또 다른 모험을 해야만 한다는 사실도 깨달았다. 하지만 기꺼이 다시 모험을 하기까지는 꽤 시간이 걸렸다. 당신이 이런 결심으로 힘든 시간을 보내고 있다면, 나도 다 겪은 일이라는 것을 알려주고 싶다. 당신이 받을 수 있는 모든 피해를 벽으로 막아서 자신을 지키려 하면 어느 정도는 평안을 느낄 수 있다는 사실도 알고 있다. 조금이라도 더 큰 고통을 받으면 이내 쓰러질 것 같지만, 두려움을 철저하게 느끼고 당신의 삶을 찾기 위해 과감히 모험을 시작해 보라.

위험이 없는 삶은 별로 많지 않다. 많은 유산을 물려받아, 누구나 원하는 안락한 삶을 살아가는 젊은이들을 나는 많이 알고 있다. 하지만 그들은 아무런 열정 없이 살아간다. 무엇인가를 해보려는 열의가 없기 때문이다. 그들의 삶에는 위험이라고는 없고 모든 것이 너무 편해서, 조금만 노력하면 충분히 이룰 수 있는 것들을 놓치고 살아간다.

모든 일이 예측 가능하면, 우리는 정말 낡은 것에 꽁꽁 묶여 새로운 것으로 향하지 못하게 방해받을 수 있다. 그저 편안하게 사는 것은 우리를 자궁 속으로 다시 집어넣어 후퇴하게 만드는 것과도 같다. 따라서 예측 가능성의 사슬과 편안함의 자궁을 버리고 뛰쳐나와야 하며, 진실하게 살려 한다면 위험도 감수해야 한다.

모험은 치유를 위한 선택이다. 그 선택이 흉터를 회복시켜 주고, 그 흉터 때문에 머뭇거리는 마음을 극복하게 해주기 때문이다. 화상 환자가 흉터투성이인 사지를 고통스럽게 움직여서 오그라든 피부를 회복시키는 것처럼, 우리 영혼에도 똑같이 해주어야 한다. 상처에서 회복하려면 편안한 것에 안주해서는 안 된다. 회복은 모험을 택할 때야 가능해진다.

위험을 감수하고 사람들과 소통하지 않는 사람은 외롭게 죽어갈 것이다. 과감히 다시 사랑하지 않는 사람은 괴로워하며 홀로 남을 것이다. 그러므로 부족해 보일 수 있고 실패할 수 있다는 것을 알아도, 계속 모험에 도전해야 한다. 과감히 도전하지 않으면, 불행한 결말을 향해 헛걸음질을 하면서도 괜찮다고 스스로 자위하게 되고, 지루하고 쓸쓸한 삶을 비참하게 살 것이다. 이런 삶을 피하기 위해서라도 우리는 위험을 감수해야 한다.

현실 속의 위험

어떤 사람들은 변화가 없는 것을 오히려 불안해해서 위험 따위는 대단하게 여기지도 않는 듯 보인다. 이 글을 쓸 당시, 이라크는 온통 위험투성이었다. 2주 동안 팔루자를 되찾는 과정에서 미국 병사가 50명이나 죽었을 정도니까. 2004년 7월 8일자 『오렌지카운티 레지스터』Orange County Register의 표지 기사에 한 '위험 도전자'의 이야기가 실렸다. 미국 캘리포니아 얼바인 출신인 탈리브 알함다니의 이야기였다. 캘리포니아 남부에 사는 탈리브의 가족은 '치즈케이크 팩토리에서 식사하는 것'과 '별이 빛나는 밤의 드라이브'를 무척 좋아했다. 탈리브는 그 삶을 사랑했지만, 이라크에 남아 있는 이라크 국민을 더 사랑했다. 그래서 편안한 보금자리를 떠나, 온갖 폭발과 전투가 난무하는 이라크로 돌아가서 이라크 국민에게 민주주의 원칙을 가르쳤다.

예전에 그의 일상은 이라크 소식을 접하려 웹사이트를 보거나, 친구들과 함께 점심을 먹는 것이었다. 이제 그는 이라크 한복판에서 일상을 보내고 있다. 이라크의 국가 시스템이 전면적인 개편을 겪고 있는 혼란스러운 상황 속에서, 마을회관의 시민토론을 준비하려고 이라크인 관계자를 만나고 강연 계획을 짜며 보고서를 쓰기도 한다. 겨우 200m 떨어진 곳에 폭탄이 터지는 상황에서 새로운 삶을 시작하면서 그는 이렇게 말했다.

"내 결정에 정말 만족합니다. 더 빨리 이렇게 했어야 했어요. 내가 역사의 한 장이 된다는 게 정말 기쁠 따름입니다. 정치학자에게는 정치적, 사회적 변화가 계속되는 곳에 사는 것이 꿈이거든요. 나는 이라크가 앞으로 좋아질 거라고 생각해요."

두려움에 좌우되지 않는 삶을 사는 사람의 말이다. 우리 삶에는 위험 말고도 선택할 수 있는 것이 많지만, 탈리브는 위험을 선택해서 살고 있다. 그의 이야기는 누구나 두려움을 이겨내고 위험 천만하고 불안한 세상으로 뛰어들 수 있다는 것을 보여 주는 극단적인 예이다. 당신이 위험을 건전하게 이해하고 삶을 끌어갈 수 있다면, 기꺼이 위험 속으로 뛰어들어 변화를 추구할 때 새로운 삶을 시작할 수 있을 것이다.

무엇을 놓치고 있는가

혹시 당신이 위험을 피하려고 했기 때문에 놓쳐 버린 것이 무엇인지 생각해 본 적이 있는가? 그것은 굉장한 사람과의 관계일지도 모르고, 삶을 영원히 바꿔 줄 선교여행일 수도 있다. 어쩌면 삶을 나누며 희망과 용기를 되찾는 모임일 수도 있다. 당신이 위험을 피하기만 한다면 많은 것을 놓칠 가능성이 크다. 변하지 않으려 할 때 얻는 안전함이 있지만, 예측 가능성은 우상이 될 수도 있다. 하나님께서 명령하신 것을 찾으려 하기보다 당신의 삶을 예측 가능한 방향으로만 끌고 가고 있지는 않은가? 그러나 흔쾌히 위험을 택하면 저 바깥에 당신을 기다리는 새로운 삶이 있을 것이다.

『스미스소니언 매거진』Smithsonian Magazine 의 2004년 1월 판에는 위험을 감수하고 도전한 한 가족에 대한 흥미로운 기사가 실렸다. 소말리아의 하산이라는 사람에 대한 기사였다. 그는 소말리아에서 가장 비천한 부족인 반투족이었다. 그 나라의 가장 빈민층도 닭을 키웠지만 그는 그조차도 없었다고 하면 그가 얼마나 가난했는지 가늠할 수 있을 것이다. 그는 모국어 외에 다른 언어를 전혀 할 줄 몰랐고, 오로지 몸으로 때우는 힘든 노동만 할 줄 알았다. 하지만 그는 가족을 위해 더 좋은 일을 하고 싶었다.

하산은 미국 이민의 기회를 주는 추첨에 응모했다. 그는 미국에서는 멋지게 살 수 있는 기회가 있지만, 그만큼 위험한 일도 많다고 들었다. 그와 같은 사람들은 매일 뼈 빠지게 일해야 한다는 것을 알았지만, 한번 삶을 바꿔보고 싶었다. 매년 그렇게 당첨을 기다리던 그는 결국 기회를 잡게 되었고, 가족들을 데리고 지구의 절반에 이르는 먼 거리를 날아 미국으로 갔다. 그는 새로운 삶을 시작해 성공했고, 고향에 돈을 보낼 수도 있었다.

하산은 차근차근 잘 해내고 있다. 언어와 관습 등 모든 것이 낯선 땅에서 그는 성공가도를 달리고 있다. 그의 아이들은 호기심으로 가득해서 즐겁게 지내고, 그의 아내는 모험을 감행한 그의 용기와 의지에 감탄한다. 위험을 감수하기 싫다는 이유로 얼마나 많은 사람들이 원하는 곳에서 살지 못하고, 하고 싶은 일을 하지 못하는가? 아프리카에서 미국으로 옮겨가는 것만큼 특별하고 완전히 다른 삶이 우리에게도 있을지 모른다. 하지만 그런 삶은 기꺼이 위험을 감수할 때에야 가능하다.

버디시스템●

당신에게는 위험을 피할 만한 충분한 변명거리가 있다고 생각한다면, 다시 생각해 보라. 당신은 과거의 경험에서 오는 두려움으로 인해 무력한 상태일 수 있다. 예컨대 과거에 바다 속에서 누군가로 인해 위험을 겪었다면, 당신은 그런 일이 다시 일어날 수 있는 바다 속으로 들어가는 것을 상상하기도 힘들 것이다. 하지만 그렇다고 해서 위험이 없는 세상에 마냥 머물러서는 안 된다. 당신 혼자서는 버디시스템의 효과를 누릴 수 없지만, 동료가 있다면 가능하다. 버디시스템은 두 사람이 한 팀이 되어 위험한 상황에서 서로를 안전하게 지켜 주는 방법으로, 오랫동안 이용되어 왔다.

● 잠수할 때 2인 1조로 조를 짜서 사고를 미연에 방지하려는 중요한 룰―역주

나는 한 팀을 이뤘던 형편없는 동료 때문에 완전히 열받은 일이 있다. 그는 나를 내팽개쳤으면서도, 내가 겁쟁이였던 것처럼 그냥 웃어넘겼다. 나는 마흔을 넘기면서 스쿠버다이빙을 시작했다. 하지만 뉴포트 비치에서 잠수한 적은 없었다. 물이 너무 차가웠기 때문이다. 나는 쌀쌀한 날에도 물 온도가 30도나 되는 온두라스에서 스쿠버다이빙을 배웠다. 하지만 뉴포트 비치의 물은 겨우 10-15도 정도이고, 8월이나 엘니뇨 현상이 있을 동안에만 잠깐 20도 이상으로 올라갈 뿐이다. 그래서 나는 그곳으로 스쿠버다이빙을 하러 가자는 친구 헨리의 제안을 수없이 거절했었다.

어느 날 헨리와 먼 바다로 배를 타고 나갔는데, 나는 승부욕에 자극되어 하루 정도는 오한과 추위를 견뎌낼 자신이 생겼다. 나는 내 나이의 반밖에 되지 않지만 숙련된 스쿠버다이버를 고용했다. 그런 찬 물 속에서는 현실 감각을 잃을 수도 있다고 생각했기에 경험 많은 동료가 필요했기 때문이다. 그리고 나서 우리는 얼음같이 차가운 물속으로 들어갔다. 엄청나게 두려울 정도로 가시거리는 겨우 1.5m 정도였고, 물은 예상보다 훨씬 차가웠다. 하지만 나는 겁쟁이로 보이고 싶지 않아서 계속 내려갔다.

얇디얇은 잠수복만 입은 채 가라앉으면서 공포심은 점점 커져 갔는데, 갑자기 내 동료마저 시야에서 사라져 버렸다. 이리저리 찾아보았지만, 암흑 속으로 멀리 사라지는 오리발만 보였다. 정말 놀랐다. 동료를 잃어버리다니. 나는 황급히 주위를 둘러보기 시작했고, 간신히 헨리를 발견할 수 있었다. 그때 '쉬익' 하는 소리와 함께 제멋대로인 애송이가 오리발을 팔락거리며 나타났다가 다시 어둠 속으로 사라졌다.

나는 그가 돌아오기를 기다렸다. 그가 다시 나타나자, 나는 손을 뻗어 그를 움켜잡았다. 그리고 수신호로 그와 내가 한 팀라는 것을 일깨워 주었다. 하지만 그의 행동이 대단히 짜증나고 수심 12m에서 내 영혼을 죽이고 있다고 알릴 만큼 만족스럽게 표현하지는 못했다. 우리의 동료 관계는 고작 2분정도 유지되었을 뿐이다. 잠깐 같은 방향으로 향하다가, 그는 '오리발'만 보이면서 다른 곳으로 달아나 버렸다. 그래서 나는 다시 두려움에 빠지고 말았지만, 용기를 내어 위험을 무릅쓰기 시작했다.

그때 내게는 수면 위로 올라가는 것이 가장 안전하면서도 쉬운 일이었다. 하지만 그렇게 했으면 어떻게 됐을까? 훗날 흥미진진한 이야기를 할 기회, 그리고 지금까지 겪었던 것 중에 가장 오싹한 모험을 맛볼 기회를 놓쳤을 것이다. 나는 믿을 가치가 없는 사람을 더 이상 의지하지 않았다. 그리고 헨리와 그의 동료와 함께 끝까지 스쿠버다이빙을 즐겼다.

당신이 위험을 감수하지 않아도 될 것 같은 안전지대에서 멀리 벗어나려면 동료가 있어야 한다. 당신과 비슷한 경험을 했으면서도, 그 경험에서 다른 성과를 거둔 사람을 동료로 삼아라. 그러면 당신은 하나보다는 두 사람의 힘에 의지해서 자신감을 높일 수 있다. 데이트를 하거나 모임에 나갈 때 당신을 도울 수 있는 사람이 누구인지 생각해 보라. 동료가 어떤 부분에서 당신이 다시 살아가도록 도와줄 수 있는지 생각해 보고 기록해 둬라. 그런 사람이 한명도 없다면, 영적 지도자나 회복 축제 모임을 통해 찾을 수도 있다. 당신이 안전지대에서 벗어나도록 도와줄 사람을 찾아달라고 부탁하는 것이 조금은 난처할 수도 있다. 하지만 당신이 들어가서 살고자 하는 세상은 위험을 감수할 만큼 가치가 있고, 분명히 그에 대한 보답이 있을 것이다.

딸 매들린과 나는 놀이동산에서 이런 동료 관계를 경험했다. 매들린은 항상 롤러코스터들과 애증의 관계에 있어서, 가끔 타고 싶어하다가도 다음에 용기를 내겠다고 기약하면서 공원 문을 나서곤 했다. 딸아이의 친구는 이미 놀이동산에 다녀온 적이 있어서, 매들린도 그 친구처럼 롤러코스터에 도전해 보기를 원했다. 우리가 롤러코스터들이 있는 곳으로 갔을 때, 가장 마지막 도전 과제로 남은 롤러코스터 '액셀러레이터'가 바로 우리 머리 위로 솟아오르고 있었다. 매들린은 그것을 보자 심장이 덜컥 내려 앉았다고 했다.

'액셀러레이터'는 순식간에 시속 130km로 승강장 밖으로 발사되었다. 죽음의 열차에 단단히 묶인 가련한 사람들 얼굴에 생긴 고통의 주름살은 보톡스로도 펼 수 없을 것 같았다. 일단 시속 130km에 이르면, 말 그대로 구름을 향해 똑바로 솟구치고, 꼭대기에서 공중회전을 하고는 곧게 떨어진다. 그리고 몇 번의 공중회전과 상하 뒤집어 구르기로 그 여정이 마무리된다. 우리는 그 과정을 더 가까이 가서 보고는, 다른 것들을 먼저 타보고 그 롤러코스터를 탈 것인지 결정해야겠다고 생각했다.

우리는 '액셀러레이터' 옆에 있는 꽤 시시한 롤러코스터들을 타고 나서, 슬슬 '액셀러레이터' 입구로 가서 줄을 섰다. 매들린은 '절대 타지 않겠다.'고 했다가 '한번 타보겠다.'고 마음을 바꿨다. 딸아이가 정말 무서워하면서도 그 롤러코스터를 타려고 했다는 사실이 내게는 꽤 인상적이었다. 할 수 있다고 큰소리 쳐놓은 것에 책임을 져야 한다고 생각한 모양이었다. 우리는 두 줄 중에서 더 짧은 쪽에 섰는데, 위에 올라가서야 열차의 앞칸에 타는 줄에 서 있었다는 것을 알았다. 매들린의 눈가가 조금 빨개졌다. 하지만 그 줄에 계속 있겠다고 했다.

차례가 되어서 우리는 맨 앞에 앉았다. 두려워서 롤러코스터를 타는 것조차 망설였는데 앞줄에 타기로 마음을 바꾸다니. 우리는 그 자리에 앉아서 롤러코스터가 출발하기를 기다리면서 부들부들 떨고 있었다. 내가 매들린을 쳐다보자, 그녀는 두려움을 애써 감추며 기대된다는 듯 방긋 웃었다. 하지만 딸아이가 정말 걱정되었다.

출발 카운트다운을 알리는 신호등이 깜빡이기 시작했고, 마지막 불이 들어오자 우리는 승강장 밖으로 대포처럼 발사되었다. 세상에 그렇게 오싹한 기분이라니. 내가 어떤 소리도 들은 기억이 없는 것을 보면, 내 뺨이 뒤로 쭉 당겨져서 내 귀를 막아 버렸던 것이 분명했다. 시속 130km에 다다르자, 우리는 솟구쳐 올라갔다. 로케트 머리 부분의 맨 앞에 매달려 있는 것 같았다. 그 다음에 꼭대기에서 공중회전 하듯 빙 돌았고, 곧게 떨어졌다. 나는 밖으로 떨어져 나갈 것만 같았다. 하지만 급하강한 후 마지막에 수평으로 안정되게 비행하면서, 나는 주먹을 번쩍 위로 올리며 딸아이를 봤고, 딸은 환하게 웃고 있었다.

그 이후의 공중회전 비행들은 쉽게 지나갔고, 열차는 순조롭게 멈췄다. "우리가 해냈어! 해냈어! 우후! 우리가 해냈다구!" 하고 나는 목청껏 소리를 질렀다. 출발선으로 나올 때 딸아이가 슬쩍 눈치를 줄 정도였다.

그 일은 내게 가장 무시무시한 경험이었고, 딸에게도 마찬가지였다. 하지만 내 생애 가장 흥분되는 경험이기도 했다. 우리 둘 다 모험을 택해서 하나라는 결속력을 갖게 되었다. 그것도 300m 상공에서. 땅에서 발을 떼려 하지 않았다면 절대 불가능했을 일이다. 우리는 상쾌함과 흥분, 심지어 아드레날린이 솟아나는 쾌감까지 느꼈다. 통제할 수 없는 위험에 과감히 도전했고, 삶이라는 롤러코스터를 탔기 때문이다.

매들린에게는 훨씬 더 모험이었을 것이다. 그녀는 나처럼 이것저것 많이 알 만큼 오래 살지도 못했으니까. 그녀는 롤러코스터가 실제로 얼마나 안전했는지도 몰랐으며, 탑승 전에 작동이 가능한지 수많은 테스트를 거친다는 사실도 몰랐다.

매들린은 두려움에 직접 맞서며 공포에 사로잡혀 있지 않고 용기 있게 앞으로 움직였다. 나는 내 딸이 "절대 안 된다!"는 고집을 버리고 롤러코스터 앞칸에 타는 용기를 보여 준 것이 매우 뿌듯했다. 다른 많은 경우에서처럼, 이번 일의 위험은 큰 보상을 안겨 주었다. 우리는 동료가 되어 롤러코스터에 올랐고, 평생을 두고 이야기할 만한 짜릿함을 느꼈다. 온전하게 살고자 한다면, 이처럼 위험을 감수해야 한다.

경계선 안에서의 모험

매들린과 함께 한 모험은, 정당하고 합리적인 것이었다. 우리는 밤에 놀이동산에 몰래 들어가 롤러코스터에 잠입해서, 관리자도 없고 안전벨트나 안전바도 없이 그 놀이기구를 타지는 않았다. 그렇게 했다면 부당한 모험이었을 것이다. 모험은 모두 불합리하다고 치부해 버릴 수도 있지만, 결코 그렇지 않다. 썩은 나뭇가지 위로 걸어가라고 당신을 떠미는 사람은 없지만, 튼튼한 가지를 택해서 그쪽으로 가라고 할 수는 있다. 당신이 모든 위험을 극단적으로 나쁘게 생각하면, 정당한 위험마저도 받아들이지 않기 십상이다.

따라서 정당한 위험과 정당하지 않은 위험을 구별할 줄 알아야 한다. 비행기 여행의 비유가 이에 적당하겠다. 당신이 비행하는 것을 두려워하면, 서커스단이 마을에 와도 인간 대포에 지원하라고 권하지 않을 것이다. 아주 튼튼한 안전망을 밑에 쳐 놓았겠지만, 내 생각에도 그것은 아주 위험하기 때문이다. 하지만 안전망도 없이 시속 800km 이상으로 하늘을 날아가는 비행은 권할 수 있다. 당신이 비행기 안에만 있다면 말이다. 매일 수없이 많은 비행기들이 예상대로 이륙하고 착륙하기에 나는 그 비행이 안전하다는 것을 안다.

비행기보다 차로 여행하는 것이 훨씬 더 위험하다는 통계 결과를 본 적이 있다. 자동차보다 비행기 여행에서의 부상자나 사망자가 더 적다는 것도 안다. 그래서 비행기를 타는 위험이 더 받아들이기 정당하다. 당신이 나름대로 위험의 경계를 정해 둔다면, 그 경계 안에서는 어떤 두려움도 없이 위험과 모험에 도전할 수 있다.

당신이 대인 관계에서 데었더라도 독신자 전용 술집에서 아무나 만나면서 다시 데이지 않기를 바라는 것은 바보 같은 짓이다. 당신이 받아들여야 하는 경계를 넘어서는 위험이다. 하지만 예배 후 커피 전문점에서의 독신자 모임에 어울리는 것은 수다 떠느라 당신의 혀가 얼얼해지는 정도가 위험이라면 위험이다. 당신은 위험으로 힘든 시간을 보냈기에 예전에는 경계와 범위를 정할 수 없었다. 하지만 정당한 모험은, 당신이 항상 기대했던 삶을 찾아 살아갈 수 있게 해준다.

두려움을 떨치면

내가 꾸준히 좋아하는 인용구 하나는 당신도 잘 알고 있을 만한 것이다. 이 인용구는 시어도어 루스벨트의 연설문에서 발췌한 것으로, 지금까지 가장 감동적인 연설문 중 하나로 꼽힌다. 이 글에서 그가 위험의 문제와 너무 안전한 삶을 택하는 것을 어떻게 이야기했는지 잘 볼 수 있다.

칭찬은 실제로 경기장에 있는 사람에게 돌아가야 합니다. 그 사람의 얼굴은 먼지와 땀과 피로 범벅되어 엉망이고, 그는 용감하게 싸우지만 자꾸 실수도 하고 기대에 못 미치기도 합니다. 하지만 대단한 열정과 헌신을 알고, 자신을 가치 있는 일에 사용하는 사람입니다. 최선의 경우에는 결국 큰 승리를 거두겠지만, 패배하는 최악의 경우라도 최소한 아주 용기 있게 싸우다 패배합니다. 승리도 패배도 모르는 냉정하고 소극적인 영혼들은 그의 영광의 자리에 함께할 수 없을 것입니다.

정말 마음에 드는 글이다. 이 글을 보며 나는 두려워도 앞으로 나갈 힘을 얻는다. 내게 일어날 수 있는 최악의 상황은 패배할 수도 있다는 것이다. 하지만 패배하더라도, 하나님께서는 변함없이 나를 사랑하시며 나와 함께 계실 것이다.

당신이 기꺼이 위험을 감수하지 못하는 이유는, 하나님과 그분의 사랑에 대한 당신의 생각과 깊은 관계가 있다. 우리는 끊임없이 넘어지더라도 하나님의 사랑으로 두려움을 극복할 수 있다. 하지만 우리가 기꺼이 위험에 도전하고 기꺼이 실패하더라도, 실패에서 배우려 하지 않는다면 우리와 하나님과의 애정 관계에 문제가 생길 수도 있다.

"사랑 안에 두려움이 없고 온전한 사랑이 두려움을 내쫓나니 두려움에는 형벌이 있음이라 두려워하는 자는 사랑 안에서 온전히 이루지 못하였느니라" 요일 4:18.

당신이 위험 없는 상태에 있다면, 사랑도 없는 상태일 수도 있다. 하나님과 당신의 애정 관계는 모두 엉망이 되었는지도 모른다. 당신이 몹시 두려워할지도 몰라서, 하나님께서는 그런 당신을 혼내시고 당신이 자진해서 밖으로 나와 삶을 즐기고 최선을 다해 살면서 다른 사람에게 봉사하도록 만드실 것이다. 당신이 하나님의 사랑에 대한 확신이 없고 하나님이 내리실 벌을 두려워하며 산다면, 위험을 용감하게 받아들일 수 없는 것은 당연하다. 두려움을 극복하고 삶의 위험 속으로 들어가려 한다면, 당신은 하나님이 주시는 사랑과 성령과 능력을 받아야 한다.

"하나님이 우리에게 주신 것은 두려워하는 마음이 아니요 오직 능력과 사랑과 절제하는 마음이니"딤후 1:7.

두려움으로 살고 있다면, 당신은 하나님께서 생각하신 대로 살고 있는 것이 아니다. 하나님께서는 당신이 두려움에서 자유로워지기를 원하시기 때문이다. 하나님은 당신이 두려움을 떨치도록 돕고 싶어하시며, 당신에게 삶이 무엇인지 깨닫게 해주시기 위해 당신을 위험에 빠뜨리기도 하신다. 하나님의 사랑은 너무나 강렬해서, 하나님의 사랑을 줄곧 방해해 왔던 것을 철저하게 알아낸다면, 당신은 그토록 갈망했고 위험을 피하면서 갖고자 했던 안전함을 느낄 수 있을 것이다.

하나님의 사랑 안에서 우리는 자유로워져서 사랑하고 또 사랑하게 된다. 그리고 우리가 또다시 거부당할 수 있다는 사실을 알면서도, 우리의 모든 것을 마음껏 또 다른 사람에게 줄 수 있다. 하나님의 사랑 안에서도 우리는 실패할 수 있으며, 그분께서는 우리의 실패를 거두시고 그것으로 굉장한 무언가를 만드실 것도 알고 있다. 그 사실을 알게 되면서 우리는 벽을 쌓는 일을 점점 늦추게 되고, 좀더 편안하고 열심히 살기 시작한다.

나는 당신이 너무 단단히 움켜쥐고 있는 것을 훌훌 털어버리도록 용기를 주려고 이 글을 쓰고 있다. 당신이 꼭 붙잡은 것을 풀어주고, 당신에게는 두렵지만 하나님과 당신 모두에게 전혀 부정적이지 않은 상황으로 하나님께서 이끄시도록 모두 맡겼으면 한다. 그분은 "내가 결코 너희를 버리지 아니하고 너희를 떠나지 아니하리라"히 13:5고 약속하셨다.

하나님께서는 당신을 절대로 버리지 않으실 것이다. 그리고 당신은 어떤 수를 쓰더라도 하나님에게서 도망칠 수 없다. 하나님은 당신을 떠나지 않으시고, 당신을 위해 항상 어디든 계실 것이다. 하나님은 당신에게 허락된 최고의 지원자이다. 하나님은 당신을 사랑하시므로 어디에든 계시면서 당신이 깨진 조각들을 다시 이어 붙여서 원래보다 훨씬 더 아름다운 것을 만들어내도록 도우실 것이다. 하나님께서 당신을 창조하셨으므로 항상 당신과 함께하실 것이다.

하나님께서 당신을 위해 그렇게 하시는데, 과연 누가 당신을 대적할 수 있겠는가? 하나님께서 당신을 구하려고 항상 대기하고 계신데 누가 당신을 해칠 수 있겠는가? 하나님은 진실로 당신을 사랑하신다. 하나님은 늘 당신과 함께하시므로 당신은 오늘을 두려워하거나 내일 다가올 일을 걱정할 필요가 없다.

위험을 감수해야 하는 이유

당신이 안전하게만 행동하려고 사용했던 핑계들이 많이 있다. 그 핑계들은 위험을 피하려는 목적을 달성하는 데는 꽤 효과가 있었겠지만, 좋은 삶을 사는 데에는 별로 효과가 없었다. 좋은 삶을 살려면 당신은 위험을 감수해야 한다.

위험을 견뎌내지 않고는 사랑할 수도 없고, 다른 사람을 보살펴 줄 수도 없다. 당신이 자신을 내어 놓았을 때 거부당할 가능성은 항상 있다. 그런 위험 없이 관계를 유지할 수는 없다. 사랑하고 보살피고 계속 소통하는 것은 삶에 의미와 목적을 주는 필수적인 요소들로, 위험을 감수할 만한 중요한 이유가 된다.

위험을 겪어내지 않고는 봉사할 수도 없다. 하지만 당신이 봉사하면 그리스도를 섬기는 일이 된다. 당신이 다른 사람에게 하는 일은 그리스도에게 하는 것이다. 당신이 하는 모든 일이 거부당해서 당신 얼굴에 도로 던져진다 해도 모험을 할 만한 가치는 있다. 당신이 봉사하고 나서 거부까지는 아니더라도 그 일로 환영받지 못하면, 결국 예수님의 고난에 동참하게 될 것이다. 그리스도는 이 땅에서 거의 늘 거부당하셨기 때문에, 당신도 거부당한 경험을 통해서 그리스도와 교제를 나눌 수 있게 된다. 그리스도와의 교제는 당신이 자진해서 위험을 택하지 않았다면 얻을 수 없는 치유법이 될 것이다. 당신의 세상을 어떤 위험도 비집고 들어올 수 없을 정도로 작게 만들 수는 없다.

위험의 치유력

위험은 믿음과 확신이 필요한 치유법이다. 그것은 자기를 보호하려는 생활방식을 없애준다. 당신은 치유받지 못하고 여전히 자신의 힘으로 살고 있어서, 그런 자기보호와 방어로 하나님의 능력을 무시하고 있다. 하지만 치유받은 사람들은 하나님의 은혜와 능력 안에서 산다. 당신이 하나님의 능력을 믿으면서 밖으로 걸음을 내딛을 때마다, 험한 과거에서 발전한 두려움을 조금씩 치유할 수 있다. 당신은 하나님을 온전히 믿고 그분의 능력 안으로 들어가서 조금 남은 영혼의 상처까지도 치유받아야 한다.

미리 막을 수 없는 시련과 슬픔으로부터 자신을 지키려 애쓰고 숨어 있으면, 치유받을 수 없다. 시련과 슬픔을 당신 자신의 힘으로 막으려 하지 않고, 하나님의 능력을 믿으면서 위험을 각오하고 그 시련과 슬픔 속으로 들어갈 때 치유도 있다.

설교의 황제 찰스 해돈 스펄전은 "걱정은 내일의 슬픔을 사라지게 하지 않고 그저 오늘 힘만 없앤다."고 했다. 걱정으로는 치유받을 수 없다. 그 걱정은 오늘 필요한 힘만 빼앗아 갈 것이고, 즐겨야 할 내일마저 훔쳐갈 것이다.

위험을 회피하는 삶을 치유해야 하는 사람들을 위한 답이 베드로전서 5:7에 있다. "너희 염려를 다 주께 맡기라 이는 그가 너희를 돌보심이라." 지금 당장 그렇게 하라. 하나님이 당신을 돌보신다고 믿어야 한다. 당신이 하나님께 모든 두려움을 맡긴다고 기도하는 것은 위험을 무릅쓰는 것이다. 당신은 다음에 일어날 일에 대한 들뜬 기대감에 치유받아 놀이기구의 맨 앞자리에 앉아서 당신의 삶을 타고 나아갈 각오가 되어 있다.

"평안을 너희에게 끼치노니 곧 나의 평안을 너희에게 주노라 내가 너희에게 주는 것은 세상이 주는 것과 같지 아니하니라 너희는 마음에 근심하지도 말고 두려워하지도 말라" 요 14:27.

나는 당신이 하나님의 치유하시는 사랑을 느끼기를 기도한다. 당신이 혼자서 매달렸던 것과 하나님께 모든 삶을 드리기 위해 해야 하는 것을 한 번 자세히 적어 보라. 하나님의 평화를 누리고 밖으로 나아갈 용기를 얻어, 다시 상처 받는 한이 있더라도 새로운 삶을 시작하기 위해서는 어떤 일이 일어나야 하는 것일까?

"더는 고통 받지 않겠어. 내가 나를 지킬 거야."

어떤 고통에서든 당신을 스스로 지켜야만 한다는 말은 새빨간 거짓말이다. 당신이 이 거짓말에 따라 살려고 애썼다면, 한 가지만 물어보자. 다음에는 나쁜 일이 비켜가기를 바라면서 사는 삶이 당신을 진정으로 지키는 삶인가? 그런 삶은 진정한 삶이 아니라고 말하고 싶다. 그래, 당신을 지켜라. 하나님께서 당신에게 주신 것을 현명하게 관리하라. 하지만 두려움과 고난 때문에 새로운 삶을 사는 것까지 방해받아서는 안 된다.

앞으로도 당신은 틀림없이 상처 받을 것이고, 그 상처를 미리 막을 수도 없다. 하지만 상처가 생길 때마다 하나님을 믿고 따를 수는 있다. 당신에게는 당신을 지킬 힘이 없지만, 하나님은 그 상처마저도 당신의 가치를 높이고 하나님의 영광을 높이는 것으로 바꿔 놓을 힘을 가지신 분이다. 당신이 모든 상처에서 자신을 지킬 수는 없겠지만, 위험을 각오하겠다고 결심만 하면 하나님이 계획하신 삶을 놓치지 않을 수는 있다.

치유, 곧 회복은 선택이다. 하나님의 선택이다. 하지만 우리는 몇 번이고 하나님의 바람을 거부해 왔다. 우리의 고집 때문에 우리는 삶의 현실을 객관적으로 보지 못하지만, 하나님께서는 우리에게 회복을 선택하도록 부추기신다. 위험에 도전하겠다고 결심하는 것보다 더 어려운 선택은 없다. 오늘 그렇게 결심한 당신에게 경의를 표한다. 놀라운 용기를 보여 준 당신에게 하나님의 축복이 함께하기를.

HEALING IS A CHOICE

내 삶의 목적을 회복하라.
변화는 선택으로 찾아온다
선택 1 관계를 맺기로 선택하라
vs 거짓말 회복되려면
하나님과 나의 관계만 좋으면 돼!
선택 2 감정을 피하지 않고 느끼기로 선택하라
vs 거짓말 진짜 그리스도인이라면
모든 상황에서 평안을 누릴 수 있어야 해
선택 3 당신의 삶을 진리 가운데
비추어보겠다고 선택하라
vs 거짓말 뒤돌아보거나 안으로
파고들어봤자 좋을 거 하나 없어
선택 4 당신의 미래를 치유하기로 선택하라
vs 거짓말 시간이 지나면 상처는
다 치유될 거야
선택 5 당신의 삶에 필요한 도움을 받기로 선택하라
vs 거짓말 이건 나 혼자서도 해결할 수 있어
선택 6 당신의 삶 전체를 포용하겠다고 선택하라
vs 거짓말 아무 문제없는 듯 행동하면 괜찮아질거야
선택 7 용서하기로 선택하라
vs 거짓말 용서를 받을 자격이 있는
사람은 따로 있어
선택 8 위험을 감수하겠다고 선택하라
vs 거짓말 더는 고통받지 않겠어.
내가 나를 지킬 거야 선택 9 섬기기로 선택하라
vs 거짓말 섬기려면 내가 먼저
치유받고 완전해져야 해
선택 10 끝까지 인내하겠다고 선택하라
vs 거짓말 내게 희망이라곤 없어

Chapter 9

|선택 9| **섬기라**

VS

|거짓말 9| 내가 완전히 치유받고 강해져야
하나님을 섬길 여유가 생길 거야

| 선택 9 |

섬기라

> "우리 각 사람이 이웃을 기쁘게 하되 선을 이루고 덕을 세우도록 할지니라."
> 다른 사람들을 치유하기 위해 당신이 가진 것을 사용할 때에야 비로소
> 당신은 진정으로 치유를 경험하게 된다.

사사기에는 많은 사람들이 잘 아는 멋진 이야기 한편이 등장한다. 기드온이라는 사람의 이야기이다. 기드온은 두 가지 일화가 유명한데, 그중 하나는 하나님께서 함께하시는지 알아보려고 양털로 시험한 이야기이다. 어느 날 밤 기드온은 하나님께 양털만 젖고 주변 땅은 젖지 않게 해달라고 기도했다. 그 다음날 밤에는 양털만 빼고 그 주변 땅을 다 젖게 해달라고 기도했다. 하나님은 기드온의 기도를 들어주셨고, 기드온은 하나님이 함께하신다는 것을 알게 되었다.

젊은 시절, 건너 마을에 살던 패트리샤를 좋아했던 나는 기드온이 했던 대로 하나님께 기도를 드렸다. 잔디밭에 솜뭉치를 올려놓고, 패트리샤가 나를 좋아한다면 이슬이 내려도 솜뭉치가 젖지 않게 해달라고. 안타깝게도 그녀는 내 사랑이 될 운명은 아니었던 것 같다. 물론 바보 같은 짓이었지만 지금도 많은 사람들이 그런 기도를 한다. 양털 사건은 기드온만을 위

해 하나님께서 계획하신 특별한 체험이었다는 것을 알지 못한 채 말이다.

기드온과 관련된 유명한 또 하나의 일화는, 이길 가능성이 전혀 없어 보였던 전쟁에서 크게 승리한 이야기이다. 고작 300명으로 13만 5천 명이나 되는 정예군에 맞서 싸워야 한다면 어땠을까? 나 역시 기드온처럼 하나님이 정말 우리와 함께하시는지 확인하려고 확실한 징표를 구했을 것이다. 우리가 알다시피 사사기 6장에는 13만 5천에 달하는 병사들이 혼란에 빠져 서로 싸우고 죽이거나 공포에 질려 먼 나라로 달아나는 장면이 나온다. 이 위대한 이야기의 주인공은 하나님을 섬기고자 했으나 자신은 할 수 없다는 의심으로 가득했기에 확신이 필요했다. 그리고 어찌 됐든 앞으로 나아가 승리했다. 한 사람의 일생에서 하나님이 그렇게 능력 있게 일하시다니 이 얼마나 위대한 이야기인가?

그러나 나에게 가장 인상 깊었던 장면은 기드온이 승리를 거두는 장면이 아니었다. 하나님이 양털을 가지고 기드온에게 확신을 심어 주시던 장면도 아니다. 물론 흥미로운 이야기였지만, 압권이었던 건 아니다. 내게 가장 근사하게 다가왔던 이야기는, 사사기 6:11-16에 나오는 대목이다.

"여호와의 사자가 아비에셀 사람 요아스에게 속한 오브라에 이르러 상수리나무 아래에 앉으니라 마침 요아스의 아들 기드온이 미디안 사람에게 알리지 아니하려 하여 밀을 포도주 틀에서 타작하더니 여호와의 사자가 기드온에게 나타나 이르되 큰 용사여 여호와께서 너와 함께 계시도다 하매 기드온이 그에게 대답하되 오 나의 주여 여호와께서 우리와 함께 계시면 어찌하여 이 모든 일이 우리에게 일어났나이까 또 우리 조상들이 일찍이 우리에게 이르기를 여호와께서 우리를 애굽에서 올라오게 하신 것이 아니냐 한 그 모든 이적이 어디 있나이까 이제 여호와께서 우리를 버리사 미디안의 손에 우리를 넘겨 주셨나이다 하니 여호와께서 그를 향하여 이르시되 너는 가서 이 너의 힘으로 이스라엘을 미디안의 손에서 구원하라 내가 너를 보낸 것이 아니냐 하시니라 그러나 기드온이 그에게 대답하되 오 주여 내가 무엇으로 이스라엘을 구원하리이까 보소서 나의 집은 므낫세 중에 극히 약하고 나는 내 아버지 집에서 가장 작은 자니이다 하니 여호와께서 그에게 이르시되 내가 반드시 너와 함께하리니 네가 미디안 사람 치기를 한 사람을 치듯 하리라 하시니라."

성경에서 이 이야기를 접했을 때, 내게는 상당히 큰 의미로 다가왔다. 기드온이 형편없는 용사였는지는 몰라도, 나는 이 부분이 아주 마음에 든다. 하나님에 대한 두 가지 놀라운 사실을 알 수 있기 때문이다.

첫째, 기드온은 주변 상황 때문에 하나님을 의심하고 있었다. 당시 이스라엘 민족은 미디안 족속의 끊임없는 학대로 힘들게 살고 있었고, 기드온은 그것이 못마땅했다. 하지만 하나님이 보시기에 이스라엘 민족은 악한 일을 한 결과로 학대를 받고 있는 것이었다. 하나님께서 기드온에게 다가오셨을 때, 그는 아직 온전히 믿는 사람은 아니었다. 과거 하나님이 이스라엘 민족을 애굽에서 해방하시기 위해 놀라운 기적을 행하신 것을 들어왔지만, 직접 본 일이 없었던 것이다. 하지만 그가 하나님께서 말씀하신 대로 행하고 바라시는 대로 섬긴다면, 지금껏 일어난 기적들 못지않게 놀라운 일들을 경험할 수 있을 터였다.

당신도, 바로 지금 어려움 가운데 있는 당신도 하나님이 과연 살아 계실까, 내 삶에 간섭해 주실까 하고 의심하고 있는지 모르겠다. 하나님이 하늘에도 계시지 않고, 당신에 관해 조금도 신경 쓰지 않으시는 것처럼 느껴질 수 있다. 또 마음이 너무 허약해져서 하나님의 능력이 당신 삶에 무언가 이루어낼 거라고는 생각도 못할 수 있다. 그러나 그분을 알아보지 못했고, 임재조차 느끼지 못했던 기드온과 함께하셨던 것처럼, 하나님은 당신과 함께 계시며 당신을 사용하기 원하신다.

이혼할 지경이거나 혹은 이혼의 아픔에서 조금씩 헤어나는 중이라면, 이런 이야기가 불합리하게 들릴지 모른다. 자녀에게 닥친 불행과 씨름 중이라면, 하나님이 함께하신다는 사실을 좀처럼 납득할 수 없을 것이다. 하지만 하나님은 지금 당신을 위해 당신과 함께 계신다. 당신은 기드온이 했던 그 무언가를 해야 한다.

300명으로 13만 5천의 대군을 물리쳤던 기드온의 기적을 경험하려면, 하나님을 신뢰해야 한다. 하나님은 당신이 그분을 섬기기 원하신다. 그분은 당신의 인생을 위해 목적을 설정해 두셨다. 그분은 당신이 그 목적을 따르기 원하시고, 하나님 나라의 확장을 위해 당신을 사용하고자 하신다. 당신이 덩치만 큰 아기처럼 칭얼대며 마지못해 따라간다 할지라도, 그분은 당신을 선택하고 사용하실 것이다.

투덜거리거나 고함을 질러도 좋다. 그러나 그분이 원하시는 자리에 꼭 나아가라. 하나님의 임재를 의심해도 좋다. 그러나 용기를 내서 보이지 않는 것을 한번 믿어보라. 고통과 학대가 최고조에 달하고 철저하게 무시당하는 상황이 되면, 당신은 하나님이 계시지 않거나 혹은 그 일에 관여하시지 않는다고 느낄지 모른다. 기드온은 이렇게까지 학대를 받았던 것 같지는 않다. 하지만 하나님은 그곳에 계셨고, 당신이 허락할 때 당신을 사용하시기 위해 계속 계획을 세워 오셨던 것처럼, 기드온을 사용할 계획을 줄곧 세우고 계셨다.

기드온의 이야기가 내게 의미있게 다가왔던 이유는, 15절에 나온 그의 반응 때문이다. 기드온은 자신이 섬김의 자리로 부르심 받았다고 하면서, 그것을 하나님의 큰 실수로 여겼다. 그는 므낫세 지파 가운데서 가장 약한 가문 출신이었다. 가난한 자들 중에서 가장 가난했다. 하지만 하나님은 이처럼 약한 사람들 한가운데서 민족 지도자를 세우셨다. 가장 작은 가문에서 가장 약한 자인 기드온을, 자신을 섬길 강한 용사로 선택하셨다.

당신은 분명 내 말의 요지를 이해할 것이다. 하나님은 이스라엘 온 나라를 샅샅이 뒤져 승리를 안겨 줄 노련한 용사를 찾으신 게 아니었다. 하나님은 약하고 약한 사람들 중에서도 이길 가능성이 전혀 없어 보이는 가장 약한 자를 고르셨다. 이는 모세를 택하셨던 상황과 비슷하다. 모세는 언어장애가 있었다. 그러나 하나님은 그분의 목소리를 낼 사람으로 모세를 선택하셨다. 기드온이 하나님의 용사로 부족했던 것처럼, 모세도 하나님의 목소리로 삼기에는 적합한 인물이 아니었다. 그러나 그들은 하나님의 선택이었다. 하나님은 온갖 거장들을 마다하고 기드온을 선택하셨으며, 그를 통해 승리의 영광을 취하셨다. 그리하여 기드온은 몇 천 년이 지난 오늘날까지도 사람들의 입에 오르내리는 전설이 되었다.

핑계는 없다

내가 일찍이 배운 것이 하나 있다면, 하나님께서 나를 위해 정하신 삶을 놓칠 만큼 대단한 핑계는 없다는 사실이다. 기드온의 이야기가 그 점을 더 분명하게 해주고 있다. 기드온은 가장 약한 자였지만 하나님의 승리를 멋지게 이뤄냈다. 좀 민망하긴 하지만, 마치 내 이야기 같다.

나는 박사학위 같은 것은 없지만 최고의 사람들과 일한다. 주일학교에서 만난 여성과 결혼한 후 비록 결혼생활을 끝까지 이어가지 못했지만, 누구보다 훌륭한 결혼생활을 해내고 있는 사람들과 일한다. 방송이나 방송 언론을 전공하지도 않았으나 라디오 방송을 맡고 있으며, 방송국 책임자들은 내 프로그램이 다른 어떤 프로그램보다 많은 신규 청취자를 끌어 모으고 있다고 말한다. 내가 더 능력이 있고 내 삶이 좀더 완벽했다면 좋았을 것이라는 생각도 해보았지만 그렇게 되지 않았다. 하지만 그런 내 모습에도 불구하고, 하나님은 어떻게든 나를 사용하셨다.

혼자 틀어박혀 하나님을 섬기지 않을 핑계는 얼마든지 있다. 그러나 그 어떤 핑계도 하나님이 주신 것을 놓칠 만큼 좋은 것은 없었다. 나는 낙태 비용을 지불했다는 사실을 핑계로 하나님의 말씀을 전하지 않고 방관하며 지낼 수도 있었다. 그런 끔찍한 경험이 있었는데도, 하나님은 지난 10년 동안 내가 위기 임신 상담센터 Crisis Pregnancy center를 돌아다니며 강의할 기회를 허락해 주시고, 수백만 달러의 기금을 모을 수 있도록 도와주셨다. 내가 그렇게 쓰일 수 있었다는 것이 얼마나 큰 은혜인지.

나는 너무나 많은 실패를 겪었지만 하나님은 내 삶에서 일어난 모든 일들이 가치가 있다고 말씀하시며 영광을 받으셨다. 그러므로 내가 어떤 실패를 겪을지라도 하나님께서 나를 여전히 사용하시려 한다면, 그 일이 아무리 곤란하고 초라한 것이라 할지라도 나는 하나님께 쓰임 받기를 원한다. 물론 여러분도 마찬가지일 것이다.

당신의 핑계는 무엇인가

당신이 성경을 믿는다면, 기드온의 이야기에 영향을 받아야 한다. 하나님께서 성경을 통해 말씀하신다는 것을 믿는다면, 당신이 하나님을 섬기지 않으려는 어떤 핑계도 극복할 수 있도록 돕기 위해 하나님께서 이 이야기를 사용하셨다는 것도 분명히 믿을 것이다. 기드온의 이야기는 하나님이 약한 족속에서 택하신 약한 사람이 보잘것없는 군대를 이끌고 거대하고 힘센 적군을 무찌르는 내용이다. 그렇다면 당신의 이야기는 무엇인가?

언젠가 구약과 신약 다음의 세 번째 성경이 쓰이면서 당신의 이야기가 등장한다면, 어떤 이야기가 들어가게 될 것인가? 최고의 강적에 맞서 싸워 승리를 얻어낸 위대한 이야기일까? 의심과 두려움에도 불구하고 당신이 어떻게 하나님의 말씀에 응답하고 하나님을 섬겼는지에 대한 이야기일까? 아니면 당신이 모든 핑계를 거부하고 하나님이 주신 목적과 소명을 이루어낸 이야기일까? 이 책을 읽으면서 당신의 삶 속에 있는 모든 핑계거리를 없애고 하나님을 섬기겠노라 결심하기를 바란다.

하나님을 섬기지 않기 위해 지금까지 어떤 변명을 늘어놓았는가? 약하다는 핑계? 삶이 변하고 사람들이 변화된다면, 하나님은 그 결과로 인해, 또 기적을 낳기 위해 당신을 사용하셨다는 사실로 인해 곱절의 영광을 받으실 것이다. 상처 입었다는 핑계? 그것도 완벽한 핑계이다. 하나님이 상처 입은 자를 통해 다른 사람을 치료하시면, 아픈 사람의 삶에서 나온 결과로 영광을 받으실 뿐만 아니라, 다른 사람들을 도와주며 당신 안에서 시작된 치유의 과정을 사람들이 보게 될 때 또한 영광을 받으실 것이다. 재주가 없다는 핑계는 어떤가? 이것도 핑계가 될 수 있겠다. 그러나 하나님 앞에서는 재능이 필요 없다. 오직 하고자 하는 의지만 필요하실 뿐이다. 하나님은 당신의 자원하는 마음을 받으시고 그것을 엮어 앞으로 오랜 세월 당신 자손들의 입에 오르내릴 수 있을 만한 기적을 만드실 것이다.

나는 당신에게 지금 당장 모든 핑계를 버리고 하나님을 섬기라고 말하고 싶다. 당신의 상황은 기드온만큼 나쁘지는 않을 것이다. 또한 당신을 위해 준비하신 하나님의 목적을 따라 나아간다면, 기드온에게 일어난 기적이 당신에게 일어나지 말라는 법은 없을 것이다. 모든 핑계를 버리고, 당신의 삶과 섬기는 마음을 회복하라. 이렇게 할 때 당신은 당신의 삶에 찾아오는 치유의 힘에 깜짝 놀라게 될 것이다.

생기를 찾다

조금은 미안한 말이지만, 나는 해럴드 휘트먼이 누구인지 모른다. 내가 알기로 월트 휘트먼의 손자쯤 될 것이다. 그런데 2004년 『렐러번트』 Relevant 지 7-8월호에 그의 말이 인용되었다. 나는 거의 한 페이지에 달하는 그의 글을 뜯어내 따로 간직하고 있다. 그 내용을 당신과 함께 나누고 싶다. 그는 이렇게 말했다.

"세상 사람들이 필요로 하는 것을 자신에게 요구하지 마세요. 당신에게 생기를 주는 일을 먼저 하고 난 후 세상을 돌아보세요. 세상은 생기가 넘치는 사람을 필요로 하거든요."

당신의 삶과 섬기려는 마음을 회복하고 나면 새로운 삶이 기다리고 있다. 두 눈은 변화되었다는 기쁨으로 반짝이고, 당신의 영혼은 하나님을 섬기면서 쓰임 받을 것이라는 기대감으로 꿈틀거린다. 섬김은 치유와 생기 넘치는 삶을 위한 선택이다. 그것은 당신 자신에게서 벗어나 다른 사람을 향해 나아가는 행동이다. 또한 하나님이 일하시는 방식을 비로소 당신이 이해하게 되었다는 증거이기도 하다.

하나님은 우리가 능력이 뛰어나서 사용하시는 것이 아니다. 우리의 부족함에도 불구하고 그분은 우리를 사용하신다. 하나님은 우리가 약한 자를 도울 만큼 강해질 때까지 기다리시지 않는다. 우리를 약한 모습 그대로 택하셔서 다른 약한 사람들과 연결해 주신다. 그리고 우리를 끊임없이 치유하시는 동시에, 그들을 함께 치유하시는 기적을 행하신다.

회복을 위한 모든 선택을 하면서도 하나님을 섬기겠다는 선택을 하지 않았다면, 당신은 삶에 관하여 완전히 깨닫지 못한 것이다. 당신은 지금 분명 가슴이 뛸 것이다. 용기를 가져라. 당신이 얼마나 부당한 대우를 받았고, 그로 인해 얼마나 큰 상처를 받았는지가 당신 삶의 전부는 아니다. 오히려 당신의 삶은, 상처를 주었기 때문에 당신이 나쁜 사람이라고 생각하는 그 사람들을 하나님이 사용하셔서 어떻게 선하게 이끄셨는지에 관한 이야기이다.

예전에 당신이 했던 모든 선택들은 당신을 지금 이 섬김의 장소로 데려오기 위한 것이었다. 지금까지 당신이 내린 모든 선택이 당신을 섬김의 장소로 이끌어 다른 사람에게 손을 내밀고 당신이 할 수 있는 최소한의 일을 하도록 자극을 주지 못했다면, 그 선택들은 피상적이고 불충분한 선택일 뿐이다. 하나님이 바라시는 것은 당신이 그분에게 받은 것 중 아주 작은 부분이라도 다른 사람에게 베푸는 것이다.

하나님께 돌려드리라

섬긴다는 것은 의외로 간단하다. 섬김은 되돌려 주는 것이다. 하나님은 우리에게 재물을 주시면서 그 일부는 돌려받고 싶어하신다. 그분은 부자가 돌려드린 거액의 돈보다 가난한 사람이 돌려드린 몇 푼 안 되는 돈을 더 크게 쓰시기도 하신다. 하지만 그보다 더 중요한 것은 하나님이 우리 삶의 일부를 돌려받고 싶어하신다는 것이다.

이 원칙을 보여 주는 결정적인 말씀이 고린도후서 1:4이다.

"우리의 모든 환난 중에서 우리를 위로하사 우리로 하여금 하나님께 받는 위로로써 모든 환난 중에 있는 자들을 능히 위로하게 하시는 이시로다."

지금 당신은 아직 충분히 위로받지 못했다고 생각할지도 모르겠다. 당신도 섬기고 싶다고 말할 수도 있지만, 아직 기분이 제자리를 찾지 않아 섬기는 것이 제대로 될 것 같지 않다. 어쩌면 당신은 죽을 때까지 그렇게 말할 수도 있다. 개인적으로 충고하자면, 그런 핑계는 멀리 던져 버려라. 하나님이 주시는 위안은 무엇이든 받아들이고 활용하라. 당신이 학대받으며 다른 사람의 죄에 희생되어 지옥 같은 삶을 경험했다면, 당신이 그동안 견디고 회복해 온 방법을 활용하여 당신보다 더 혹독한 시간을 보내고 있는 누군가를 도와야 한다. 물론 당신도 모든 것을 이해하는 것은 아니겠지만, 당신이 알고 있는 것조차 모르는 사람들이 있기 때문이다. 당신에게 있는 미미한 것을 활용하여 다른 사람에게 손을 내밀라.

감춰진 능력

내가 지금까지 이야기한 것은, 자신의 약점을 가지고 남을 섬기고, 상처를 사용하여 다른 사람들을 치유할 수 있다는 것이었다. 당신이 자진해서 하나님을 섬기면, 하나님은 어떤 것도, 심지어 당신의 상처와 배신감조차도 허비하지 않고 사용하신다.

당신의 문제에 얽매여 자기에게만 집착하는 태도를 버리고 사람들을 도와주며 당신이 받았던 위로로 다른 사람들을 위로하는 역동적인 삶을 살 수 있다. 또한 당신의 고통을 새로운 목적으로 변화시키고, 당신의 불행을 새로운 사명과 봉사로 발전시켜 나갈 수 있다. 뿐만 아니라 사탄이 우리를 파멸시키려고 사용하려 했던 악한 것을 가지고 선한 것을 만들어 갈 수 있다.

이 모든 섬김은 모두 의미가 있으며, 우리가 얼마나 약하고 상처를 입었든지 간에 하나님께서 우리를 보내실 곳과 목적을 계획하고 계신다는 사실은 우리 모두에게 용기를 준다.

이와는 다른 종류의 섬김도 있다. 하나님이 우리의 장애와 부족함을 취하셔서 섬김의 기반으로 바꾸시는 것이 아니라, 우리의 강점을 취하여 하나님 나라의 선을 위해 바치게 하시는 것이다. 하나님은 모든 사람 안에 여러 가지 숨겨진 능력을 넣어 두셨는데, 이 능력을 통해 다른 사람들보다 더 효과적으로 잘하는 분야가 있다. 당신이 자신 안에서 혹은 다른 사람들 안에서 그런 능력을 발견하면, 정말 감탄할 수밖에 없다. 특히 당신이 그런 능력을 이미 가지고 있었거나 사용하고 있었는지조차 몰랐던 경우에는 더욱 놀라게 된다.

바로 지난달, 나는 내게 지금까지 알지 못했던 두 가지 신비한 능력이 있다는 것을 알게 되었다. 내 이야기를 들으면, 당신도 같은 능력을 가졌다는 것을 발견하게 될 것이다.

첫 번째 능력은 소소한 것이지만 다소 색다르고 특이한 능력이다. 나는 줄곧 우리 집에서 뉴 라이프 목회 관리팀 모임을 가져 왔다. 그들이 올 때면, 나는 집을 티끌하나 없이 깨끗하게 치우고, 벽난로 위에 꽃을 꽂아두며, 아침을 준비한다. 내가 왜 이런 일들을 할까? 그 일들이 가장 편하기 때문이다. 나는 내 집에 온 사람들이 환영받고 있다고 느끼며 자기 집처럼 편안하게 느끼기를 바란다. 그래서 별 것은 아니지만 이런 식으로 내가 아끼는 사람들을 섬기는 것이다. 내게 남들을 대접하는 능력이 있다는 것을 발견했기 때문이다. 이 능력은 하나님이 그분의 일을 위해 내 안에 두고 사용하시는 숨겨진 능력이기도 하다.

나는 항상 이런 식으로 해왔다. 손님들에게 잠자리를 제공해야 하는 상황이 오면, 나는 침대용 물병을 구입하여 물을 준비하고, 침대 옆에 사탕도 놓아두었다. 부부가 함께 머무를 경우에는 혹시 그들이 로맨틱한 분위기를 원할지도 모른다는 생각에 양초를 준비해 두기도 했다. 또 새 수건들이 어디에 있는지 확실히 알려주었고, 머무르는 동안 세심하게 돌보면서 편안히 느끼도록 배려했다.

남자로서 그런 종류의 은사를 갖는다는 것이 아주 바람직한 것은 아닐 수도 있다. 하나님이 내게 그 능력만 주신 것은 아니라는 사실도 기쁘지만, 내 삶을 돌아보건대 확실히 나는 남을 대접하는 은사가 있다. 이는 사람들이 꽤 힘든 상황에서 편안함을 느낄 수 있도록 교회에서 주로 사용해 오던 은사이기도 하다. 어떤 사람들은 이 재능으로 학대받은 사람을 위한 보호소나 노숙자 쉼터를 만든다.

우리가 이 사소한 은사를 하나님께 바치면 하나님은 수만 가지 방법으로 사용하신다. 당신도 그런 재능이 있다고 생각하고 있을지도 모른다. 하지만 하나님을 위해 사용해 본 적이 있는가? 숨겨진 능력과 신기한 재능으로 하나님을 섬기는 데 전념한 적이 있는가? 그런 적이 없다면, 이제부터라도 그렇게 하기로 결심하면 된다.

어떤 사람들은 섬김의 재능을 더 크게 사용해서 더욱 많은 사람들을 섬기기도 한다. "믿음의 여성" 대표인 메리 그레이엄은 내가 아는 누구보다 더 효과적으로 이 은사를 사용하는 사람이었다. 나는 프리스코에 있는 그녀의 집을 둘러보는 것을 좋아한다. 그 집에 들어서면 세상의 모든 사랑이 가득 차 있는 것처럼 느껴진다. 그 따뜻한 느낌에 몇 시간이든 몇 달이든 더 머물고 싶을 정도이다. 그 누구도 메리만큼 이 일을 잘할 수는 없을 것이다. 그녀는 집에서뿐 아니라 사역에서도 자신의 은사를 유감없이 발휘했다.

그녀는 이 은사를 활용하여 수많은 여성들을 위해 춥고 음침한 체육 강당을 집처럼 편안한 공간으로 만들어냈다. 그녀가 강연할 때는 특유의 솜씨와 매력적인 스타일로 2만 명이나 되는 여성들이 각자 자신에게 개인적으로 이야기하는 듯한 느낌을 갖게 한다. 강단에서 보여 주는 그녀의 따뜻함과 친절은 그녀의 집에서도 한결같이 느낄 수 있다. 어떻게 그럴 수 있는지 정말 신기할 따름이다. 그녀는 분명 하나님께 신비한 능력을 받은 것이 틀림없다. 나는 그것을 '대접의 은사'라 부른다.

당신에게 대접하는 은사가 없을 수도 있다. 당신만 그런 것은 아니다. 다른 사람을 후하게 대접하는 은사는 그다지 많은 사람들이 가지고 있지 않은 독특한 은사이다. 그러나 성경을 잘 읽어보고 당신의 삶을 면밀하게 살펴보면, 당신이 깨닫지 못하는 다른 여러 은사를 갖고 있다는 사실을 알게 될 것이다.

오랫동안 감추어져 있던 '대접의 은사'를 깨닫게 된 후, 나는 다른 신비한 능력이 또 감추어져 있는 것은 아닌지 궁금해졌다. 나는 스스로에게 질문을 던져 간단한 검사를 해보았다. 그 내용은 이 장의 뒷부분에서 소개하도록 하겠다. 나를 점검하고 난 후, 정말 감사하게도 나는 하나님께서 주신 다른 은사를 찾아냈다. 그러나 안타깝게도 지금까지 내가 그 은사를 거의 사용하지 않았다는 것도 알았다. 이제 내가 그런 은사를 가졌다는 것을 알게 된 이상, 그동안 허비한 시간을 만회해 볼 계획이다.

지난 해, 내가 위니펙 프라미스 키퍼스에서 설교를 마친 후 사람들을 강단으로 초청하는 시간을 가졌을 때, 수백명의 사람들이 앞으로 나와 울면서 죄를 고백하고 하나님께 순종하기로 결심했다. 너무나 많은 사람들이 한꺼번에 몰리는 바람에 다른 목회자들에게 도와달라고 청해야 했다. 며칠 후, 마니토바에서 다시 설교했을 때에도 같은 상황이 벌어졌다. 이번에도 수백명의 사람들이 쏟아져 나오는 바람에 다른 목회자들에게 도움을 청할 수밖에 없었다. 사람들의 삶을 변화시키기 위해 움직이시는 성령의 신비한 힘을 볼 수 있었다. 하나님은 약한 자 중의 약한 자인 나를 사용하셔서 그 일에 참여하게 하신 것이다.

그 일이 있기 몇 주 전, 나는 뉴 라이프 총회에서 마지막 순서로 설교를 한 적이 있었다. 설교를 거의 마칠 즈음, 나는 청중들에게 그들의 삶을 하나님께 완전히 혹은 부분적으로나마 내어드리라고 요청했다. 유례없이 거의 모든 사람들이 일어나 강단 앞으로 나와서 그리스도를 위한 결심을 하는 것 같았다. 그들은 펜실베이니아 벤살렘 땅위에 서약의 말뚝을 박고, 앞으로 그들의 삶이 예전 같지 않을 것이라고 맹세했다.

그 교회의 담임목사는 내게 그 순간이 그에게 무척 의미 있는 시간이었다고 말했다. 나중에 내 친구인 존도 내게 자기는 사무실로 돌아가 동료들에게까지 뉴 라이프 총회에 참석했다는 것을 말했다고 이야기해 주었다. 내가 사람들을 하나님 앞으로 초청하는 순서를 가졌다는 이야기도 했다고 했다. 그는 이렇게 말했다.

"빌리 그레이엄을 만난 것처럼 아주 감동적인 순간이었네."

내가 빌리 그레이엄만큼 좋은 설교자라는 뜻이라기보다는, 내가 사람들에게 반응을 보이라고 요구하자 사람들이 그렇게 응했던 '순간의 능력'에 관한 이야기였다.

얼마 전 나는 로스앤젤레스에서 열린 빌리 그레이엄의 집회에 매들린을 데려갔다. 집회가 끝날 무렵에는 삶을 영원히 바꿀 것이라고 결심한 듯 사람들이 그 장소를 가득 메웠다. 빌리 그레이엄은 확실히 복음전도에 탁월한 재능이 있었다. 나는 캐나다 뉴 라이프에서의 경험과 친구 존이 내게 해준 말, 그리고 빌리 그레이엄 집회에서 겪었던 경험으로 새로운 사실을 깨닫게 되었다. 51세가 되어서야 나는 내게 복음전도의 은사가 있다는 것과, 내가 그동안 그 은사를 거의 사용하지 않았다는 것을 알게 되었다.

어떤 식으로든 내가 받은 은사를 자랑하려는 의도는 전혀 없다. 이런 은사를 가졌다고 해서 내가 특별한 사람이라는 뜻이 아니기 때문이다. 이 은사는 내가 힘겹게 노력해서 얻은 것이 아니다. 이것은 하나님께서 주신 선물이고, 그래서 나는 더욱 감사한다. 나는 내 은사를 발견하면서 치유를 향해 더욱 깊이 나아가게 되었고, 하나님을 위해 더욱 훌륭한 사람이 될 수 있다는 큰 용기를 얻게 되었다. 당신도 당신의 은사와 숨겨진 능력을 발견한다면 나와 같은 경험을 하게 될 것이다.

당신 안의 감춰진 능력

내 감춰진 능력에 관한 이야기를 너무 많이 한 것은 아닌가 싶다. 이제는 당신의 숨겨진 능력을 찾아보았으면 좋겠다. 당신이 알고 있든 모르고 있든, 당신에게는 숨겨진 능력이 한두 가지는 있을 것이다. 당신은 그 은사를 언제라도 하나님을 섬기는 데 사용할 수 있으며, 그 은사를 사용하면서 치유되고 완전해지는 기분을 느끼게 될 것이다. 당신은 하나님께서 은사를 주시지 않았다면 당신이 그런 능력을 계발할 수도 없었을 것이라는 사실을 깨닫게 되면서 하나님과 더욱 친밀해진 기분이 들 것이다.

당신은 주어진 은사를 더 잘 활용할 수 있는 방법을 알기 위해 계속 애써 왔을지 모르지만, 은사는 학교에서 수업을 받듯 배울 수 있는 것이 아니다. 그것들은 타고난 것이며, 당신의 본래 모습 그대로 바탕에 깔려 있는 능력이기 때문이다. 당신이 얼마나 많은 은사를 가졌는지는 확실히 알 수 없지만, 일단 당신이 찾기 시작한다면 금방 발견할 수 있을 것이다.

로마서 12장에는 내가 감추어진 능력이라고 부르는 영적 은사에 관한 내용이 나온다. 어떤 사람들은 하나님의 진리를 선포하며 사람들이 낡은 습관을 버리고 새롭게 살 수 있도록 변화시키는 재능이 있다. 선교사를 돕거나 집 없는 사람들을 위해 집을 지어 주는 일처럼 자기의 모든 삶을 바쳐 남을 섬기는 소명을 받은 사람들도 있다.

당신에게는 가르치는 재능이 있어서 하나님의 말씀과 원리들을 사람들에게 올바로 전해 주며, 당신의 생각을 정리하고 발표하는 재능이 있을지도 모른다. 혹은 남을 격려하는 데 은사가 있어서 누군가에게 용기를 주거나 최악의 상황에서도 가장 좋은 것을 끄집어 낼 수 있는 말을 해주는 은사가 있을지도 모른다.

베푸는 은사를 가진 사람들도 있다. 그들은 상당히 성공했으며 타인을 생각하는 마음이 넉넉해서 언제나 다른 사람에게 베풀 것을 생각하느라 많은 시간을 들인다. 자신에게 상처를 주었던 사람들을 오히려 돕는 자비의 은사를 가진 사람도 있다. 그런 사람들은 상대방을 비난하거나 판단하지 않고, 그들의 실수를 삶에서 일어날 수 있는 사건으로 생각하며 고통에 빠진 사람들을 도와준다. 이처럼 각 사람에게는 독특한 모습으로 나타나는 수많은 은사들이 있다.

고린도전서 12장에서도 각양 은사들을 소개하고 있다. 지혜로운 조언을 할 수 있는 능력과, 하나님께서 사람들에게 말씀하시는 내용을 헤아리는 신비한 능력이 있는 사람도 있다. 방언을 하는 은사와 그것을 해석하는 능력, 그리고 사람들을 치유하는 능력도 있다. 사물을 보는 식견을 은사로 가진 사람들은 그리 흔치 않지만, 겉으로 드러나는 것을 근거로 그 이상의 것까지 깊숙이 들여다보고 시의 적절한 결정을 내릴 수 있는 사람들이다. 이 모든 은사들이 활용되면서 교회는 사람들의 삶이 변화되고 하나님 나라가 이루어져 가는 활력이 넘치는 곳으로 변모된다. 또한 교회 밖에도 이런 은사들을 사용할 수 있는 곳은 무궁무진하다.

로버트 델 준코 박사에게 있어 치유란 진정 선택이라 할 수 있다. 다른 사람들을 치유하기 위해 그가 선택한 길이다. 그는 자신의 은사를 사용하여 사람들을 치유하며, 동료 의사들에게도 같은 길을 가자며 소매를 끈다. 최근 준코 박사와 여섯 명의 외과의사들은 80명의 직원들과 함께 31명의 어린이들에게 수술을 해주는 일에 동참했다. 그 아이들은 도움은 절실하지만 의료보험 혜택을 받을 수 없었던 아이들이었다. 물론 돈도 없는 아이들이었다. 준코 박사는 회복을 향한 선택이 우리 자신에게만 초점이 맞춰지는 것은 아니라는 것을 몸소 보여 준다. 우리도 자신에게서 벗어나 우리의 모든 은사를 사용해 다른 사람들을 회복시키기로 결심할 수 있다.

자기 점검

이쯤 되면 당신 자신에 대한 점검을 한번 해볼 때도 되지 않았나 싶다. 당신은 더 많은 일을 할 수 있었다거나, 더 많은 일을 했어야 했다고 생각하게 만드는 가벼운 자극을 이곳저곳에서 느꼈을지 모른다. 지금까지 당신의 삶을 자세히 살펴볼 시간이 거의 없었다면 지금 한번 해볼 수 있을 것이다. 이렇게 자기 점검을 마치고 나면 사람들에게 도움을 줄 수 있는 당신의 재능과 기술, 그리고 은사들을 새롭게 발견할 수 있을 것이다.

1. 다른 사람들의 마음을 끄는 재능이 있는가? 가령, 위대한 세계적인 피아니스트는 아니지만 기꺼이 사람들에게 피아노 교습을 해줄 용의가 있는가? 혹은 당신이 세계적인 피아니스트라는 것을 인정하면서도 사람들에게 피아노를 가르쳐 줄 수 있겠는가?

2. 유난히 눈에 띄는 탁월한 강점이 있는가? 당신은 계산하는 데 능하고, 누구보다 예산 짜는 일을 잘한다거나, 사람들에게 체력 단련 훈련을 시켜 줄 수 있는 능력을 가지고 있을 수도 있다. 자신의 독특한 은사가 무엇이든 간에, 당신은 그 은사를 활용하여 다른 사람들이 당신과 같은 능력을 계발할 수 있도록 도와줄 수 있다.

3. 특별한 관심사가 있는가? 취미로 천문학에 관심이 많다면, 당신은 사람들에게 지구에서 보는 하늘과 지구 밖의 우주를 소개할 수도 있을 것이다.

4. 밖으로 드러나는 개성이 있는가? 당신은 사람들의 말을 누구보다 잘 들어줄 수 있는 사람일 수도 있다. 당신은 사람들이 조언을 구하러 찾아오는 중요한 인물이 될 것이다. 당신에게 필요한 것은 자원봉사할 수 있는 곳을 찾아 당신의 재능을 활용하여 사람들이 희망을 버리지 않고 올바른 결정을 내릴 수 있도록 이끌어 주는 것이다.

5. 탁월하게 잘하는 일이 있는가? 비록 그 일이 세계에서 가장 큰 호박을 키우는 일이라 해도, 그 탁월한 솜씨로 다른 사람들을 가르치고 용기를 주는 데 사용할 수 있다.

6. 어떤 일을 몇 년 동안 계속 해나가고 싶은 바람이 있는가? 당신은 빈민층 아이들이나 부모가 에이즈로 사망한 아이들과 함께 일하고 싶은 마음을 항상 가져 왔을지도 모른다. 이것은 당신 안에 계발되거나 활용되지 못했던 능력이 있다는 것을 의미할 수도 있다. 다른 사람들을 위해 특정한 일을 하고 있는 사람들을 볼 때면, 다른 자선 행위에 보이는 반응과는 다르게 반응하는가? 참여는 하고 싶었지만 어떻게 뛰어들어야 할지 방법을 알지 못했는가?

7. 보통 사람들보다 더 많이 갖고 있는 것이 있는가? 돈일 수도 있고, 시간이나 인내심, 아니면 귀한 물건을 수집해 놓은 것일 수도 있다. 이런 것들은 당신이 다른 사람들과 나눌 수 있는 특별한 재주와 솜씨의 결과일 수 있다.

8. 당신의 삶에서 낭비하고 있다고 느껴지는 부분이 있는가? 당신은 잘할 수 있지만, 어느 누구도 잘 활용할 것 같지 않은 부분이 있는가?

9. 당신에게 전문 기술이나 자원이 있으므로 사람들을 돕는 일에 참여하라고 당신에게 계속 권면하는 사람이 있는가?

10. 다른 사람들에게 무척 힘겨울 것 같은 일을 직접 경험한 적이 있는가? 당신이 그 일을 끝까지 해내고 난 후 사람들이 그런 일을 당했을 때 더욱 잘 헤쳐나갈 수 있도록 도와줄 만한 지혜를 얻은 적이 있는가?

이 질문들은 당신이 다른 사람들을 돕고 치유하며 당신 자신까지 치유하는 데 활용할 수 있는 특별한 은사를 갖고 있는지 알아볼 수 있는 척도가 된다. 질문의 대부분은 당신이 자기 중심적인 생각에서 나와 궁극적으로 당신이 가진 능력으로 사람들을 도와줄 필요가 있다는 것을 뜻하는 것일 수 있다.

하나님께 당신에게 섬기기 위한 작은 자극을 달라고 기도하라. 또한 그 자극에 용기를 얻어 무엇인가를 할 수 있게 해달라고 기도하라. 무슨 일을 할지 모르겠다면 담임목사에게 전화를 걸어보는 것도 섬김을 향한 시작일 수 있다. 다른 사람에게 다가가기 위해서 당신이 가진 것 중 어떤 것을 사용할 수 있는지 목사님과 상의해 보라. 이는 당신을 포함해서 많은 사람들에게 치유를 안겨 주는 기회가 될 것이다.

약점과 강점을 모두 하나님께 맡기라

당신의 삶을 되돌아보면, 산산이 부서져 어지럽게 흩어진 조각들이 당신의 기억이라는 가느다란 끈에 매달려 있는 것처럼 보일 것이다. 당신의 삶에서 어떤 일이 일어났는지 알고는 있지만, 그 일을 이해하는 것은 어려울지도 모른다. 당신은 그 고통과 아픔이 무엇인지 알고 있으며 아직도 어느 정도는 찡한 통증이 느껴진다. 당신은 남들에게 받은 상처나 혹은 스스로 자처했던 어려움들을 겪으며 살아왔다. 당신의 재능이나 은사가 무엇인지도 잘 알고 있지만, 삶을 되돌아보면 그런 것은 당신에게 그리 큰 의미가 없었다. 모든 일들은 아무런 이유도 없이 일어났다. 서로 아무런 관련도 없어 보이는 것들이 왜 당신의 삶에서 그렇게 함께 엉켜 있는지 전체적으로 이해하기 어렵다. 그렇다면 섬기겠다는 선택은 이 관련 없는 것을 하나로 엮어보겠다는 선택일 수도 있다.

우리는 강점과 약점을 함께 가지고 이 세상을 헤쳐나가기 위해 최선을 다한다. 우리가 약점과 강점을 다 하나님께서 사용하실 수 있도록 맡기지 않는다면 모든 것이 무의미해 보일 것이다. 다른 사람을 섬기기로 결심할 때, 우리는 우리가 가진 모든 것을 모아 우리의 하찮은 삶보다 훨씬 더 위대한 삶을 위해 사용하기 시작한다. 그제야 우리의 삶은 의미가 있다. 우리는 그 안에서 하나님의 손을 볼 것이며, 하나님의 손을 잡고 그분이 우리를 목적이 있는 삶으로 인도하시도록 허락해 드릴 것이다.

이기심 없는 삶과 타인 중심의 시각은 이 모두를 하나로 합쳐 준다. 로마서 15:2은 우리가 다른 사람을 섬기기 위해 부르심을 받았다는 사실을 일깨워 준다. "우리 각 사람이 이웃을 기쁘게 하되 선을 이루고 덕을 세우도록 할지니라." 다른 사람들을 치유하기 위해 당신이 가진 것을 사용할 때에야 비로소 당신은 진정으로 치유를 경험하게 된다.

알코올 중독자 모임은 처음부터 이 문제에 관심을 두어 왔다. 이 모임은 술 먹을 기회만 호시탐탐 노리며 그 쾌락의 순간밖에는 관심이 없는 습관적인 술꾼들을 받아들여서 완전히 변화될 수 있도록 돕는다. 거짓말하고 감추는 것을 아무렇지도 않게 생각하는 사람을 옳은 일을 하며 솔직하고 겸손하게 살고자 하는 사람으로 변화시키는 것은 완전히 기적 같은 일이다. 하지만 여기서 끝이 아니다. 회복된 알코올 중독 환자가 12단계 회복 프로그램을 거치면서 다른 사람들에게 그 메시지를 전하게 될 때 진정한 변화가 완성된다. 12단계를 밟기 위해서는 자신이 경험한 것을 함께 나누고자 하는 마음과, 자신의 아픔을 바탕으로 다른 사람의 아픔을 해소시켜 주고자 하는 욕구가 있어야 한다.

이 원칙은 예수 그리스도의 희생으로 구원받은 우리 모두에게 똑같이 적용된다. 좋은 사람이 되려고 그토록 애쓰고 난 후, 더 이상 그럴 필요가 없다는 사실을 알게 되면서 우리는 큰 위안을 받는다. 예수님이 이미 그 대가를 치르셨기 때문이다. 우리는 영원한 구원의 진리를 알고 있으며, 그 진리는 사람들에게 나누어줄 만큼 가치 있는 것이다. 우리는 그 진리를 세상 사람들에게 나눠주기 위해 그리스도가 우리에게 맡겨 주신 지상 명령에 응답하며 사람들을 섬겨야 한다. 우리가 은사를 받은 이유를 진정으로 이해한다면, 그것을 나누며 사람들을 섬기고 싶어질 것이다.

당신은 삶을 변화시키는 법을 알고 있다. 당신이 사람들을 겸손하게 섬기며 그것들을 나누려 한다면, 당신이 알고 있는 것들로 다른 사람들을 변화시킬 수 있을 것이다.

당신은 이혼을 극복하고 살아가는 법을 알게 되었을지도 모른다. 당신의 결혼생활이 실패로 끝났기 때문에 어쩌면 결혼생활을 유지하는 방법을 알게 되었을 수도 있다. 어설픈 잘못을 저지르고 난 후 자신을 용서하는 법을 배웠을 수도 있고, 당신이 배운 신비한 재능을 독특하게 사용하는 법을 알게 되었을 수도 있다. 두려움에서 벗어나 용기를 내는 법이나 분노를 떨치고 용서하는 법을 찾았을 수도 있다.

당신이 숨을 쉬고 있는 동안은 계속 무엇인가를 경험하고 배우기 마련이다. 당신이 섬김의 자세로 당신의 삶을 나누기로 결심한다면, 그 모든 경험들이 다른 사람들에게 큰 도움이 될 것이다.

최고의 삶은 섬기는 삶이다. 이는 하나님께서 명하신 삶이기도 하고, 그리스도가 이 땅에 계시는 동안 몸소 보여 주셨던 삶이기도 하다. 안락의자에 앉아 시간이나 죽이면서 진정한 삶을 살 수 있는 기회를 날려 버리지 말라. 지금 당장 다른 사람을 섬기기로 선택한다면, 진정한 삶이 무엇인지 찾을 수 있게 될 것이다.

오늘 모든 것을 변화시켜 달라고 하나님께 간구하라. 당신이 가진 것을 가지고 사람들에게 손을 내밀겠다고 헌신하라. 그리고 하나님께서 당신을 사용하실 곳을 찾아보라. 어떻게 섬겨야 할지 별 생각이 떠오르지 않는다면, 사람들에게 물어보라.

나는 릭 워렌 목사가 사역하는 새들백 교회에 자주 들리는데, 그 교회에서 시작된 수많은 섬김의 모임을 보고 깜짝 놀랐다. 누군가 워렌 목사에게 혼자 아이를 키우는 싱글맘들을 위해 차를 관리하고 수리해 줄 도움의 손길이 필요하다고 하면, 릭 목사는 사람들을 격려하며 그런 섬김을 시작한다. 어떤 사람은 아직도 쓸 만한 테니스화가 버려지는 것을 보고 이것들을 모아 멕시코의 맨발로 지내는 사람들에게 보내기 시작했다. 노숙자와 노인을 비롯한 많은 사람들과 특별한 도움이 필요한 아이들을 위한 섬김의 모임이 '내 삶을 나누어 다른 사람을 섬기려는' 마음가짐에서 생겨나고 있다.

 **거짓말 9** "내가 완전히 치유받고 강해져야
하나님을 섬길 여유가 생길 거야."

    알코올 및 약물 중독 치료센터에서 일할 때였다. 당시 나는 완전히 절망에 빠져 한 달을 지내다가 갑자기 기분이 돌변하면서 자신이 알코올과 약물 중독 상담사가 될 소명을 받았다고 말하는 사람들을 종종 만날 수 있었다. 그들은 자신의 치유에 힘쓰기보다는 조급하게 다른 사람들의 상황에 관여하려 했다. 자신의 문제가 무엇인지 제대로 바라보지 않고 어떤 일을 한다는 것이 얼마나 위험한 일인지 그들은 알지 못했던 것이다. 알코올 중독이나 약물 중독에서 막 벗어나자마자 직업까지 그만두고 훈련을 받기 시작한 사람들도 여럿 있었다. 그러나 그런 경우는 대개 오래가지 못했다. 자신들의 문제를 해결하는 것을 중단하고 다른 사람들과 일하는 데만 급급했기 때문에 그들은 다시 중독에 빠지기도 했다. 너무 빨리 다른 사람들을 도우려고 하면 안 된다.

    반대로, 다른 사람들을 돕는 일에 너무 오래 뜸을 들여서도 안 된다. 성급하게 알코올 중독 상담사가 되려고 하기보다는 모임에 좀더 일찍 나가 차를 준비하며 돕는 편이 낫다. 암 환자를 도울 준비는 되지 않았을지 모르지만, 다음 모임을 알려주는 전단을 붙이는 일 정도는 할 수 있다. 잠자리를 박차고 나와 환자를 차로 병원까지 태워 줄 수는 없더라도, 그 사람에게 용기가 될 말은 해줄 수 있다. 너무 성급하게 돕는 것은 상대방에게 건전하지 못한 관심을 갖게 될 뿐 아니라 자신에게도 좋을 것이 없다. 그러나 섬기려고 결심하기 위해 마냥 기다리다 보면, 치유의 마지막 단계를 경험하지 못할 수도 있다.

사탄은 당신의 적이며, 당신이 회복되기를 바라지 않는다. 사탄은 자신이 거역하고 쫓겨났던 하나님 나라를 건설하는 일에 당신이 나서는 것을 원하지 않는다. 그는 당신이 아직 남을 도울 준비가 되지 않았다는 거짓말로 당신을 함정에 빠뜨릴 것이다. 사탄의 방법대로라면 당신은 끝까지 준비가 되지 않을 것이고, 아무리 기다려도 준비가 되었다는 느낌이 들지 않을 것이며, 살면서 헌신적이거나 유익한 일을 할 수 있는 기회는 절대로 찾아오지 않을 것이다. "내가 완전히 치유받고 강해져야 하나님을 섬길 여유가 생길 거야."라고 믿도록 만드는 것은 바로 사탄이기 때문이다.

사탄은 그 커다란 거짓말에 몇 가지 작은 거짓말을 더할 것이다. 사탄은 당신이 나눠줄 것이 없다고 믿도록 만들어 버릴 것이다. 당신의 재능과 은사가 대단한 것도 아니고 훌륭하지도 않다고 믿어버린다면, 당신은 사탄이 원하는 대로 움직이고 있을 뿐이다. 당신이 저지른 잘못들 때문에 다른 사람들을 돕거나 같은 잘못을 예방하도록 돕는 일에는 당신이 적절한 사람이 아니라는 생각이 든다면, 당신의 그런 침체된 삶으로 인해 사탄은 영광을 받게 될 것이다.

당신의 삶을 앗아가는 거짓말에 귀를 기울이지 말라. 치유의 길을 선택하여 하나님이 다른 사람들을 섬기는 데 당신을 어떻게 사용하실 수 있는지 발견해 보라.

지극히 작은 자를 섬기라

마태복음 25장은 최선의 것을 이루기 위해 우리가 가진 것을 사용하며 남을 섬기는 문제를 하나님이 어떻게 생각하시는지를 매우 흥미롭게 표현해 주고 있다. 그 장을 읽어 내려가다 보면, 하나님은 많은 은사를 가진 사람들이 그 은사를 사용하기를 바라신다는 것을 분명히 알 수 있다. 가진 은사가 많지 않은 사람들에게도 하나님은 그들이 가진 것을 사용하기를 바라신다. 또한 하나님은 우리가 가진 것을 가능한 한 최선의 방법으로 사용하기를 바라신다. 예수님은 우리가 하는 일과 그 섬기는 행위 이면의 숨겨진 의미가 얼마나 중요한지에 관해 상세히 말씀해 주셨다.

"인자가 자기 영광으로 모든 천사와 함께 올 때에 자기 영광의 보좌에 앉으리니 모든 민족을 그 앞에 모으고 각각 구분하기를 목자가 양과 염소를 구분하는 것같이 하여 양은 그 오른편에 염소는 왼편에 두리라 그때에 임금이 그 오른편에 있는 자들에게 이르시되 내 아버지께 복 받을 자들이여 나아와 창세로부터 너희를 위하여 예비된 나라를 상속받으라 내가 주릴 때에 너희가 먹을 것을 주었고 목마를 때에 마시게 하였고 나그네 되었을 때에 영접하였고 헐벗었을 때에 옷을 입혔고 병들었을 때에 돌보았고 옥에 갇혔을 때에 와서 보았느니라 이에 의인들이 대답하여 이르되 주여 우리가 어느 때에 주께서 주리신 것을 보고 음식을 대접하였으며 목마르신 것을 보고 마시게 하였나이까 어느 때에 나그네 되신 것을 보고 영접하였으며 헐벗으신 것을 보고 옷 입혔나이까 어느 때에 병드신 것이나 옥에 갇히신 것을 보고 가서 뵈었나이까 하리니 임금이 대답하여 이르시대 내가 진실로 너희에게 이르노니 너희가 여기 내 형제 중에 지극히 작은 자 하나에게 한 것이 곧 내게 한 것이니라 하시고 또 왼편에 있는 자들에게 이르시되 저주를 받은 자들아 나를 떠나 마귀와 그 사자들을 위하여 예비된 영영한 불에 들어가라 내가 주릴 때에 너희가 먹을 것을 주지 아니하였고 목마를 때에 마시게 하지 아니하였고 나

그네 되었을 때에 영접하지 아니하였고 헐벗었을 때에 옷 입히지 아니하였고 병들었을 때와 옥에 갇혔을 때에 돌보지 아니하였느니라 하시니 그들도 대답하여 이르되 주여 우리가 어느 때에 주께서 주리신 것이나 목마르신 것이나 나그네 되신 것이나 헐벗으신 것이나 병드신 것이나 옥에 갇히신 것을 보고 공양하지 아니하더이까 이에 임금이 대답하여 이르시대 내가 진실로 너희에게 이르노니 이 지극히 작은 자 하나에게 하지 아니한 것이 곧 내게 하지 아니한 것이니라 하시리니 그들은 영벌에, 의인들은 영생에 들어가리라 하시니라" 마 25:31-46.

이 구절의 끝에서 보면 우리가 염소의 무리가 아닌 양의 무리에 있어야 한다는 것은 아주 분명한 것 같다. 우리가 행하는 섬김의 행위들은 그리스도에게 아주 중요한 의미이다. 그리스도께서 겸손하게 보여 주신 그분의 능력에 진정으로 감사한다면, 우리는 겸손하게 사람들을 섬길 수밖에 없다. 우리가 자신의 삶에서 한걸음 벗어나 우리의 삶을 함께 나눌 때, 우리는 그리스도를 섬기고 있는 것이다. 이 세상의 시각으로 볼 때 별로 대수롭지 않은 힘겨운 사람들의 필요를 채워 주는 것은 실제로 그리스도를 섬기는 것과 같다. 다른 사람들의 삶에서 멀찍이 떨어져 그들을 섬기지 않는 것은 당신을 위해 돌아가시려고 십자가를 끌고 힘겹게 골고다 언덕을 올라가시는 그리스도께 물 한 잔도 드리지 않는 것과 같다.

치유, 곧 회복은 선택이다. 하나님의 선택이다. 그러나 우리가 가진 것을 다른 사람을 섬기는 데 사용하지 않는다면 회복의 길이 지체될 수도 있다. 하나님은 섬기라고 우리를 부르셨다. 우리가 가고 있는 길에서 나와 다른 사람들을 겸손하게 섬기기 위해 나아간다면 하나님은 우리의 영혼을 더 깊이 회복시키실 것이다.

하나님은 우리가 다른 사람들을 위해 불편한 삶을 감수하기를 원하신다. 하나님은 우리가 복잡한 문제에 빠진 사람들과 함께 뒤엉켜 지내면서 우리의 은사를 사용하고, 우리의 시간을 보내기를 바라신다. 하나님은 우리가 빈손으로 나가길 바라신다. 그래야 다른 사람들이 가질 수 있으니까. 하나님은 우리가 겸손하게 남을 섬기며 우리의 삶을 나누는 일에 관심을 두고 계신다. 그렇게 할 때, 우리는 우리가 무엇을 위해 이 땅에 있는지 알게 될 것이다. 그 소명과 목적을 가지고 평생을 살 때 우리는 진정한 성취감을 맛보게 될 것이다.

HEALING IS A CHOICE

내 삶의 목적을 회복하라.
변화는 선택으로 찾아온다
선택 1 관계를 맺기로 선택하라
vs 거짓말 회복되려면
하나님과 나의 관계만 좋으면 돼!
선택 2 감정을 피하지 않고 느끼기로 선택하라
vs 거짓말 진짜 그리스도인이라면
모든 상황에서 평안을 누릴 수 있어야 해
선택 3 당신의 삶을 진리 가운데
비추어보겠다고 선택하라
vs 거짓말 뒤돌아보거나 앞으로
파고들어봤자 좋을 거 하나 없어
선택 4 당신의 미래를 치유하기로 선택하라
vs 거짓말 시간이 지나면 상처는
다 치유될 거야
선택 5 당신의 삶에 필요한 도움을 받기로 선택하라
vs 거짓말 이건 나 혼자서도 해결할 수 있어
선택 6 당신의 삶 전체를 포용하겠다고 선택하라
vs 거짓말 아무 문제없는 듯 행동하면 괜찮아질거야
선택 7 용서하기로 선택하라
vs 거짓말 용서를 받을 자격이 있는
사람은 따로 있어
선택 8 위험을 감수하겠다고 선택하라
vs 거짓말 더는 고통받지 않겠어.
내가 나를 지킬 거야 선택 9 섬기기로 선택하라
vs 거짓말 섬기려면 내가 먼저
치유받고 완전해져야 해
선택 10 끝까지 인내하겠다고 선택하라
vs 거짓말 내게 희망이라곤 없어

Chapter 10

|선택 10| 끝까지 인내하라

VS

|거짓말 10| 내겐 희망이라곤 없어

| 선택 10 |

끝까지 인내하라

> 당신이 지금 절망에 빠진 것은 절대로 희망이 없기 때문이 아니다.
> 희망을 찾을 때까지 끝까지 인내하고 견딘다면
> 당신에게는 분명 희망이 있다.

치유는 하나님의 선택이다. 따라서 치유를 결정하는 시점이나 치유의 방법도 하나님이 정하신다. 그러나 막상 어떤 문제와 씨름하게 될 때, 혹은 큰 결함이나 병이 생기면 우리는 하나님이 '지금'을 선택하시고, '쉽고 신속한' 방법을 선택하시길 바란다. 지금 당장 치유받기를 원하는 것은 인지상정이다. 우리가 신속한 해결을 원하는 것은 우리를 힘들게 하는 모든 것에서 해방되고 싶은 마음도 있지만, 하나님께 우리가 특별한 존재라는 것을 확인받고 싶기 때문이다. 그런 경우 우리는 하나님이 우리를 사랑하시고 돌보시며 우리의 삶 속에 친밀하게 다가와 계신다는 사실을 추호도 의심하지 않을 것이다.

즉각적으로 치유가 일어나는 경우가 흔한 일은 아니기 때문에, 우리는 그것을 기적이라 부른다. 우리는 모두 '기적'을 바란다. 그리고 그런 기적을 바라는 우리가 잘못되었다고 생각할 필요도 없다.

신체장애나 선천적 결손증, 그리고 심각한 질병이 있는 수많은 사람들이 가진 문제들은 지금 당장 치유될 수 있는 것들이 아니다. 대개는 천국에 가서야 치유받을 수 있을 것이다. 이 땅에서 치유된다면 그것이야말로 진정한 기적일 것이다. 지금 당신에게 심각한 질병이 있다면 하나님께 희망을 걸고 기도하라. 하지만 기도는 하되, 하나님은 역사의 흐름에 지장을 주면서까지 많은 기적을 행하시는 분이 아니라는 사실을 명심하라. 지금도 하나님은 기적을 일으키시지만, 그 능력을 자주 사용하시는 것은 아니다. 그러므로 기적을 위해 기도하라. 하지만 너무 비현실적인 기대는 아닌지 따져보라. 그렇지 않으면 당신 삶에서 감사할 부분을 찾는 대신 삶의 모든 부분에 대해 실망만 하게 될 것이다.

나는 대부분의 시간을 앞을 보지 못한 채 살았던 한 여성과 이야기를 나누었다. 그녀는 오랫동안 하나님을 붙들고 기적을 일으켜 달라고 기도하고 또 기도했다. 그녀를 사랑했던 사람들도 똑같이 기도했다. 그러던 어느 주일 예배시간에 모든 것이 변했다. 빛이 되돌아오기 시작하더니 그녀는 시력을 되찾기 시작했고, 저녁 쯤에는 앞을 다시 볼 수 있었다. 주일 아침까지 장님이었던 그녀가 그 주 목요일에는 운전 면허증을 땄다.

기적이었다. 그러나 그 기적이 어떤 종류의 것인지는 알 수 없다. 하나님이 직접 개입하셨을 수도 있고, 몇 년 동안 계속된 자연 치유 과정의 결과일 수도 있다. 혹은 우연히 머리를 부딪히면서 신경이나 빛을 느끼는 감각기관을 자극했거나, 호르몬의 분비가 달라졌거나, 시력을 회복시키는 화학 작용이 몸에서 일어났을 수도 있다. 방식이야 어찌되었든, 결과는 기적이었다.

하나님은 왜 그 시각장애인 여성에게는 기적적인 치유를 행하시고, 당신에게는 기적을 베푸시지 않는 걸까? 그 이유는 나도 모른다. 기적이 일어나지 않았을 때, 당신도 나처럼 버림 받았다는 기분에 사로잡혔을 것이다. 나는 내 결혼생활이 기적처럼 변하기를 바랐다. 삶의 고비를 겪고도 기적적으로 돌파구를 찾은 덕분에 그 이후로 행복하게 살아가는 수많은 부부를 상담해 온 까닭에 나는 우리 결혼생활도 그렇게 되기를 원했다. 그렇다고 그저 팔짱을 끼고 앉아 하나님이 다 해주시기만을 바랐던 것이 아니었다. 나는 상담도 받아보았고, 지원 그룹에도 참여했다. 물론 부부가 함께 가정 상담도 받아보았다. 그러나 기적은 결코 일어나지 않았다.

영혼의 기적

많은 사람들이 망가진 몸과 깨진 관계, 그리고 암담한 미래를 짊어진 채 살고 있다. 그래서 우리는 기도하고 또 기도한다. 또한 하나님이 일하시고 계시다는 증거는 어디에서나 발견할 수 있다. 힘겨운 다툼과 고통을 겪더라도 하나님은 우리에게 포기하지 말고, 어떤 일이 닥치더라도 인내하고 견디라고 가르치신다. 마흔 살의 나이에 갑작스런 삶의 암흑기를 맞이했을 때 제임스 홀이 택했던 길도 바로 그 길이었다.

제임스는 당뇨와 천식, 그리고 고혈압 진단을 받았다. 그의 건강은 매우 열악한 상태였다. 엎친 데 덮친 격으로 그는 머리에 부상을 당하면서 시력에도 장애가 생기고 말았다. 그것으로 끝이 아니었다. 면역 체계가 결함을 일으키면서 바이러스성 세균에 쉽게 감염되어 끊임없이 질병에 시달렸다. 건강이 극도로 악화되어 그는 운전도 할 수 없었고, 직장 생활도 계속할 수 없었다. 그의 삶에서 거의 모든 것이 최악으로 변하고 말았다.

제임스는 이런 이야기를 할 때면 당시 그에게 용기를 주었던 몇몇 친구들을 언급한다. 그들은 최선의 결과가 있기를 바라며 기도했지만, 최악의 상황까지도 준비했다. 반면 그에게 낙심을 주던 해로운 친구들도 있었다. 그 친구들은 이렇게 말했다.

- "자네는 믿지 않는 사람보다 더 나쁜 사람이야. 병이 전혀 낫지 않으니 말이야."

나는 제임스가 그런 식으로 말하는 사람들을 친구라고 부르는 것이 신기했다. 적어도 친구라면 아픈 사람에게 어떻게 그렇게 말할 수 있단 말인가. 성령 안에 거하며 성령의 인도를 따라 사는 사람들도 마찬가지다.

- "자네 혹시 고백하지 않은 죄가 있는 거 아닌가?"

고백하지 않은 죄가 있으면 반드시 곤경에 빠진다고 성경에 쓰여 있지 않음에도 이렇게 말하는 사람들이 많다. 한 장님이 누구의 죄 때문에 장님이 된 것이냐고 물었을 때, 예수님은 누군가의 죄 때문에 장님이 된 것이 아니라고 분명히 말씀하셨다. 눈먼 사람들이 있기 때문에 우리는 위대하신 하나님이 그들을 통해 무슨 일을 하시는지를 깨닫게 된다.

제임스의 '친구들'은 그가 성경을 큰소리로 반복해서 읽지도 않고, 즉각적인 치유를 위해 필요한 일반적인 치료조차 받지 않았다고 질책했다. 아무것도 아닌 말 같았지만 제임스에게는 상처가 되었고, 그가 싸워 나가야 할 싸움을 훨씬 더 힘겹게 만들었다. 그러나 무정한 친구들 덕분에 제임스는 훨씬 깊고 순수한 치유를 경험할 수 있었다. 바로 영혼의 치유였다.

내일도 살아서 눈뜨기를 기대하면서 결코 포기하지 않고 몇 년 동안 힘겨운 싸움을 해온 제임스는 "하나님은 언제나 성실하시고 가장 어두운 순간에도 기꺼이 나를 도와주시는 분이라는 진리를 깨달았다."고 말했다. 제임스가 깨달은 진리는 나와 당신에게도 그대로 해당된다. 하나님은 언제나 성실하시고, 아무리 힘든 상황에서도 우리가 하루하루를 기대하며 어떤 고통이라도 견뎌 나가길 원하신다.

단 하루만 더

그날 나는 펜실베이니아 벤살렘에서 헨리 클라우드 박사, 존 타운센드 박사, 질 허버드 박사와 이야기를 나누고 있었다. 우리는 그날 매우 감동적인 현장에 있었다. 우리에게 지정된 시간이 끝날 무렵, 수백명의 사람들이 새로운 삶을 시작하기로 결단했다. 나는 사람들이 자리를 박차고 일어나 자신을 치유하기로 선택하고 다시는 예전과 같이 살지 않겠다고 남들 앞에서 공식적으로 선언하는 모습을 바라보며 눈물을 훔쳤다. 그곳에 있던 많은 이들에게 그날은 새로운 삶의 시작이었다.

행사가 끝난 후, 사람들은 나와 이야기를 나누기 위해 줄을 섰다. 너무나 감동적인 사연을 전해 주는 사람들도 있었고, 감사의 말을 전하기 위해 온 사람들도 있었다. 나는 비행기를 타고 먼 길을 와야 했지만, 그 사람들과 함께할 수 있어 너무나 좋았다.

한 여성이 남자친구와 함께 내게로 왔다. 그들은 비슷한 관심사를 가지고 마음이 통하는 행복한 커플처럼 보였고, 특히 영적인 부분에서 많은 공통점을 가진 듯했다. 그런데 놀랍게도 그녀는 더 이상 삶을 계속할 수 없을 것 같은 적이 있었다고 털어놓았다. 우울함과 혼자라는 느낌에 더 이상 견딜 수 없을 것 같았다고 했다. 그녀는 수면제 한 병을 모두 입에 털어 넣었는데, 그 약들을 삼키기 직전에 마지막으로 라디오를 켰다. 마침 우리 프로그램이 흘러나오고 있었고, 도움이 필요한 사람은 전화를 하라며 전화번호를 말해 주는 내 목소리를 들었다. 전화번호를 받아 적으면서 그녀는 천우신조라는 생각이 들었다. 그녀는 입에 있는 알약을 내뱉고 수화기를 들어 전화를 걸었다.

전화를 받은 상담사는 사랑이 넘치고 친절한 사람이었고, 그녀가 느끼는 절망에 대해 더할 나위 없이 좋은 이야기를 해주었다. 상담사는 그녀에게 그날 밤만은 자살하지 말아달라고 부탁했다. 하룻밤만 더 견뎌보고 다음날 무슨 일이 일어나는지 한번 지켜보자고 했다. 그러나 그녀는 그날 밤을 넘길 수 없을 것만 같았고, 상담사에게 도움을 줄 수 있는 사람에게 전화를 걸어달라고 부탁했다. 그 상담사는 누군가에게 전화를 걸어 도움을 요청했고, 도움을 줄 사람이 도착할 때까지 그녀와 전화로 계속 대화를 나누었다. 그녀는 지역 병원에 입원해서 약물 치료를 받았다. 결국 그녀는 하루를 더 견뎠기 때문에 지금까지 살아 있을 수 있었다. 인내란 바로 이런 것이다. 하루를 더 견디는 힘이다.

가장 힘겨운 선택

당신은 지금 벼랑 끝에 선 기분일 수도 있다. 지금까지 밖으로 나갈 구멍조차 없는 깊고 어두운 동굴 속에서 아무런 희망도 없이 살아왔을런지도 모른다. 그런 당신에게 미래가 먼 이야기처럼 들릴지도 모르지만, 미래를 향해 나아가기 위해 당신이 할 일은 마지막 한 가지 선택을 하는 것이다. 즉, 끝까지 인내하고 견디겠다는 선택이다.

그런데 벌써부터 포기할 준비부터 하고 있는 것은 아닌지 모르겠다. 지금까지 수많은 결심을 해봤지만 아무 변화도 없었다면 왜 그런 생각이 들지 않겠는가. 또 당신은 모든 규칙에서 벗어난 사람이란 생각에 맥이 빠지고 암담한 기분일 수도 있겠다. 다른 사람들이 시도하는 일들이 당신에게는 아무런 소용이 없는 것같이 보인다. 사람들과 관계를 맺으며 희로애락을 나누었다고 생각했지만, 당신은 여전히 꽉 막힌 삶 속에 틀어박혀 있다. 그런 당신에게 새로운 삶이 주어진다 해도 제대로 발견할 수 없을 것이다. 하지만 당신이 바로 이런 상황에 있더라도 당신에게는 한번 더 선택할 기회가 있다. 바로 참고 인내하기로 결심하는 것이다.

참고 견디는 것이 결코 유쾌한 일은 아니지만, 당신과 가깝다고 느꼈던 사람들에게 불안한 마음을 쏟아내는 혼란스럽고 조급한 결말을 내리지 않도록 해준다. 당신이 견딜 수 없을 것만 같을 때도 견뎌야 할 매우 중요한 이유가 몇 가지 있다.

가장 중요한 이유는 하나님이 당신을 너무나 사랑하시며, 당신을 위해서라면 최선의 것을 주시기 원하신다는 것이다. 당신은 하나님께 값으로 따질 수 없을 만큼 소중한 존재이며, 하나님은 그런 당신이 끝까지 참고 인내하기를 원하신다. 하나님께 있어 하루는 천년과 같다. 한번 생각해 보라. 이 세상의 모든 시간을 소유하신 무한한 시간의 창조자 하나님은 당신이 삶을 계속하는 매 순간을 소중히 여기신다.

가끔 우리의 생각은 너무 협소하다. 이 넓은 세상에서 바로 눈앞에 있는 것 외에는 생각지 못한다. 우리는 실체를 가진 구체적인 것만을 이해할 수 있을 뿐이다. 그러나 우리가 만질 수도 없고 알지도 못하는 차원의 시간도 분명 존재한다. 어쨌거나 한 사람이 하루를 더 연장하여 사는 것은 천국의 가치로는 천년을 더 사는 것과 같다. 그런 일이 어떻게 가능한지는 나도 모른다. 그저 하나님이 말씀하셨기에 믿는 것이다.

마찬가지로 당신이 목숨을 너무 일찍 끊는다면 그 하루는 천년 동안 부정적이고 파괴적인 영향을 미칠 수 있다. 우리가 완전히 이해하지 못하는 것들이 너무 많다. 시간이 그중 하나이다. 시간은 우리가 절대로 과소평가해서는 안 되는 복합적인 차원의 것이다. 당신에게 필요한 것은 "끝까지 참고 인내하며 쉽게 목숨을 끝내지 않겠다."라는 최후의 결단이다. 오늘이 당신에게 주어진 시간을 포기하는 그날이 되어서는 안 된다. 당신은 절망의 한가운데서도 하루를 더 살겠다고 결심해야 한다.

이런 결단을 내린다면, 당신의 시간이 너무 성급하게 끝나는 것을 예방할 수 있다. 또한 이 최후의 결단은 당신의 삶을 치유하기 위한 첫 걸음이 되기도 한다. 최초의 결단이든 최후의 결단이든, 이런 결단을 내리기는 무척 어렵다. 가장 처절한 절망의 순간에 내려야 하는 결단이기 때문이다. 그러나 지금 당장 결단을 내려라. 아무리 힘겹더라도!

삶의 가치

우리가 끝까지 견디고 인내해야 하는 또 하나의 이유는 하나님이 모든 삶, 특히 당신의 삶을 너무나 귀하게 여기시기 때문이다. 시편에 따르면, 우리는 놀랍도록 경이롭게 지어진 존재들이다.시 139:14 당신의 삶에는 하나님께서 안겨 주신 경이로움과 의미와 가치로 가득하다. 그렇지 않다는 부정적인 기분은 마귀가 심어 주는 마음이다. 요한복음 10:10은 사탄이 당신에게 한 일은 무엇이며, 그리스도가 당신을 위해 하시길 원하시는 일은 무엇인지 분명하게 말해 주고 있다.

"도둑이 오는 것은 도둑질하고 죽이고 멸망시키려는 것뿐이요 내가 온 것은 양으로 생명을 얻게 하고 더 풍성히 얻게 하려는 것이라."

나는 이 말씀을 다음과 같이 해석한다.

당신은 지금 당신의 삶과 당신에게 일어난 모든 일, 그리고 지금 당신이 겪고 있는 모든 어려움에 대해 마음이 상해 있다. 사탄이 당신에게 그런 기분을 느끼기를 바라고 있기 때문이다. 사탄은 당신의 희망을 앗아가고, 당신에게서 가져갈 수 있는 것은 무엇이든 가져가고 싶어한다. 당신이 모든 것을 끝장내고 싶은 마음이 드는 것도 사탄이 당신을 파멸시키기 원하기 때문이다. 사탄은 하나님이 주신 당신의 삶을 빼앗고 싶어한다. 지금 이 순간에도 당신이 죽기를 바라는 당신과 하나님의 공동의 적이 강력하게 존재하는 한, 당신이 목숨을 포기하고 싶은 것도 무리가 아니다. 당신이 죽음을 택한다면 지옥에서는 또 하나의 생명이 사라졌다며 축제를 벌일 것이다.

사탄이 거짓말을 일삼으며 당신을 파괴하려 하는 가운데서도, 그리스도는 그저 목숨만 연명하는 생활이 아닌 참된 삶을 주시기 위해 당신에게 오셨다. 예수님은 이 땅에서 당신에게 위대한 삶을 안겨 주시길 원하신다. 아마 그 삶은 당신이 누려 온 어떤 삶보다 의미 있고 고귀한 것이어서, 지금은 상상할 수도 없을 만큼 대단한 삶일 것이다. 당신이 꿈꿀 수 있는 최고의 날들, 그 이상의 삶이다. 당신에게도 누릴 권리가 있는 이런 삶은 이 땅에서 끝나지 않을 것이다. 영원의 세계까지 계속 이어질 것이며, 하나님은 천국에서 당신과 함께하기를 영원토록 바라실 것이다. 오늘은 아닐지라도, 지금은 아니더라도, 언젠가는!

당신은 지금 모든 것을 포기하고 끝내 버리라는 슬프고 우울한 사탄의 목소리에 귀를 기울일 수도 있다. 혹은 사탄보다 훨씬 강하시며 당신을 절망에서 끌어내어 당신이 언제나 갈망했던 삶으로 이끌어 주실 하나님이 계시다는 사실을 믿을 수도 있다. 그러기 위해서 지금 당신이 해야 할 일은 바로 하루를 더 견디고 인내하는 일이다.

이것이 바로 내가 나름대로 해석한 요한복음 10:10 말씀이다. 이 구절은 당신이 지금 왜 그런 상태에 있는지 간파하게 해주는 진리의 말씀이다. 또한 당신이 결코 포기할 필요가 없다고 말해 주는 통찰의 말씀이다. 당신이 참고 인내한다면 다르게 살 수 있다. 히브리서 10:36에서는 "너희에게 인내가 필요함은 너희가 하나님의 뜻을 행한 후에 약속하신 것을 받기 위함이라."고 했다. 다른 말씀을 보면, 그 "약속"은 "생명의 면류관"을 뜻한다. 성경에는 우리가 완벽해야 한다는 말씀이 나오지 않는다. 당신이 해야 할 일은 인내하고 견뎌내는 것이다. 그 일은 지금 당장 할 수 있다.

당신이 참고 견뎌보기로 마음먹기를 바라는 데는 다른 이유도 있다. 인내를 통해 하나님이 가져다 주시는 놀라운 일들을 경험하게 될 것이기 때문이다. 당신에게 닥친 절박한 상황은 당신에게 필요한 변화를 이루기 위한 능력이 당신에게는 없다는 증거이다. 당신을 변화시키는 분은 바로 하나님이시다. 따라서 하나님께 순종하고 하나님께 모두 맡겨라. 하나님께 당신과 함께해 달라고 간구하고, 당신이 꿈에도 생각하지 못했던 방식으로 당신을 도와달라고 기도하라. 열린 마음으로 깨어 당신의 약점을 채워 주고도 남는 놀라운 능력을 펼치시는 하나님을 바라보라.

혹독한 현실

목숨까지 끊을 생각을 하지는 않았겠지만, 삶에서 도망치고 싶다는 생각은 해봤을지 모르겠다. 당신은 당신이 자초한 그 상태에서 어떻게 빠져나와야 할지 암담한 지경이다. 자살에 대해 생각하는 것은 아니지만, 어디론가 도망가고 싶은 것은 확실하다. 당신에게 당장 확신과 애착을 줄 수 있는 상대의 품 안으로 달려 들어가거나, 마약이나 술이 주는 쾌락의 세계로 들어가고 싶을지도 모른다. 그러나 하나님은 당신이 도망치기를 원하지 않으신다. 하나님은 당신이 지금 있는 바로 그곳에 그대로 있기를 원하신다. 하나님은 당신의 가혹한 현실을 희망과 치유와 목적 의식을 갖는 미래로 변화시키실 그날, 당신과 함께하시길 바라신다.

성경을 살펴보면, 어리석은 결정을 내려 결국 죽음과 파멸에 이른 수많은 사람들을 만날 수 있다. 당신만 그런 것이 아니다. 분명한 근거도 없이 자신의 삶을 완전한 실패로 생각해 버리는 사람들에게 하나님은 너무나 익숙하시다. 당신이 그런 상황에 있다면, 하나님은 당신의 심정을 아신다. 당신이 어쩌다가 그런 상황까지 오게 되었는지 알고 계시며, 그 상황에서 빠져나오는 법도 알고 계신다. 그러나 대부분 순식간에 치유되는 경우는 드물다. 최악의 경우, 영영 치유되지 않을 수도 있다. 당신이 수많은 사람을 죽이고 감옥에 있다면, 어떤 수를 쓰더라도 당신이 다시 거리를 활보하게 될 가능성은 없다고 보아도 무방하다. 그러나 감옥 안에서라도 당신의 영혼이 치유받는다면, 기쁨과 평화를 누릴 수 있을 것이다.

즉각적인 해결책을 얻을 수 있는 경우는 거의 없을 것이다. 많은 이들은 해결책이 아예 없을지도 모른다. 당신이 바라는 일을 현실적으로 바라보

라. 당신이 오랫동안 아내를 구타해 왔는데 아내가 도움의 손길을 찾아 당신을 떠날 만큼 용기가 생겼다면 당신의 결혼생활이 지속될 수 있을 가능성은 거의 희박할 것이다. 겸손히 현실을 받아들이고 그녀와 다시 관계를 회복하기 위해 당신이 할 수 있는 모든 일을 하라. 그리고 그녀가 마음을 치유받을 수 있도록 지원을 아끼지 말라. 기적을 위해 기도하라. 그러나 현실적으로 생각하라. 하나님은 당신 스스로 자처한 어려운 상황에도 불구하고 누구보다 당신을 아시고 사랑하신다. 하나님은 그런 상황에서도 당신을 도우실 수 있는 분이시다. 그러나 환경이 변화하든 그렇지 않든 현실을 생각하라. 그리고 당신의 영혼에 관심을 돌리라. 그러면 상황이 어떠하든 치유가 시작될 것이다.

　힘겨운 현실에서 당신이 기대하는 바가 현실적이고 객관적일수록 파괴적인 방법에서 벗어나 하나님이 회복시키시는 방법대로 만족한 삶을 영위해 나가기가 훨씬 수월할 것이다. 현실과는 거리가 먼 기대를 가지고 좌절감을 더하며 결국 포기하게 되는 일이 없도록 하라. 포기하지 말라. 하나님은 당신과 함께하시며 당신을 성장시키시기를 원하신다.

　일순간에 일어나는 치유나 즉각적인 해결책으로 성장을 기대하기는 어렵다. 깊은 내면에서부터 당신의 영혼을 치유하기 위해서는 시간과 노력이 필요하다. 인격은 절대로 순식간에 변화되지 않는다. 하나님은 종종 환경을 사용하셔서 우리 인격을 훈련하신다. 그런데 하나님이 하시는 일의 증거도 보기 전에 사람들이 먼저 포기해 버리는 경우가 너무 많다. 당신은 그러지 말라. 당신이 어떤 어려운 상황에 처해 있더라도 인내하고 견디라. 절대로 포기하지 말라. 무슨 일이 있어도 오늘 포기하지 말고, 하루를 더 견디기로 결심하라.

신뢰의 문제

삶이 도무지 이해되지 않을 때가 있다. 당신은 나름대로 훨씬 나은 삶을 살 수 있는 방법도 있었다고 생각한다. 그러나 하나님은 당신의 계획을 검토해 보시거나, 실행하기를 원하시지 않는 듯하다. 너무도 확실하게 보이는 일의 경우, 하나님이 당신의 삶에서 일하게 해드리기가 참 어렵다. 그러나 하나님이 당신에게 원하시는 것이 바로 그것이다. 당신의 방법은 하나님의 방법이 아니다. 당신에게는 완벽하게 옳고 정상적으로 보이는 일도 하나님께는 아닐 수 있다. 하나님이 계획하시고 행하시는 방법이 어리석게 보이거나 심지어 우스울 수도 있지만, 우리는 상식적으로 이해가 되지 않는 일에 대해서도 하나님을 신뢰할 수 있어야 한다.

고린도전서 1:26-29을 보면 이에 대한 이해가 더 쉬울 것이다. 하나님의 계획이 아무리 '어리석은' 것이라도, 인간이 생각할 수 있는 가장 현명한 계획보다 훨씬 낫다. 하나님이 약점이 있다고 해도, 인간의 가장 뛰어난 강점보다 낫다.

"형제 여러분, 하나님이 여러분을 부르셨을 때의 여러분이 어떠했는지를 한번 생각해 보십시오. 인간적으로 볼 때 여러분 가운데는 지혜로운 사람도 많지 않았고 유능한 사람도 많지 않았으며 가문이 좋은 사람도 많지 않았습니다. 그러나 하나님은 세상의 지혜로운 사람과 강한 사람들을 부끄럽게 하시려고 어리석고 약한 사람들을 택하시고 세상이 대단한 인물로 여기는 사람들을 형편없이 낮추려고 천한 사람과 멸시받는 사람과 보잘것없는 사람들을 택하셨습니다. 이것은 아무도 하나님 앞에서 자랑하지 못하게 하려는 것입니다" 현대인의성경.

이 말씀이 어떤 의미로 다가오는가? 당신이 처한 환경이 당신이나 주변 사람들에게 이해가 되지 않는다면, 이 말씀은 정확히 들어맞는다. 당신의 힘으로는 도무지 당신의 문젯거리에서 빠져나오지 못한다면, 이 말씀은 정확히 들어맞는다. 당신이 생각하기에 현명하고 멋지게 보이는 것이 하나님이 하시는 일과는 거리가 멀어 보인다면, 이 말씀은 정확히 들어맞는다. 하나님은 태초부터 인간의 어리석은 짓조차 하나님 자신을 위한 일로 삼아오셨다. 그러므로 희망을 버리지 말라. 오히려 하나님의 기적 같은 계획을 따르며, 그분이 그 놀라운 계획을 펼치시게 하라!

당신에게 묻고 싶은 말은 신뢰에 관한 것이다. 당신은 하나님을 신뢰할 수 있는가? 당신은 하루를 더 견뎌보기로 결심할 만큼 하나님을 믿는가? 당신 주변의 터무니 없는 상황들을 보면서 하나님이 최악의 상황을 최선으로 만드시는 분이라고 여길 만큼 그분을 신뢰할 수 있는가? 참고 인내하는 치유의 선택을 할 만큼 하나님을 믿는가? 치유에 진전이 없더라도 하나님을 신뢰하며 살아갈 정도로 하나님을 믿는가? 당신 자신의 치유를 위해 선택을 하는 동시에 다른 사람들의 치유를 위해 노력할 만큼 하나님을 신뢰할 수 있는가? 치유의 길로 들어서기 전, 당신은 이 같은 신뢰의 문제에 대해 답을 찾아볼 필요가 있다.

당신만이 의심하는 것은 아니다

하나님의 능력에 대해 의심이 들거나, 정말 하나님이 당신의 삶에서 일하고 계시는지에 대한 의문이 생길 때마다, 당신은 하나님이 당신을 미워하시거나 사랑하시지 않는다고 생각할지도 모른다. 그러나 그런 의심은 당신만 하는 것이 아니다. 나도 의심했었다. 내가 고통과 굴욕감으로 가득 찬 이혼남이 되었을 때, 나는 하나님이 나와 함께하신다는 사실을 전혀 느낄 수 없었다. 물론 하나님이 그곳에 계시다는 것은 알았지만 희미하게 알 수 있을 뿐이었고, 엄청난 신앙의 위기가 찾아왔다. 그때의 위기는 하나님이 존재하시느냐의 문제가 아니었다. 예수님이 내 죄를 위해서 십자가에서 돌아가셨느냐의 문제도 아니었다. 그것은 과연 하나님이 내가 믿었던 방식대로 내 삶에 관여하셨느냐의 문제였다.

대단한 일, 좋은 일이 생길 때마다 나는 하나님을 찬양했다. 여성들에게 용기를 주기 위해 창설한 "믿음의 여성"은, 매년 약 30개 도시를 다니며 3백만 명의 여성들이 함께 참여하는 전국 순회 연맹이다. 믿음의 여성이 성공을 거두며 마침내 백만 명 째 참석자를 맞이했을 때, 나는 너무나 감사드렸다. 『모든 남자의 참을 수 없는 유혹』 시리즈가 세상에 나오고 상까지 받게 되었을 때, 나는 하나님이 나와 함께 계신다고 믿었고 그분께 감사를 올렸다. 그리고 거의 날마다 내 딸 매들린을 보며 하나님께 감사했다.

그러나 뼈아픈 이혼의 폭풍 속에서는 하나님이 나를 위해 그곳에 계시다는 사실을 믿기가 너무나도 어려웠다. 하나님이 나를 위해 그렇게 위대하고 좋은 일을 많이 해주셨으면서 왜 나쁜 일은 막아 주지 않으셨을까? 나를 가장 괴롭힌 것은 바로 그 문제였다. 그러나 나만 그렇게 생각했던 것이 아니었다.

기드온 이야기로 돌아가서

앞에서 나는 하나님께 쓰임 받은 사람들 중에서 가장 보잘것없는 인물로 보이는 기드온 이야기를 했다. 기드온은 단 300명의 군사로 13만 5천 명이나 되는 적군들을 타도하려는 하나님의 계획에 한 몫을 담당한 인물이었다. 그러나 그 이야기를 잘 살펴보면, 기드온도 당신이나 나와 다름없는 사람이었다는 것을 알 수 있다. 그도 의심을 품었으며, 그런 마음을 소리 쳐 알렸다. 사사기 6장을 보면, 하나님의 천사가 기드온을 찾아와 하나님이 그와 함께하신다고 말하는 장면이 있다. 그러나 13절에서 기드온은 이렇게 대답한다.

"내 주여, 만일 여호와께서 우리와 함께하신다면 어째서 이 모든 일이 우리에게 일어났습니까? 우리 조상들은 여호와께서 놀라운 기적으로 그들을 이집트에서 인도해 내셨다고 우리에게 말해 주었는데 지금 그런 기적이 어디 있습니까?" 현대인의성경

기드온은 우리처럼 의심으로 가득한 사람이었던 듯하다. 좋은 시절에는 믿음을 갖기가 비교적 쉽다. 그러나 기적이 멈추고 좋은 시절에 대한 희미한 기억만 남는다면, 믿음과 신뢰는 변하기 마련이다. 기드온의 경우에도 그랬고, 나도 마찬가지였다. 당신이라고 예외는 아니다. 그러나 알다시피 기드온의 이야기는 위대한 승리로 결말을 장식한다. 비록 의심을 품었지만 기드온은 계속 전진해 나가려는 의지가 있었고, 결국 승리를 거머쥐었다.

하나님은 당신이 어려움을 겪으면서 갖는 의심을 충분히 받아 주실 수 있는 분이시다. 하나님은 당신을 아시며, 인간의 본성을 누구보다 상세히 알고 계신다. 당신이 의심을 갖는 것은 놀라운 일이 아니다. 그러므로 마

음껏 의심하라. 단, 의심을 하나님과 함께 나누라. 당신이 의심하고 싶은 것은 다 해보되, 절대로 포기하지 말라. 당신의 신앙에 관한 것은 모두 질문해 보고, 그 해답을 얻는 중에도 하나님께 끊임없이 나아가는 것을 잊지 말아야 한다. 인내하라. 멈추지 말라. 그리고 계속 앞으로 나아가라. 이렇게 하면서 끊임없이 하나님과 더 친밀한 관계를 쌓아가라.

현실은 어떠한가. 현실 세계는 모질기 짝이 없다. 몇몇 하찮은 일들이 일어나면서 하나님이 과연 계신지 의심하도록 만들게 될 것이다. 에덴 동산에서 처음 선악과를 먹은 사건 이후 오늘날까지 우리는 줄곧 문젯거리가 넘쳐나는 타락한 세상에서 살고 있다. 문제는 언제든 우리에게 달려올 것이고, 우리는 그 문제를 흘려보내거나 거기에서 도망칠 수 없다. 이 타락한 세상에는 사탄이 존재한다. 당신이 하나님을 위해 무엇인가를 하려 할수록 사탄은 당신을 노리고 악의 왕국에 위대한 승리를 안겨주기 위하여 더욱 분투하는 듯하다. 사탄의 교활함과 속임수는 놀라울 정도여서 누구도 그의 영향을 피할 수 없다.

그러나 시련을 주시며 우리를 단련시키시는 사랑의 하나님이 계시다. 하나님은 우리가 자녀들을 훈련시키듯, 우리를 훈련시키신다. 우리도 자녀들을 사랑하지만 그들의 잘못을 바로잡아 주기 위해 어느 정도까지는 부정적인 반응을 감수하지 않는가. 하나님은 우리를 너무도 사랑하시므로 결코 우리를 홀로 남겨두시지 않는다. 그분은 우리가 더욱 강해지는 동시에 더욱 온전해질 수 있는 사건을 가지고 언제나 우리 뒤를 따라오신다. 하나님은 우리의 적을 위대한 사랑의 대상으로 바꾸시는 분이시다. 하나님은 우리를 가만히 두지 않으신다. 힘겹고, 고되며, 고통스런 시련을 안겨주신다. 그러나 그 시련은 우리 삶을 변화시키기 위한 과정이다.

이 세상에서 사는 것이 힘겹게 느껴지는 다른 이유는, 우리가 다른 사람과 우리 자신에게 상처를 주는 실수를 범하기 때문이다. 때때로 우리는 우리가 무슨 짓을 하고 있는지조차 모른다. 이 세상에 고통을 맡겨두는 은행이 있다면, 우리는 아마 그 은행을 문턱이 닳을 정도로 드나들 것이다. 문제는 이것만 있는 것이 아니다. 실수를 저지르면서 그 실수로 우리에게 상처와 모욕을 주며 우리를 무시하는 사람들도 있다. 이런 사람들은 우리의 마음을 악으로 물들이며, 우리가 그들을 향해 분노의 마음을 가지고 하나님의 존재에 대해서도 의심이 들도록 만든다. 우리 주변에서 일어나는 이 무시무시한 일들을 보면, 하나님의 존재에 대해서 의심하고, 우리가 현실 세계의 무서운 일들을 하나씩 겪는 동안 과연 하나님이 우리 삶에 함께하셨는지에 대해 의문을 갖게 되는 것도 무리는 아니다. 그래서 우리는 의심을 하게 되지만, 우리만 그런 것은 아니다.

도마는 누구보다 의심이 많은 사람이었다. 예수님과 함께 다니며 그분의 가르침을 직접 들었으면서도, 부활 후 예수님이 나타나셨을 때 의심을 품은 사람이었다. 베드로도 의심을 갖기는 마찬가지였다. 만일 그가 의심이 없었다면 한 번도 아니고 세 번씩이나 예수님을 부인하지는 않았을 것이다. 이들이 바로 예수님과 함께 다녔던 사람들이었다.

다른 이들도 마찬가지였다. 요한복음 6:66을 보면 그들이 예수님을 외면하기로 결심하는 장면이 나온다. 어째 6:66이라는 숫자의 조합이 좀 꺼림칙하지 않은가? 성경은 "제자 중에서 많은 사람이 떠나가고 다시 그와 함께 다니지 아니하더라"고 전하고 있다. 그들은 인내하지 못했던 것이다.

예수님이 눈앞에 계시는데 그분을 의심하고 외면하는 일이 상상이 되는가? 당신도 그들처럼 행동했을까? 어린 소년의 점심 도시락으로 수천

명을 먹이시는 것을 본 후에도 그들은 여전히 의심을 버릴 수 없었다. 앞을 못 보던 사람이 태어나서 처음으로 볼 수 있게 된 사건을 목격하고도 그들은 의심했다. 그들은 죽었던 나사로가 무덤에서 나오는 모습과, 어린 소녀가 다시 살아나는 광경을 지켜보았다. 또한 예수님이 물 위를 걸어오시는 모습도 보았다. 하지만 여전히 의심을 품었다.

그렇다면 예수님을 본 적도 없는 우리가 의심하는 것은 어쩌면 당연한 일인지도 모른다. 그러니 마음 놓고 의심하라. 진리를 찾아 의심하고 끊임없이 질문을 해보되, 결코 포기하지 말라. 누가 어떤 말을 하더라도 적어도 하루를 더 견디기 위해 당신이 해야 할 것, 바로 인내하는 것까지는 포기하지 말라.

삶은 그리 호락호락하지 않다. 오히려 힘겨운 것이며, 이는 하나님도 알고 계신다. 우리가 상처 받을 때 하나님도 함께 받으시며, 우리가 슬퍼서 울 때 하나님도 함께 우신다. 하나님의 손을 놓지 말라. 하나님도 우리의 손을 놓지 않으신다. 의심하는 마음 때문에 당신에 대한 하나님의 사랑을 빼앗기거나, 만물의 주인이신 하나님과의 관계가 깨어지지 않도록 하라. 하나님은 당신의 모든 의심과 의문들을 다 받아 주실 수 있는 분이시다. 의심이 생긴다고 핑계를 대고 인내하기를 멈추지 않기를 바란다.

정말 괜찮을 거야

극도로 스트레스를 받거나 좋지 않은 소식을 접할 때면 나는 혼자말로 끊임없이 이렇게 중얼거리곤 한다. "다 잘될 거야." 그러면 정말 잘될 거라는 것을 알고 있다. 다음 달에 요금 청구서를 내지 못할 수도 있지만, 그래도 괜찮을 것이다. 다음 달에 새로운 병을 얻어 어려움을 겪을 수도 있지만, 역시 잘될 것이다. 모든 것을 잃을 수도 있겠지만, 그래도 모두 괜찮을 것이다. 이런 사실을 알고 나 자신에게 이야기하는 것은 온갖 종류의 어려움을 견뎌내는 데 도움이 된다.

지금 당신이 어떤 일을 겪고 있든 모든 일은 잘될 것이다. 단순히 잘되기만 하는 것 이상으로 모든 일이 순조로울 것이다. 당신이 하나님의 힘을 의지하며 그분과 함께 견뎌 나간다면 하나님이 상황을 더 좋게 이끌어 당신에게 최선의 것을 주실 것이다.

토머스 왓슨은 1600년대에 런던에 살던 목회자로서, 설교의 황제 스펄전이 가장 존경하던 인물이었다. 1663년 출간된 『신성한 마음』A Divine Cordial 에서 왓슨은 선한 사람들에게 일어날 수 있는 나쁜 일들에 관한 글을 썼다.

우리 대부분은 풍성한 수확을 거두기 위해서는 쟁기로 땅을 한번 뒤집어 흙을 부숴주어야 한다는 것을 잘 알고 있다. 흙덩어리를 부숴뜨려 미세하고 비옥한 땅으로 만들어 놓지 않으면 수확물을 많이 거둘 수 없다. 이처럼 땅이 역할을 제대로 하게 하기 위해서 부숴져야 할 필요가 있다는 사실을 이해하는 데는 아무런 문제가 없다.

그런데 그 원리를 자신에게 적용하려면 힘이 든다. 우리는 땅이고, 하나님은 그 땅을 갈아 경작하시고자 하신다. 우리가 하나님이 일을 하시도록 허락해 드린다면, 하나님은 우리의 초라한 실체를 부수고 탈바꿈하여 우리의 삶을 지혜와 타인에 대한 이해가 가득한 위대한 삶으로 만들어 가실 것이다.

로마서 8:28에는 "하나님을 사랑하는 자 곧 그의 뜻대로 부르심을 입은 자들에게는 모든 것이 합력하여 선을 이룬다"는 말씀이 나온다. 이 말이 진리라면, 이런 일이 어떻게 가능할까?

토머스 왓슨의 사상에 근본을 두고 있는 아래의 생각들은 그런 일이 어떻게 일어나는지 이해하는 데 도움이 될 것이다. 그는 부정적인 일들을 '고통'이라 부르며, 우리가 고통을 경험할 때 진정한 죄가 무엇인지 이해하게 된다고 했다. 우리는 죄가 얼마나 무서운 것인지 들으면서도 죄를 두려워하지 않는다. 그래서 가끔 하나님은 우리가 고통을 당하도록 내버려두시며, 우리는 그제야 죄가 얼마나 무서운 것인지 느끼게 된다.

자리를 깔고 앓아 누워 있는 사람이 설교를 듣는 사람보다 배우는 것이 훨씬 더 많다. C. S. 루이스가 말했듯이 "때때로 고통은 다른 방법이 아무 소용이 없을 때 우리에게 소리 치시는 하나님의 확성기이다." 우리가 고통을 당할 때, 고통은 고통조차 결국엔 좋은 것일 수 있다는 기억을 되살리는 데 도움을 줄 수 있다. 고통은 더 나은 미래를 위해 필요한 것일 수 있지만, 그 과정에서 가슴을 아프게 하는 것만은 틀림없는 사실이다.

우리에게 좋은 일만 생겼다면 결코 깨닫지 못할 방법으로 나쁜 일은 우리 자신에 대해 깨닫게 해준다. 좋은 시절에 우리는 순조로운 삶을 살지만 큰 지혜를 발전시키지 못한다. 성공하고 좋은 일만을 경험할 때 우리는 시간을 내어 자신을 되돌아보고 평가해 보려 하지 않는다. 우리 자신에 대해 비로소 알게 되는 때는 바로 힘겨운 시간을 보낼 때이다. 좋은 것과 나쁜 것, 그리고 흉한 것들은 우리가 고통을 경험하고 힘겨운 시간을 보내면서 드러나게 된다.

상처 받고 고통 당할 때, 우리가 다른 모든 선택을 마다하고 예수님의 모습을 닮기로 결정한다면, 그리스도를 더욱 알차게 닮아갈 수 있다. 하나님은 쇠막대기로 회초리를 만들지 않으신다. 오히려 그분은 우리의 모습 위에 예수님의 모습과 꼭 닮은 모습을 그려 주시기 위해 연필을 사용하신다. 우리가 모든 괴로움을 잘 견뎌나가면 날마다 예수님을 더욱 닮아가게 된다. 우리는 고통을 싫어하고 고통이 아예 없어지기를 바라지만, 그리스도를 닮아가려면 우리도 예수님처럼 고통을 견뎌내야 할 것이다. 우리 모두는 장미 면류관을 원하지만, 예수님은 가시 면류관을 쓰셨다. 우리가 고통 당할 때 가시가 심하게 상처를 내기는 하지만, 예수님을 닮아가는 것이 우리에게는 더 유익한 일이다.

사실 고통은 우리를 치유해 주는 원동력이 된다. 우리가 원한다면 고통을 통해 우리 안에 있는 죄를 없애 버릴 수 있다. 금에 열을 가하면 불순물이 제거되는 것처럼, 뜨겁게 달궈진 고통의 화살이 영혼의 죄악 된 것들을 씻어버리게 되는 것이다. 고통이 우리를 치유하는 이유는 우리를 이 세상에서 단절시켜 뿌리를 뽑게 해주기 때문이다. 고통 중에 있을 때, 우리는 왜 우리가 그런 고통을 당하게 되었는지 뒤돌아보게 된다. 나무를 옮겨 심을 때 나무 뿌리에서부터 흙을 파내는 것처럼, 하나님은 죄와 질병과 과거에 안주하려는 우리의 세속적 성향을 흔드신다.

고통과 아픔은 우리에게 위안을 주는 통로일 수 있다. 요한복음 16:20에는 우리의 근심이 기쁨으로 변할 것이라는 말씀이 있다. 하나님은 당신 삶의 더러운 물을 취하여 맛좋은 와인으로 변화시켜 주실 것이다. 아무런 희망이 없고 무기력해질 때, 우리는 결국 하나님을 바라보며 그분이 주시는 위안과 치유의 능력을 받게 된다. 바울은 감옥에서도 영혼에서 나오는 찬양을 드렸다. 왓슨은 하나님의 회초리 끝에는 꿀이 발라져 있다고 했다. 우리가 항상 높이 날면서 고통과 아픔을 신경쓸 필요조차 없다면, 하나님만이 주실 수 있는 위안을 경험하며 낮아질 수 있는 기회는 절대 맛볼 수 없을 것이다.

힘든 시기와 고난은 우리에게 닥친 일을 과장해서 널리 알리기 때문에 유리하게 작용하기도 한다. 세상 사람들은 모든 일을 예상보다 잘 해내는 사람들에게는 잠시 관심을 줄 뿐이다. 오히려, 일이 제대로 풀리지 않아 고통 받는 사람들에게 더 관심을 갖는다. 그들이 받는 고통이 무엇이고, 그 결과는 어떻게 될지 궁금해 한다. 따라서 그 사람이 받은 정신적 상처는 과장되고, 어두운 면이 관심의 초점이 된다.

그런가 하면 우리가 누구보다 더 크게 느껴질 때도 있다. 우리가 발버둥치고 있을 때 하나님이 친히 내려오셔서 우리를 알아보시고 우리를 도와주시기 때문이다. 먼지보다도 미천한 우리에게 하나님이 관심을 갖고 계신다는 사실을 알게 될 때, 우리 스스로가 대단하게 보이면서 하루를 더 견디기 위해 앞으로 나아가게 된다.

역경과 고통 한가운데서 인내해야 하는 이유가 더 있다. 고통에도 불구하고 하나님의 말씀 안에 머물면서 옳은 일을 행하면 결국 그것이 우리를 행복으로 이끄는 일이기 때문이다. 욥기 5:17에는 "하나님께 징계받는 자에게는 복이 있나니"라는 말씀이 있다. 이렇게 힘겨운 시간을 보내면서, 그 중에서도 하나님의 훈련을 받는 기간을 거치면서 우리는 낮아지고 겸손해질 것이다. 우리는 고통을 겪으면서 신성함을 경험하게 되고, 이로 인해 하나님께 더욱 가까이 가게 된다.

좋은 시절에는 보통 누구의 도움도 필요 없다고 생각하기 때문에 그에 걸맞게 행동도 하지 않는다. 그러나 고통의 벽을 칠 때 우리는 하나님께로 곧장 달려간다. 바로 성경에 나오는 탕자가 그랬다. 그는 수치스러운 삶을 처절하게 경험한 후에 아들의 신분으로 다시 받아들여졌을 뿐 아니라, 심지어 과분한 대우를 받는 기쁨을 맛보았다. 우리는 하나님이 우리와 함께 계시는지 의심하지만 슬픔과 절망의 구렁 속에 들어가 보면 하나님이 우리를 주시하고 계시다는 것을 느낄 수 있다. 하나님이 우리를 위로하시는 것이 느껴지기 때문이다.

결국 우리는 시련의 시간들을 통해 하나님께 영광을 돌리게 된다. 당신이 고난의 시간을 견뎌나간다면, 사람들은 힘겨운 가운데서도 당신의 삶 속에서 일하시는 하나님을 보고 하나님께 영광을 돌리게 되는 것이다. 또한 당신이 모진 시간을 지날 때 하나님께 매달린다면, 당신이 인내하며 결국 승리할 수 있었던 이면에는 하나님의 능력이 있었다고 증언할 수 있을 것이다.

"우리가 잠시 받는 환난의 경한 것이 지극히 크고 영원한 영광의 중한 것을 우리에게 이루게 함이니" 고후 4:17.

하나님은 우선 배경을 어둡게 칠하신다. 그런 다음 색을 더 이상 어둡게 칠할 수 없을 때쯤 한 줄기 빛을 그으신다. 하나님은 금빛 혹은 은빛의 붓놀림 한번으로 어둠을 덮으시고 영광을 누리신다.

당신은 지금까지의 삶에서 가장 어두운 시기에 있을지도 모른다. 그러나 절망은 아직 이르다. 하나님이 곧 당신 삶의 그림 위에 빛을 풀어 놓으시면, 당신은 그 안에서 하나님의 영광을 보게 될 것이다. 당신의 모든 외로움과 고난, 그리고 고통은 당신의 유익과 하나님의 영광을 위해 사용될 것이다. 하나님은 무엇 하나 버리시는 것이 없으시다. 그러므로 하나님을 절대 포기하지 말라. 당신의 오래된 습관을 포기할지언정, 하나님은 결코 포기하지 말라.

옛 습관을 포기하라

랜달은 삶에 절망을 가져다 주었던 옛 습관을 버리고 완전히 다른 관점으로 세상을 바라보며 행동한 대표적인 인물이다. 자신을 절망 속에서 빠져나올 수 있도록 해준 선택에 대해서 랜달은 이렇게 말한다.

22년 이상 결혼생활을 해오면서 나는 줄곧 아내를 만족시키는 데 많은 어려움을 겪었다. 내가 어떤 수를 써 봐도 뭔가 잘못되고 있는 듯했다. 신경 쓰지 않으려고도 해봤지만, 아내를 기쁘게 해주려다가 무시당하거나 더 심할 경우 모욕이라도 당하는 날이면, 나는 매번 깊은 상처를 입고 낙심했다. 고통은 분노로 변했고, 나는 수많은 밤을 교회 예배당에서 홀로 지새며 내 생각은 조금도 하지 않는 듯한 여자를 왜 내게 주셨는지 하나님께 따져 물었다.

그러던 어느 날, 나는 그동안 내가 엉뚱한 대상을 기쁘게 하려고 노력해 왔다는 사실을 깨닫게 되었다. 하나님은 나를 치유하시기 위해 내 삶을 완전히 통제하시길 원하셨다. 나는 하나님이 원하시는 일이라면 무엇이든 하며 그분을 기쁘시게 해드리기보다는, 항상 내게 실망만 안겨 주는 아내만 붙들고 그녀를 만족시키려 온갖 힘을 다 쓰고 있었던 것이다.

나는 무릎을 꿇고 하나님이 원하시는 일이라면 무엇이든 하겠다고 말씀드렸다. "아프리카에 선교사로 가기를 원하시면 가겠나이다. 빈민가에 가서 빈민을 도우라고 하시면 그렇게 하겠습니다." 이런 내 고백에 하나님이 나를 얼마나 놀랍게 이끌어 가셨는지 모른다. 성령님이 나를 변화시키고 치유하시는 일을 시작하셨다.

내가 우선적으로 신경써야 할 것은 내 아내를 기쁘게 하는 것이 아니라,

하나님이 원하시는 사람이 되어 하나님을 기쁘시게 하는 것이었다. 즉, 어떻게 하면 하나님을 만족시켜 드릴 수 있는지에 초점을 맞추는 것이었다.

당시 나는 결혼생활을 지키기 위해서라면 어떤 일이라도 하고, 나를 변화시켜 나가는 것이 무엇보다 중요하다고 느꼈다. 마음속에서는 노력이 필요한 내 삶의 모든 부분들이 우후죽순 생각나기 시작했다. 내 삶에 드리워져 있는 죄를 생각하면 언짢은 기분이 들기도 했지만, 하나님이 원하시는 것은 내 죄를 경멸하시는 것이 아니라 그 부분에 치유가 필요하다는 사실을 알려주시는 것이란 생각이 들었다.

나는 진정으로 하나님이 나를 용서하신다는 것을 느꼈고, 그로 인해 나 자신과 내게 변화가 필요한 부분을 객관적으로 바라볼 수 있게 되었다. 아내는 여전히 나를 사랑하지 않는다며 이혼하자고 했지만, 내 마음은 어찌 그리 평안할 수 있는지 놀라울 따름이었다.

물론 그런 말이 상처가 되지 않는 것은 아니었지만, 나는 하나님이 나를 사랑하시고 나에 대한 계획을 가지고 계신다는 것을 알고 있었다. 내게 필요한 것은 그뿐이었다. 어쨌든 모든 시절은 지나갔고, 내 목표는 아니었지만 아내는 나에 대해 한결 만족스러워하는 눈치다. 우리 결혼생활도 안정을 찾았다. 하나님이 나를 준비시키시고 치유하셨던 시기는 내가 주님을 기쁘시게 하는 데 초점을 맞추었던 바로 그때였다.

결국 아내가 이혼을 요구했을 때, 사실 마음이 씁쓸했다. 그러나 하나님이 내게 원하셨던 일은 완벽하게 해냈다고 자부했다. 내가 더 이상 할 수 있는 일은 없었다. 따라서 나는 큰 평안을 느꼈고, 내가 하나님을 기쁘시게 했다는 것도 알 수 있었다.

랜달의 이야기는 그다지 성공적인 사례로 들리지 않을 수도 있다. 결국 이혼으로 막을 내렸기 때문이다. 그러나 이는 성공담이 될 수도 있다. 랜달은 이혼을 하면서도 희망을 잃지 않았고, 하나님이 그와 함께하신다는 사실을 알았기 때문이다. 혹시 당신은 이혼을 했는가? 그래도 희망은 있다. 혹시 불치병 선고를 받지는 않았는가? 그래도 여전히 희망은 있다. 아직도 중독에서 빠져나오지 못하고 있는가? 희망을 버리지 말라. 당신 삶의 방향을 하나님께로 돌리라. 그분의 능력 앞에 엎드려 그 팔 안에 기대라. 반드시 희망을 경험하게 될 것이다.

"내게 희망이라곤 없어."

당신은 어쩌면 당신 자신이나 지금 맺고 있는 힘든 관계에 아무런 희망도 없다는 거짓말을 스스로에게 하고 있을지도 모르겠다. 아마 그것은 당신은 이미 할 수 있는 모든 노력을 다했으며, 이제는 다 던져 버리고 포기할 때가 왔다고 속삭이는 거짓말일 것이다. 만일 당신이 한걸음 물러서서 당신의 상황을 다른 관점으로 바라본다면 모든 일을 다르게 볼 수 있을 것이다. 지금까지 노력해 왔던 것들이 별 소득 없이 끝나 버려 지금 아무런 희망도 없이 앉아 있지만, 어쩌면 지금껏 해왔던 일들은 당신에게 정말 필요한 것들과 정반대되는 것이었을지도 모른다.

당신의 삶은 마치 강처럼 신비하고 놀라우며 생동감 넘치는 일들로 가득하다. 언뜻 보기에는 예측 가능하고 단조롭게 보이지만, 수면 아래 있는 거센 물결이 당신을 원치 않는 곳으로 데려갈 수도 있다. 당신은 그 물살과 싸우며 평소 당신이 가고자 했던 곳에 다다르기 위해 이미 모든 에너지를 다 써버렸다. 당신에게 행복과 안정의 열쇠를 건네줄 것이라고 믿었던 바로 그 어딘가를 향해서!

당신은 급류를 벗어나기 위해 끊임없이 노를 저었고, 그 모든 일을 혼자 감당해냈다. 누군가 당신의 노를 건네받아 당신을 도와줄 수도 있었을 것이다. 그러나 그런 사람은 없었다. 당신은 모든 것을 혼자 해야 했다. 진이 다 빠지도록 힘을 써도 한 발치도 앞으로 나갈 수 없다. 그 고비만 넘기면 당신에게 평안과 행복, 그리고 당신이 꿈꾸던 삶을 가져다 줄 수 있을 것 같은 그곳이 바로 코앞인데.

실제 삶에서 우리는 이런 노젓기를 '더 열심히 노력하기'라고 부른다. 온갖 어려움에도 불구하고 당신은 삶을 더 바람직하게 변화시키기 위해 있는 힘을 다 써가며 당신이 상상할 수 있는 것보다 훨씬 더 큰 노력을 기울여 왔다. 당신이 자신에 대해서, 혹은 주변의 관계에 대해서 아무런 노력도 하지 않았다고 말할 수 있는 사람은 아무도 없다. 당신은 주어진 상황에서 모든 것을 했다.

노젓기에 관해서라면 당신은 이제 세계 수준의 선수가 되었지만, 완전히 지칠 대로 지쳤다. 물살은 어느 때보다 강해졌고, 당신의 기력은 바닥이 보이기 시작했다. 자, 이제 그 정도면 포기해도 된다. 솔직히 말해서 지금 할 수 있는 가장 좋은 방법은 어서 포기하는 것이다. 하지만 어떤 식으로 포기하고 누구에게 항복하느냐가 당신이 소명으로 받은 삶을 찾느냐 마느냐는 문제와 매우 깊은 관계가 있다.

당신을 향해 거세게 밀려오는 물살을 거슬러 노를 저어가면서, 당신은 고귀하고 옳은 일을 하고 있다고 여겼을 것이다. 당신의 노력은 훌륭하게 보였고, 당신이 원하고 필요로 하는 모든 것이 있다고 생각하는 그곳이 눈앞에 보였다. 그러나 그 생각은 잘못된 것일 수 있다. 당신이 그 힘겨운 노력을 완전히 포기하기 전까지는 그 사실을 알 수 없을지도 모른다. 나는 당신이 모든 것을 포기하고 하나님이 당신을 위해 강 하류에 준비해 놓으신 것을 바라보기를 원한다.

한번 물이 흘러가는 대로 몸을 맡겨 보라. 당신의 원기를 앗아가기만 하는 노젓기를 멈추라. 당신 안에는 당신을 고칠 수 있는 힘이 없다는 것이 이미 증명되지 않았는가. 오히려 그 에너지를 노의 방향을 이끌어가는 데 써보라. 당신의 능력을 활용하여 강 하류까지 내려가며, 당신이 꿈에도 생각지 못했던 바로 그곳이 당신에게 정말 필요한 곳이었다는 것을 아는 데 힘써 보라. 모든 것을 포기하고 하나님의 능력과 힘을 의지하여 나아가라. 분명 원대한 희망을 발견하게 될 것이다. 당신이 지금껏 존재한다는 것조차 몰랐던 거대한 힘이 존재하고 있다는 것을 깨닫게 될 것이다. 희망은 하류에 있다. 흐름을 거스르지 않고 생명의 강, 즉 생명을 주시는 분과 함께할 때에야 당신은 희망의 그곳에 도달할 수 있을 것이다.

거짓말에 속아 당신의 삶을 무너뜨리지 말라. 희망이 없다고 느껴지는 것은 당신이 자신의 힘만 의지하려고 했기 때문이지, 실제로 희망이 없어서가 아니다. 당신이 잘못된 방향으로 갔기 때문이지, 그곳에 희망이 없어서가 아니다. 당신을 도와주고 이끌어 줄 수 있는 사람들과 관계를 맺지 않았기 때문이지, 정말 희망이 없어서가 아니다. 당신의 능력 안에서만 애써 노력하고 수고하려 했기 때문에 절망적인 기분이 드는 것이다. 당신이 지금 절망에 빠진 것은 절대로 희망이 없기 때문이 아니다. 희망을 찾을 때까지 끝까지 인내하고 견딘다면 당신에게는 분명 희망이 있다.

더욱 전력을 다해

이제는 지칠 대로 지쳐서 포기하고 싶은가? 어찌 보면 당연한 일이다. 무작정 열심히만 한다고 상황이 바뀌는 것은 아니다. 만약 그렇게 해서 될 일이었으면 진작 되고도 남았을 것이다. 당신의 능력만으로는 상황이 해결되거나 진전될 기미도 보이지 않는 노력을 계속하면서 삶을 지속해 나갈 수가 없다. 그러나 하나님의 능력 아래에서라면 충분히 견뎌낼 수 있다. 하나님의 능력을 경험하기 위해서는 하나님 앞에 모든 것을 내려 놓아야 한다.

하나님께 맡기라. 당신 혼자서 할 수 없는 것을 하나님이 하시도록 허락해 드리라. 당신의 방법을 포기하고 그분의 방법이 무엇인지 정중히 여쭈어 보라. 하나님의 힘과 능력을 구하면 그분은 기꺼이 내어 주실 것이다. 한걸음 물러서서 하나님의 두 팔에 안기라. 당신의 삶을 완전히 그분께 드리라. 하나님은 실제로 존재하시는 분이라는 사실을 믿어라. 그리고 하나님이 당신과 당신의 고통을 통해 해내시는 일, 달리 말하면 당신과 당신의 고통이 없었다면 결코 이뤄낼 수 없었을 일을 해내시는 것을 보라. 아무리 힘겨워도 결코 포기하지 말라.

프랑스의 저명한 화가 르누아르와 마티스는 절친한 친구 사이였다. 색채와 아름다움, 그리고 그림에 대한 애착을 서로 공유하던 그들은 상대방과 함께하는 시간을 즐거워했다. 마티스는 건강에 별 문제 없이 자유롭게 그림을 그릴 수 있었던 반면, 르누아르는 심각한 관절염을 앓고 있었다. 병이 진전되면서 그의 건강은 극도로 쇠약해졌고 결국 온몸이 거의 마비되는 지경까지 이르렀다. 하지만 그는 고통이 아무리 심해도, 붓질이 아무리 힘겨워도 그림 그리는 일을 멈추지 않았다. 붓을 한번씩 놀릴 때마다 찌르는 듯한 고통이 온몸을 가로질렀고, 색을 칠하려고 할 때면 몸에 경련이 일어나 움찔하곤 했다.

마티스는 너무나 걱정이 되어 가슴을 태웠다. 그는 그렇게 고통스럽게 작품을 계속해 나가는 친구의 헌신적이고 열정적인 태도를 보면서 혼란스럽기까지 했다. 어느 날 마티스는 르누아르에게 왜 그렇게 애처로운 노력을 들여 그림을 계속 그리는지 물어보았다.

"고통은 지나가지만, 아름다움은 영원히 남기 때문이라네."

르누아르의 대답이었다. 지금 고난의 시간을 견뎌나가고 있는 우리 모두가 가슴에 새겨야 할 말이 아닐 수 없다.

나는 하나님이 당신의 상처와 슬픔에서 아름다움을 만들어내실 것이라 믿는다. 당신이 겪은 고난 속에서 엄청나게 가치 있는 무엇인가가 나오게 될 것이다. 그리고 어느 날 그 고통은 영원히 사라질 것이며, 더 이상 고통은 느끼지 않지만 지나온 삶을 뒤돌아보며 당신이 얼마나 변화되었는지 알 수 있게 될 것이다.

지금 당신이 느끼는 고통은 더 이상 느끼지 않게 될 것이다. 고통이 머물렀던 자리에는 성취감과 목적 의식이 자리잡을 것이다. 오늘을 견뎌내라. 하나님께 시간을 드려 아름다움을 가져오시게 하라. 상처투성이의 힘겨운 삶에서 아름다움을 이끌어 내실 분은 오직 하나님 한분이시다. 포기하지 말라. 이제 당신 삶에서 고통의 막은 내리고 찬란한 아름다움만이 빛날 것이다.

당신의 삶이 고통과 괴로움, 그리고 싸움투성이로 얼룩져 있더라도 끝까지 포기하지 말라. 맡기고 인내하라. 내려놓고 견디라. 포기하지 말라.

절대 믿음을 저버리지 말라. 당신이 할 일은 하나님께 매달리는 것이다. 당신의 믿음과 당신의 삶을 끝까지 붙들고 놓지 말라. 절대 버리지 말라. 치유를 위해 인내하고 견디기로 결심하고, 하루를 더 참고 견디기 위해 당신이 할 수 있는 모든 일을 하라.

치유, 곧 회복은 선택이다. 그것은 하나님의 선택이다. 그러나 하나님이 우리를 위해 준비하신 선물을 경험하기 위해 우리 스스로 끊임없이 치유를 위한 선택을 해야 한다. 인내하기로 결심하는 것은 결코 쉬운 일이 아니다. 이 선택은 바로 이전의 삶에 지칠 대로 지쳐 결국 변화된 삶을 원하는 사람들만이 내릴 수 있는 선택이다. 오늘 당신의 삶을 회복하기 위한 선택을 내리라. 참고 견디며 다시는 뒤를 돌아보지 않기로 결심하라.

HEALING IS A CHOICE

내 삶의 목적을 회복하라.
변화는 선택으로 찾아온다.
선택 1 관계를 맺기로 선택하라
vs 거짓말 회복되려면
하나님과 나의 관계만 좋으면 돼!
선택 2 자신을 피하지 않고 느끼기로 선택하라
vs 거짓말 **지짜 그리스도인**이라면
모든 상황에서 평안을 누릴 수 있어야 해
선택 3 당신의 삶을 진리 가운데
비추어보겠다고 선택하라
vs 거짓말 되돌아보거나 안으로
파고들어봤자 좋을 거 하나 없어
선택 4 당신의 미래를 치유하기로 선택하라
vs 거짓말 시간이 지나면 상처는
다 치유될 거야
선택 5 당신의 삶에 필요한 도움을 받기로 선택하라
vs 거짓말 이건 나 **혼자서도** 해결할 수 있어
선택 6 당신의 삶 전체를 포용하겠다고 선택하라
vs 거짓말 아무 문제없는 듯 행동하면 괜찮아질 거야
선택 7 용서하기로 선택하라
vs 거짓말 용서를 받을 자격이 있는
사람은 따로 있어
선택 8 위험을 감수하겠다고 선택하라
vs 거짓말 더는 **고통받지 않겠어.**
내가 나를 지킬 거야 선택 9 섬기기로 선택하라
vs 거짓말 섬기려면 내가 먼저
치유받고 완전해져야 해
선택 10 끝까지 인내하겠다고 선택하라
vs 거짓말 내게 **희망이라곤** 없어

Chapter 11

|마지막 도전| 회복을 위한 선택 선언문

| 마지막 도전 |

회복을 위한 선택 선언문

　지금 이 순간 당신은 아무도 빼앗아갈 수 없는 무엇인가를 손에 꼭 쥐고 있다. 지금 당신 손 안에 있는 것은 당신의 미래이다. 그리고 지금 이 순간은 당신이 선택한 미래가 시작되는 순간이다.

　당신은 해결되지 않은 과거에 억눌리고 질병과 혼란으로 일상을 어둡게 하는 미래를 선택할 수도 있다. 당신은 고통을 완화시키려고 예전에 선택했던 여러 가지 불완전하고 부족한 모든 방법들을 다시 사용하여 고통을 처리해 보기로 선택할 수도 있다.

　아니면 지금 이 순간 완전히 다른 미래를 선택할 수도 있다. 하나님께 전혀 새로운 방법으로 당신의 삶에 들어오시라고 요청할 수도 있고, 당신 자신이 아닌 하나님을 기쁘시게 하며 살기로 결정할 수도 있다. 상처투성이의 과거를 돌아보며 사는 것이 아니라, 회복시켜 주신다는 하나님의 약속을 바라보며 살기로 결심할 수 있다.

당신의 미래는 당신의 선택에 달려 있다. 어느 누구도 당신에게 그 선택권을 빼앗아갈 수 없다.

앞으로도 많은 어려움이 있을 것이다. 당신은 그 어려움을 통해 정신적 충격을 받기로 선택할 수도 있고, 그 고난과 고통을 삶의 일부로 받아들일 수도 있다. 또한 과거에 경험했던 힘겨운 시간들을 치유하면서 앞으로 다가올 힘든 시간들을 스스로 준비하겠다고 결정할 수도 있다. 오늘은 당신의 시간이다. 당신은 오늘 주어진 시간을 활용하여 지금까지 항상 꿈꾸어 왔던 미래를 건설해 나갈 수 있다. 당신은 이 세상에서 변화를 만들어 갈 수 있다. 당신의 육체는 치유할 수 없더라도, 영혼은 치유할 수 있다. 당신의 마음은 항상 불안정할 수 있지만, 당신의 영혼은 당신을 회복시키시는 하나님의 은혜 가운데 머물 수 있다.

나는 당신을 사랑하는 형제로서 당신의 회복을 방해하는 그 어떤 것도 그냥 내버려두지 말라고 부탁하고 싶다. 당신의 기쁨을 아무도 앗아가지 못하도록 하라. 너무나 거룩해서 이해하기도 힘든 평안을 어느 누구도 빼앗아가지 못하도록 하라. 하나님께서 당신에게 명령하신 삶을 살지 않을 만큼 대단한 핑계거리는 그 어디에도 없다.

하나님의 능력을 통해서 회복하라. 하나님께서는 당신을 사랑하시며 당신이 지금껏 싸워 왔던 모든 문제에서 벗어나도록 돕고 싶어하신다. 고통스러운 현실을 받아들이되, 하나님께서 그 고통을 사용하셔서 당신은 물론 다른 사람들을 도우실 수 있도록 하라.

나는 오늘 당신이 회복을 위한 마지막 도전을 하기 바란다. 그래야 언젠가는 지금 당신이 겪고 있는 고통을 겪는 누군가의 손을 이끌고 당신이 걸었던 치유의 길을 함께 걸어가자고 권하게 될 것이다. 당신이 생각하는 삶의 모습을 단념하고, 하나님께서 당신을 위해 준비하신 삶을 찾으라. 오늘 당신의 미래를 부여잡고 당신을 회복으로 이끌어 줄 선택을 하라.

마지막 도전

나는 당신에게 한 가지 도전 과제를 주며 이 책을 마무리하고 싶다. 당신이 이 도전을 받아들인다면, 당신의 삶이 영원히 달라지리라 믿는다. 그래야 회복의 여정을 가는 동안 지켜야 하는 말씀이 당신의 마음과 영혼에 새겨질 것이라 믿는다. 또한 당신 자신과 삶에 관한 생각까지 달라지리라 믿는다. 하루 5분만 투자해도 남은 시간을 송두리째 변화시킬 수 있을 것이다.

이 책의 뒷부분에 있는 '회복을 위한 선택 선언문'을 40일간 매일 읽으라! 성경에서 '40일'이라는 기간은 여러 번 등장한다. 예수님이 40일 밤낮을 금식하고 기도하셨던 사실은 내게 중요한 의미를 갖는다. 그러므로 나는 당신이 매일, 40일 동안 하루를 시작하면서 선언문을 큰소리로 읽을 것을 권한다. 조용한 당신만의 공간에서.

■ ■ ■

나는 당신이 이 40일간의 도전을 받아들였다는 소식을 전해 듣고 싶다. 당신이 이 도전을 시작하기 전에는 어떻게 살고 있었는지, 도전을 하는 동안은 어땠는지, 그리고 도전을 마친 후에는 삶에 어떤 변화가 있었는지 모든 것이 궁금하다. 이 도전을 통해 당신은 회복을 위한 선택을 하게 되었는가? 내게 메일로 당신의 소식을 전해 주기 바란다Sarterburn@newlife.com. 내가 당신을 개인적으로 알 수는 없겠지만, 당신이 전해 주는 소식을 통해 당신의 삶을 어렴풋이나마 알게 되었으면 좋겠다.

  끝으로, 내가 당신을 사랑하고 있으며 하나님이 새로운 차원의 회복으로 당신과 주변 사람들을 축복하시기를 언제나 기도하고 있다는 사실을 잊지 말기 바란다.

시작 기도

주님,
저는 다른 사람들의 상처와 제 잘못으로 인해
깨지고 상처 받았습니다.
부디 주님의 능력의 손으로 치유해 주시고,
제 삶을 회복시키는 데 필요한 선택을 할 수 있도록
용기를 주옵소서.
주님의 방법으로 치유하시는 데
제가 조금이라도 방해를 했다면 용서해 주옵소서.
제 과거를 훌훌 털어 버리고
지금 이 순간 주님과 함께 새로운 삶을
시작하게 해주시니 감사합니다.
예수님 이름으로 기도합니다. 아멘.

회복을 위한 선택 선언문

오늘 나는 회복의 길을 걷기로 결심합니다.

나의 회복은 바로 지금 이 순간부터 시작됩니다.

나는 더 이상 내 병든 과거에 얽매여 있지 않습니다.

오늘 하루 24시간 동안 나는 자유롭게 살며 회복의 길을 걷고자 합니다.

되돌릴 수 없는 과거의 상처는 훌훌 털어버리렵니다.

과거에 잘못된 선택을 내렸지만, 이제 그런 나를 용서하렵니다.

오늘 나는 지금까지 내가 경험했거나, 다른 사람으로 인해 겪어야 했던 어두운 삶을 잊고 좋고 바른 것을 생각하며 살겠습니다.

오늘 나는 내 한계를 넘어서 하나님을 위해 살겠습니다.

오늘 나는 삶을 거부하지 않고 그대로 느끼며 살기로 결심하겠습니다.

나는 약물의 힘을 의지하여 고통과 슬픔, 두려움을 달래지 않겠습니다.

나는 모든 부정적인 감정을 충분히 겪으며, 더 깊은 회복에 이르도록 하겠습니다.

나는 부정적인 감정들을 몰아내거나 무시해 버리지 않겠습니다.

나는 부정적인 감정들을 충분히 경험하고 난 후 빠져나오겠습니다.

나는 주변 사람들에게 내 부정적인 감정들을 투사하지 않겠습니다.

다음에 어떤 선택을 해야 하는지 모르지만, 어쨌든 나는 옳은 일을 선택하겠습니다.

나는 오늘 숨거나 도망가지 않겠습니다.

나는 나를 사랑하는 사람들과 내 사랑이 필요한 사람들과 더불어 살아가겠습니다.

오늘 하루를 보내면서 나는 계속 하나님과 동행하며

하나님께서 나를 이끄시도록 기도하겠습니다.

오늘도 위험천만한 일들이 많이 생길 것입니다.

나는 모든 위험을 받아들이며, 그 예측할 수 없는 상황을 즐기겠습니다.

나는 두려움이 나를 좌지우지하지 못하도록 하겠습니다.

나는 다소 불편하더라도

나를 끌어 내어 진실한 모습을 보게 해주고 풍성한 삶을 살게 해줄 일을 선택하겠습니다.

나는 오늘 스스로를 속이지 않겠습니다.

나는 진실을 추구하고 필요한 경우 도움을 요청하겠습니다.

나는 오늘 경계를 다시 정하여 건전하지 않은 사람들과 상황에서 나를 지키겠습니다.

나는 훌륭한 사람들이 나를 사랑해 주는 데 방해가 되는 장벽들을 허물어 버리겠습니다.

상실의 아픔이 있은 후 충분히 슬퍼하지 못했다면,

오늘 나는 마음껏 슬퍼하고 그 일을 완전히 잊어버리겠습니다.

오늘 나는 현실을 선택하고, 그대로 받아들이겠습니다.

나는 지금의 내 삶을 인정하며, 그대로 받아들이겠습니다.

나는 자기연민에 빠지지 않겠습니다.

내가 지금 갖고 있지 않거나 과거에 가졌던 것에 미련을 두지 않겠습니다.

오늘 나는 포기하지 않겠습니다.

아무리 힘들더라도 끝까지 견디고 인내하겠습니다.

나는 어떤 핑계가 있더라도 내 회복의 여정에서 벗어나지 않겠습니다.

나는 절대로 포기하지 않을 것이고,

내게 별로 도움이 되지 않았던 예전 삶에 굴하지 않겠습니다.

나는 누구의 방해에도 흔들리지 않겠습니다.

오늘 나는 회복의 길을 가며,

내가 한 선택을 통해 나를 구원하시는 하나님께 의지하겠습니다.

오늘 내 삶의 주도권을 하나님께 온전히 맡기고,

어떤 선택을 하더라도 항상 하나님과 함께하며 온 마음으로 하나님을 사랑하겠습니다.

오늘 나는 회복의 길을 걷겠습니다.

나는 치유를 위해 어떤 일이라도 하겠지만,

내 한계를 인정하며 하나님께 기꺼이 도움을 청하겠습니다.

나는 내가 겪는 모든 한계 상황을

나 혼자 할 수 없는 일을 하나님이 대신 해주시기 위한 것이라 생각하겠습니다.

나는 때로는 회복이 더디고 진전이 늦다는 것을 인정하며

그 동안에도 나 나름대로 계속 성장하겠습니다.

오늘 나는 내가 아닌 세상 밖으로 관심을 돌려 다른 사람들을 위해 봉사하겠습니다.

나는 도움이 필요한 곳을 찾아 필요를 채워 주겠습니다.

나는 다른 사람의 아픔을 찾아 회복될 수 있도록 돕겠습니다.

나는 내 이익에만 급급하지 않으며, 자기 망상에 사로잡히지 않겠습니다.

나는 도움이 필요한 사람에게 손을 내밀어 그에게 필요한 어떤 일이든 하겠습니다.

오늘 나는 하나님이 나를 만드신 목적대로 살아가기 위해 하나님께 도움을 청하겠습니다.

오늘 나는 나를 위해 살지 않고 하나님을 위해 살겠습니다.

오늘 나는 세상을 끈질기게 살아가렵니다.

오늘 나는 사랑하며 살아가렵니다.

오늘 나는 회복의 길을 걷기로 다짐합니다.

헌정의 글

세상에서 제일 좋아하는 메리 이모, 찰스 이모부에게 이 책을 바친다.

메리 이모는 상처를 치유해 주고 힘든 영혼에 도움의 손길을 내밀어 주시는 분이었다. 이모는 언제나 온화한 표정으로 하나님이 직접 말씀해 주시는 듯한 이야기들을 많이 해주셨다.

나는 어려서부터 이모를 무척 따랐다. 이모가 미인이기 때문이기도 했지만, 무엇보다 테니스 경기에서 상대방을 멋지게 꺾어버리는 모습 때문이었다. 나이를 먹으면서도 나는 이모와 계속 가까이 지냈다.

이모는 내가 성공했을 때는 축하해 주고, 슬픔 가운데 괴로워하고 있을 때는 위로를 아끼지 않으셨다. 내가 반항이 극에 달했을 때도 이모는 나를 포기하지 않으셨고, 언제나 선한 방향으로 나아가도록 격려해 주셨다.

이모는 "믿음의 여성들"Women of Faith과 "뉴 라이프 라이브"New Life Live, 전국에 방송되는 생방송 라디오 토크쇼-역주에서 전설적인 인물이 되었고, 이제 이모의 이름만 대도 사람들은 금방 "아, 그분이요?" 할 정도이다.

누구보다 세련되고 누구에게나 존경받는 찰스 이모부는, 사업에서도 두각을 나타내셨지만, 아버지가 돌아가신 후 물심양면으로 어머니를 도와주셨다. 더욱이 알게 모르게 친절과 사랑을 한없이 쏟아 주시면서도, 한번도 남들 앞에 자신을 내세우신 적이 없었다. 이 세상에 찰스 이모부와 같은 분들이 더 많아져야 할 텐데.

어쨌든 메리 이모와 찰스 이모부, 이 두분은 따뜻하게 은혜를 베풀어주시며, 지혜의 말씀으로 우리 가족을 이끌어 주셨다. 또한 두분이 패티와 린, 두 딸을 훌륭하게 양육하는 모습을 지켜보면서 훌륭한 부모가 현명한 결정으로 아이들을 양육한 결과가 어떤 것인지도 배울 수 있었다.

이모님, 이모부님,

두분이 제 삶에 베풀어주신 은혜에 비하면 이 책은 약소하기 그지없는 것입니다. 저와 저희 가족 곁에서 늘 힘이 되어 주시고, 모든 것을 나누어주신 두분께 진심으로 감사드립니다.

생명의말씀사
사 | 명 | 선 | 언 | 문

너희가 흠이 없고 순전하여……세상에서 그들 가운데 빛들로
나타내며 생명의 말씀을 밝혀 (빌 2:15-16)

1. 생명을 담겠습니다.
만드는 책에 주님 주신 생명을 담겠습니다.
그 책으로 복음을 선포하겠습니다.

2. 말씀을 밝히겠습니다.
생명의 근본은 말씀입니다.
말씀을 밝혀 성도와 교회의 성장을 돕겠습니다.

3. 빛이 되겠습니다.
시대와 영혼의 어두움을 밝혀 주님 앞으로 이끄는
빛이 되는 책을 만들겠습니다.

4. 순전히 행하겠습니다.
책을 만들고 전하는 일과 경영하는 일에 부끄러움이 없는
정직함으로 행하겠습니다.

5. 끝까지 전파하겠습니다.
모든 사람에게, 땅 끝까지, 주님 오시는 그날까지
복음을 전하는 사명을 다하겠습니다.

생명의말씀사 서점안내

광화문점 110-061 종로구 신문로1가 58-1 구세군 회관 2층
　　　　　TEL. (02) 737-2288 / FAX. (02) 737-4623

강 남 점　137-909 서초구 잠원동 75-19 반포쇼핑타운 3동 2층 전관
　　　　　TEL. (02) 595-1211 / FAX. (02) 595-3549

신 촌 점　121-806 마포구 노고산동 107-1 동인빌딩 8층
　　　　　TEL. (02) 702-1411 / FAX. (02) 702-1131

구 로 점　152-880 구로구 구로 3동 1123-1 3층
　　　　　TEL. (02) 858-8744 / FAX. (02) 838-0653

분 당 점　463-824 경기도 성남시 분당구 서현동 268-2 이랜드프라자 지층
　　　　　TEL. (031) 707-5566 / FAX. (031) 707-4999

일 산 점　411-370 경기도 고양시 일산구 주엽동 83번지 레이크타운 지하 1층
　　　　　TEL. (031) 916-8787 / FAX. (031) 916-8788

의정부점　484-010 경기도 의정부시 금오동 470-4 성산타워 3층
　　　　　TEL. (031) 845-0600 / FAX. (031) 852-6930

파 주 점　413-012 경기도 파주시 금촌 2동 68번지 송운빌딩 2층
　　　　　TEL. (031) 943-6465 / FAX. (031) 949-6690

인터넷서점
http://www.lifebook.co.kr